प्रतिनिधि महिला कहानियाँ

प्रतिनिधि महिला कहानियाँ

संपादक

प्रो. नरेंद्र मिश्र

प्रकाशक

प्रभात पेपरबैक्स

प्रभात प्रकाशन प्रा. लि. का उपक्रम

4/19 आसफ अली रोड, नई दिल्ली–110002

फोन : 23289777 • हेल्पलाइन नं. : 7827007777

इ–मेल : prabhatbooks@gmail.com ❖ वेब ठिकाना : www.prabhatbooks.com

संस्करण

प्रथम, 2022

मूल्य

एक सौ पचास रुपए

मुद्रक

आर–टेक ऑफसेट प्रिंटर्स, दिल्ली

★

PRATINIDHI MAHILA KAHANIYAN
Ed. Prof. Narendra Mishra

Published by **PRABHAT PAPERBACKS**
An imprint of Prabhat Prakashan Pvt. Ltd.
4/19 Asaf Ali Road, New Delhi-110002

ISBN 978-93-5521-187-3

₹ 150.00

प्राक्कथन

प्रायः यह मान्यता रही है कि सृष्टि में मनुष्य ने जब भी बोलना सीखा होगा, तभी से उसने कहानी कहना और सुनना सीखा होगा। इसका प्रारंभ कब से हुआ, यह तो ठीक-ठाक नहीं कहा जा सकता, परंतु वैदिक साहित्य में कथा-सूत्रों के अनेक संकेत मिले हैं—देवों-असुरों के युद्ध की कथा ऋग्वेद में पाई जाती है। ब्राह्मणों, आरण्यकों और उपनिषदों की कथाएँ आज भी उच्च कोटि की मानी जाती हैं। नीति और धर्म की शिक्षा के उद्देश्य से उपनिषदों, जातकों, रामायण और महाभारत में लघुकाय कथाओं की सत्ता उपलब्ध होती है। इसके अतिरिक्त सामान्य जन के बीच लोक प्रसिद्ध शूरवीरों की वीरता, प्रेम, न्याय, विद्या और वैराग्य की कहानियाँ अधिक चला करती थीं। सिंहासन-बत्तीसी, बैताल-पच्चीसी आदि इसी परंपरा के प्रतिफल हैं।

भारत में साहित्य का आरंभ लोककथाओं से हुआ। पाली भाषा में बौद्ध जातक कथाएँ आती हैं, जिनकी रचना लोककथाओं को आधार मानकर हुई है। बौद्ध धर्म के प्रचार हेतु ये कथाएँ लोक-जीवन से ली गईं और धार्मिक उपदेशों से भरकर समा में प्रसारित की गईं। ईसवी पूर्व में ही ये कथाएँ लोकप्रिय हो चुकी थीं। लोककथाओं में पशु-पक्षिओं की कथाएँ बड़े महत्त्व की हैं, जिनका संग्रह पंचतंत्र तथा हितोपदेश में हुआ। पंचतंत्र की कथाओं का प्राचीन काल में अरबी भाषा में अनुवाद हुआ था। अरब से ये कथाएँ यूनान पहुँचीं। कहा जाता है कि यूनान का प्राचीन कथाकार ईसप पंचतंत्र से प्रभावित था। जिस प्रकार भारत की लोकप्रिय कथाएँ अरब और यूनान में पहुँचीं, उसी प्रकार पश्चिम एशिया की लोकप्रिय कहानियाँ भारत में पहुँचीं। अरब के निवासियों के साथ यदि सहस्र रजनी-चरित जैसी चीजें आईं, तो फारस के लोगों के साथ लैला-मजनू और शीरीं-फरहाद के प्रेमगर्भित लोकाख्यान भी आए। अध्यात्म के आवरण में सूफी-संतों ने भी प्रेमकथाएँ दीं। इन दोनों संस्कृतियों की कथाधाराओं के परस्पर मिलन से एक नए ढंग की कथाएँ भी भारत में बनने लगीं। इसी मिश्रित धारा के प्रतीक रूप में इंशाअल्ला खाँ की 'रानी केतकी की कहानी' या 'उदयभानु-चरित'

का उल्लेख किया जा सकता है। 'तोता-मैना', 'सारंगासदावृत्त', 'छबीली भटियारिन' आदि कथाओं का प्रणयन भी इसी मिश्रण का प्रतिफल है। इन सभी वृत्तांतों का उद्देश्य मनोरंजन से अधिक जीवन दर्शन का उद्घाटन ज्ञान, नीति और लोकमर्यादा की शिक्षा का रहा है। कथा की यह समानांतर या विकासमान परंपरा 'बैताल-पंचविंशति', 'सिंहासन द्वात्रिंशिका', 'शुक सप्तति', 'वृहत् कथा' और 'कथा सरित सागर' आदि में विद्यमान मिलती है।

निस्संदेह कहानी के प्रादुर्भाव की बात चलेगी तो भारतीय परंपरा के इस कथा-वृत्तांत को ओझल नहीं किया जा सकता, संभवत: इसी तथ्य को केंद्र में रखकर कहानी के सुप्रसिद्ध आलोचक डॉ. धनंजय वर्मा की यह धारणा भी उल्लेखनीय है कि दुनिया का पहला कथा-केंद्र भारत ही माना जाता है। लगातार बारह शताब्दियों तक सारी दुनिया को कहानियों का स्रोत यहाँ मिलता है। आदिम सभ्यता से लेकर विश्व की लगभग सारी संस्कृतियों को अपने कथा-बीज यहीं से मिलते रहे हैं। (आधुनिक हिंदी कहानी : डॉ. धनंजय वर्मा, भूमिका पृ. 4) लेकिन हिंदी कहानी का प्राचीन इतिहास लिखते समय उक्त ग्रंथों का उल्लेख करना कुछ कथित विद्वान् उचित नहीं मानते।

हिंदी कहानी का विकास आधुनिक गद्य साहित्य के प्रवर्तक अर्थात् भारतेंदु युग से आरंभ होता है। इस आरंभिक या प्रयोगकाल में निबंधात्मक कहानी और कथात्मक निबंधों की रचना हुई। भारतेंदु का 'एक अद्भुत अपूर्व स्वप्न' इसी कोटि की रचना है। हिंदी गद्य के द्वितीय उत्थान में हिंदी कहानी का मौलिक विकास हुआ। जीवन की साधारण स्थिति और आकर्षक घटनाओं की सृष्टि के साथ आंचलिकता (स्थानीय वातावरण) के चित्रण में यथार्थवाद का आरंभ हुआ। घटना-विन्यास में आकस्मिकता और संयोगों का सहारा अब भी लिया जाता है, लेकिन पुरानी कहानी की अलौकिकता और आदर्शवादी औदात्य के स्थान पर साधारण जीवन के यथार्थ को केंद्रित किया जाने लगा है। आधुनिक हिंदी कहानी की पृष्ठभूमि में भारतीय आख्यायिकाओं की झलक लल्लूलाल की 'सिंहासन बत्तीसी', 'बैताल पच्चीसी', माधवानल, इंशाअल्ला खाँ की 'रानी केतकी की कहानी', 'उदयभान-चरित', 'राजा शिवप्रसाद', 'सितारे हिंद के राजा भोज का सपना', 'वीरसिंह का वृत्तांत' और 'आलसियों का कोड़ा' आदि में देखी जा सकती है, किंतु इन कहानीनुमा रचनाओं को कहानी की संज्ञा नहीं दी जा सकती। इनमें कौतूहल, कल्पना और चमत्कार का प्रावधान है। ये रचनाएँ कहानी के प्रयोग और आरंभिक प्रयास के रूप में देखी जाती हैं।

कहानी कथा की कथात्मक विधा है। एडगर एलन पो के अनुसार—''कहानी एक छोटा सा आख्यान है, जो एक ही बैठक में पढ़ा जा सके और जो पाठक पर एक ही प्रभाव उत्पन्न करने के लिए लिखा गया है।''

प्रेमचंद के मतानुसार—"कहानी एक ऐसा उद्यान नहीं, जिसमें भाँति-भाँति के फूल और बेल-बूटे सजे हुए हों, बल्कि वह एक गमला है, जिसमें एक ही पौधे का माधुर्य अपने समुन्नत रूप में दृष्टिगोचर होता है।"

हिंदी कहानी का विकासक्रम

1. प्रथम सोपान (सन् 1890 से 1910 तक) : बीसवीं शताब्दी के प्रथम दशक यानी 1910 ई. तक हिंदी कहानी की पगडंडी बन चुकी थी। इस दशक में रूपांतरित, अनूदित और मौलिक कहानियाँ 'सरस्वती', 'सुदर्शन' और 'गृहलक्ष्मी' आदि पत्रिकाओं में प्रकाशित हो रही थीं। 1909 ई. में वृंदावनलाल वर्मा की 'राखी बंद भाई' से ऐतिहासिक वृत्त पर लिखी गई कहानियों की परंपरा शुरू हुई। इसी वर्ष काशी से जयशंकर प्रसाद ने 'इंदु' का प्रकाशन शुरू किया, जिसमें उनकी पहली कहानी 'ग्राम' (1911 ई.) छपी। 1912 ई. में उनका कहानी-संग्रह 'छाया' शीर्षक से सामने आया। इसमें संगृहीत कहानियों में भावात्मकता का प्राबल्य था। 'इंदु' में ही 1911 ई. में गंगाप्रसाद श्रीवास्तव की पहली हास्य कहानी और भारत मित्र में चंद्रधर शर्मा गुलेरी की 'सुखमय जीवन' छपी। 1913 ई. में राजा राधिकारमण प्रताप सिंह की 'कानों में कँगना' और विश्वंभरनाथ शर्मा 'कौशिक' की 'रक्षाबंधन' प्रकाशित हुई। 1915 ई. में गुलेरी की कालजयी कहानी 'उसने कहा था' लिखी गई। इस प्रकार 1900 से लेकर 1915 तक का समय हिंदी की मौलिक कहानी के विकास की दृष्टि से महत्त्वपूर्ण है। यह हिंदी गद्य साहित्य के प्रसार का तृतीय उत्थन है। इस अवधि में अनेक लेखकों ने कहानी-लेखन की शुरुआत की। ज्वालादत्त शर्मा, सुदर्शन, विश्वंभरनाथ जिज्जा, चतुरसेन शास्त्री, जयशंकर प्रसाद, प्रेमचंद, जी.पी. श्रीवास्तव, राजा राधिकारमण प्रसाद सिंह, पदुमलाल पुन्नालाल बख्शी आदि ने इसी समय कहानियाँ लिखना आरंभ किया।

इस काल की कहानियों में स्पष्टत: तीन प्रवृत्तियाँ मिलती हैं। पहली—भावना-प्रधान आदर्शवादी कहानियाँ। जयशंकर प्रसाद और राजा राधिकारमण प्रताप सिंह इस प्रवृत्ति के उल्लेखनीय कहानीकार हैं। दूसरी प्रवृत्ति है—मनोविनोद और परिहास-मूलक कहानियों की। इसके उल्लेखनीय कहानीकार हैं—जी.पी. श्रीवास्तव और विश्वंभरनाथ जिज्जा। तीसरी प्रवृत्ति है उन कहानियों की, जिसमें साधारण जीवन के रोजमर्रा यथार्थ को कथ्य बनाया गया। गुलेरी, प्रेमचंद और विश्वंभरनाथ शर्मा 'कौशिक' इसके प्रतिनिधि कहानीकार हैं। इनकी कहानियों में आदर्श और आभिजात्य, तिलिस्म और रोमांच के विपरीत साधारण मनुष्य एवं सामान्य जीवन की वास्तविक स्थितियों को केंद्रित किया गया। प्रेमचंदजी ने आम आदमी की चारित्रिक विशेषताओं के साथ उसके भावनात्मक और वैचारिक द्वंद्वों को अपनी कहानियों का केंद्र बनाया तो गुलेरीजी ने त्याग, बलिदान

और प्रेम की उदात्त भावना को महत्त्व दिया।

प्रमुख कहानीकार : श्री किशोरीलाल गोस्वमी, आचार्य रामचंद्र शुक्ल, माधवराव सप्रे, गिरिजादत्त वाजपेयी, मास्टर भगवानदास।

2. द्वितीय सोपान (सन् 1910 से 1936 तक) : इस युग को विकास काल तथा हिंदी का 'स्वर्णयुग' कहा जाता है। इस युग में जयशंकर प्रसाद एवं प्रेमचंद ने कहानियों को नई दिशा दी। कहानी साहित्य के क्षेत्र में श्रेय प्राप्त करनेवाले सबसे पहले कहानीकार चंद्रधर शर्मा गुलेरीजी हैं।

कथा सम्राट् प्रेमचंद की प्रमुख कहानियाँ इसी समय अत्यंत चर्चा के केंद्र में आईं। बलिदान–1918, आत्माराम–1920, बूढ़ी काकी और विचित्र होली–1921, गृहदाग–1922, परीक्षा और आपबीती का हृदय–1925, उद्धार और सवा शेर गेहूँ–1924, शतरंज के खिलाड़ी और माता का हृदय–1925, सुजान भगत–1927, इस्तीफा–1928, अलग्योझा–1929, पूस की रात–1930, नशा और बड़े भाई साहब–1934 और कफन–1936 आदि लगभग तीन सौ कहानियाँ लिखनेवाले प्रेमचंद अपनी आरंभिक कहानियों में हुनरमंद किस्सागोई, आदर्शवादी एवं उद्देश्यपूर्ण संदेश से भरे नजर आते हैं, किंतु अपने विकासक्रम के साथ ही तोड़ते दिखाई देते हैं। उन्होंने पात्रों में व्यावहारिक मनोविज्ञान की सृष्टि कर अपनी कथाभूमि को अद्भुत रूप से विश्वसनीय बनाया है, किंतु आदर्श की बात तीसरे दशक के अंत तक बराबर चढ़ी रही।

प्रेमचंद के रचना और जीवन के उत्तरार्धकाल चौथे दशक में रची जानेवाली उनकी कहानियों में जीवन का तल्ख यथार्थ अत्यंत कलात्मक प्रौढ़ता के साथ व्यक्त हुआ है, जिसकी शुरुआत 'पूस की रात' में देखी जा सकती है। यह कहना ठीक नहीं होगा कि इस तिथि के बाद की लिखी उनकी सभी रचनाएँ इसी रंग की हैं; किंतु 'ठाकुर का कुआँ', 'ईदगाह' आदि कहानियों में यथार्थ का सच्चा स्वरूप देखने को मिलता है, जिसकी परिणति 'कफन' में होती है। प्रेमचंद की उक्त तथा इसी तरह की अन्य कहानियाँ हिंदी कहानी की निधि है, वरन् आज लिखी जा रही कहानियों को इसी धारा में जोड़कर देखने की यथेष्ट कोशिश की जा रही है। व्यक्ति के मन:चरित्र में परिस्थितिजन्य आए बदलाव, आर्थिक विषमता, सामाजिक ऊँच–नीच, राष्ट्रप्रेम सत्याग्रह, समाज–निर्माण, नारी के समर्पण व प्रेरक रूप और ग्राम्य जीवन आदि को केंद्र में रखकर लिखी गई प्रेमचंद की शताधिक कहानियों का अलग–अलग भावधारा की कहानियों में छाँटकर समय–समय पर अनेक संकलन प्रकाशित होते आ रहे हैं, जिनमें 'प्रेमचंद की सर्वश्रेष्ठ कहानियाँ' (1933 ई.) उल्लेखनीय हैं, क्योंकि यह संग्रह स्वयं प्रेमचंद ने संकलित किया है, जिसका प्रकाशन लाहौर में हुआ था। वैसे उनकी सभी कहानियाँ 'मानसरोवर' शीर्षक के आठ भागों में संकलित हैं, जो सरस्वती प्रेस, बनारस से प्रकाशित हैं।

इस अवधि में दूसरे महत्त्वपूर्ण कथाकार जयशंकर प्रसाद हैं। प्रेमचंद के समानांतर कहानी-क्षेत्र में पर्याप्त परिमाण में लिखने और अतीत की पृष्ठभूमि में रूमानी भावधारा का गहरा पुट देनेवाले प्रसाद के ग्राम्य-1926 और छाया-1912 को छोड़कर शेष सभी संग्रह—प्रतिध्वनि-1926, आकाशदीप-1929, आँधी एवं इंद्रजाल-1931 इसी कालावधि में प्रकाशित हुए हैं। न सिर्फ कहानी, बल्कि कविता, नाटक और उपन्यास विधा में भी स्वर्णिम अतीत की झाँकी दिखाकर वर्तमान को जाग्रत् करने की चेष्टा उनमें है, इसलिए उनकी भाषा में तत्सम निष्ठा का अभिजात है। कविता में भाषा की शब्दशक्तियों—लक्षणा और व्यंजना का प्रयोग करने की प्रवृत्ति उनकी कहानियों में विद्यमान है। इतिहास और संस्कृति की पीठिका और भाषा की तत्समता के कारण उनकी कुछ कहानियों में संस्कृत गद्य काव्य जैसी छटा देखने को मिलती है। 'चक्रवर्ती का स्तंभ', 'पत्थर की पुकार', 'प्रतिमा', 'उस पार का योगी' और 'खँडहर की लिपि' आदि ऐसी ही कहानियाँ हैं।

मनुष्यता की उदात्त भावों—प्रेम और करुणा, त्याग और बलिदान, परोपकार और राष्ट्रप्रेम का संदेश लिये उनकी कहानियाँ दार्शनिकता, भावुकता, चित्रात्मकता और काव्यात्मकता का आधार लेकर खड़ी होती हैं। उनके नारी पात्रों में समाज की विडंबनापूर्ण स्थितियों से मिले दारुण प्रभावों और मानसिक द्वंद्व के प्रभावी चित्र मिलते हैं। अपने आत्यांतिक प्रेम, संवेदनशील हृदय और सर्वस्व बलिदान करने की भावना से भरे उनके नारी पात्र चंपा (आकाशदीप), सुमाता (देवरथ), मधूलिका (पुरस्कार) आदि देर तक पाठकों के मन को भिगोए रहते हैं। उनकी परवर्ती कहानियों में भावुकता की जगह मनोविज्ञान की प्रतिष्ठा हुई है। 'कला', 'आँधी', 'देवदासी', 'आकाशदीप', 'इंद्रजाल', 'मधुआ' और 'सालवती' इसी श्रेणी की कहानियाँ हैं। हिंदी कहानी में अपना अद्वितीय स्थान बनानेवाले प्रसाद आधुनिक कहानीकारों को अपनी कहानी-कला से प्रेरित करने का श्रेय नहीं ले सके। आधुनिक कहानीकार कथ्य और तकनीक में प्रेमचंद से प्रेरित हुए हैं, क्योंकि उनका रचना-संसार उन्हें ज्यादा प्रासंगिक और अनुकूल लगा।

प्रेमचंद की भाँति अपने आसपास की जिंदगी को कहानी का विषय बनानेवाले विश्वंभरनाथ शर्मा 'कौशिक' इस युग के महत्त्वपूर्ण कथाकार हैं। यद्यपि उनकी प्रारंभिक रचना 'रक्षाबंधन' कहानी के प्रथम चरण में ही छप चुकी थी, किंतु उनकी कहानी-कला में उल्लेखनीय विकास इसी अवधि में दिखाई पड़ा। तत्कालीन सामाजिक और पारिवारिक जीवन की विभिन्न समस्याओं को केंद्र में रखकर लिखनेवाले कौशिक ने बाल-विवाह, परदा-प्रथा और दहेज आदि को लेकर समाज का ध्यान आकृष्ट किया। 'गल्प मंदिर', 'चित्रशाला', 'मणिमाला', 'प्रतिभा' और 'कल्लोल' आदि में उनकी दो सौ से अधिक कहानियाँ संगृहीत हैं। 'ताई' और 'पगली' उनकी लोकप्रिय कहानियाँ

हैं, जिनमें मन के धरातल पर होनेवाले द्वंद्व और भावनाओं के सहजोद्रेक का उत्कृष्ट चित्रण हुआ है।

कौशिक के अतिरिक्त सुदर्शन दूसरे कथाकार हैं, जो प्रेमचंद की कहानियों की आरंभिक आदर्शवादिता को ध्येय बनाकर चले हैं। वे भी उर्दू से हिंदी में आए थे और जल्दी ही उन्होंने पर्याप्त ख्याति अर्जित कर ली। यद्यपि उन्होंने उपन्यास और नाटक भी लिखे हैं, किंतु उनको सर्वाधिक प्रसिद्धि कहानी में मिली है। आदर्श की प्रतिष्ठा के लिए संयोग की बुनावट और पात्रों के हृदय-परिवर्तन के द्वारा सत्य या शुभ की विजय, अशुभ की हार और मानवीय मूल्यों की स्थापना उनकी प्रमुख रचनागत प्रवृत्तियाँ हैं। सामाजिक जीवन की समस्याओं को जितनी मार्मिकता के साथ वे उठाते हैं, उससे स्पष्ट पता चलता है कि वे साहित्य से समाज-परिवर्तन की कितनी गहन आशा रखते हैं। 'सरस्वती' में 1920 ई. में पहली बार प्रकाशित हुए थे, जबकि उनकी 'रामकुटिया' नामक कहानी 1917 में ही छप चुकी थी। 'सुदर्शन सुधा', 'सुदर्शन सुमन', 'तीर्थयात्रा', 'पुष्पलता', 'गल्प मंजरी', 'सुप्रभात', 'पनघट' और 'परिवर्तन' आदि उनके प्रमुख कहानी-संग्रह हैं। कहानी लेखन के इस चरण में प्रसाद की कथा-लेखनशैली का प्रभाव चतुरसेन शास्त्री, रायकृष्णदास और विनोद शंकर व्यास में देखा जाता है। गद्य की लगभग सभी प्रमुख विधाओं पर अधिकारपूर्वक लिखनेवाले चतुरसेन शास्त्री के नाम पर लगभग साढ़े चार सौ कहानियाँ दर्ज हैं। इन कहानियों की विषयवस्तु बौद्ध राजपूत एवं मुगलकालीन समाज और संस्कृति की पृष्ठभूमि में रोमानी अनुभूति है। उनकी प्रसिद्ध कहानियों में 'अंबपालिका', 'प्रबद्ध', 'बावर्चिन', 'विभुराज', 'हल्दीघाटी में' और 'बालवधू' आदि के नाम लिये जाते हैं। 1961 ई. में उनका संपूर्ण कहानी साहित्य पाँच भागों में—1. बाहर-भीतर, 2. दुखवा मैं कासे कहूँ, 3. धरती और आसमान, 4. सोया हुआ शहर, 5. कहानी खत्म हो गई में प्रकाशित हुआ है। 'नेही' उपनाम से लिखनेवाले रायकृष्णदास मूलतः गद्य गीतों के लिए जाने जाते हैं। उनके गद्य गीतों की भावुकता, रागात्मकता और आदर्शवाद उनकी कहानियों में भी बराबर विद्यमान हैं। उनकी कहानियों में समरसता की सतह के नीचे सामाजिक व्यंग्य की परत है, किंतु भावना की कोमलता कहाँ तिरोहित नहीं होती।

इस चरण के कहानीकारों में जो तीन महत्त्वपूर्ण कथाकार परंपरा से प्रभाव ग्रहण करने के बावजूद मौलिक दृष्टि और शिल्प का नयापन लेकर आए, वे हैं—पांडेय बेचन शर्मा 'उग्र', जैनेंद्र और अज्ञेय। 'उग्र' उपनाम से ही उनकी लेखन-प्रवृत्ति और दृष्टि का संकेत मिलता है। वे गद्य की अन्य विधाओं की भाँति कहानी में भी समाज और जीवन के नग्न यथार्थ को उकेरनेवाले कहानीकार हैं। जीवन की कड़वाहट और परिस्थितियों के कसैलेपन को वे तीव्र कटाक्ष, व्यंग्य और पौरुष के स्वर में हुंकारते

दिखाई देते हैं। 'बुढ़ापा' और 'रुपया' नामक कहानी को लेकर भी उन्हें सरकार की कैद झेलनी पड़ी। उनकी कहानियों के पहले संग्रह 'चिनगारियाँ'-1923 में उनकी राष्ट्रीय चेतना अपने विद्रोही स्वरूप में मुखर हुई है।

जैनेंद्र कुमार कहानी में मनोविश्लेषण की परंपरा के जन्मदाता माने जाते हैं। उनकी कहानियों में घटनाएँ प्रायः न के बराबर होती हैं। वे पात्रों के चरित्र प्रतिपादन और उसके भी सूक्ष्म संकेतों के जरिए 'मनोवैज्ञानिक सत्य' को उद्घाटित करते हैं। यद्यपि प्रेमचंद भी अपने सृजन के उत्तरकाल (1930) में रचना सत्य को जुटाने में पात्रों का मनोविश्लेषणात्मक आधार खड़ा करने लगे थे, किंतु ऐसा करते हुए भी उन्होंने सामाजिक धरातल को ओझल नहीं होने दिया, जबकि जैनेंद्र व्यक्तिगत और मनोवैज्ञानिक सत्य को ही श्रेयस्कर मानने लगे। वे कहानी कहते से नहीं लगते, वरन् पात्रों की शंकाओं, प्रश्नों, जिज्ञासाओं, मनःस्थितियों और गुत्थियों का चित्रांकन करते जाते हैं और इसी विन्यास से कहानी निकलती चली आती है। नारी वर्ग से जुड़े तमाम प्रश्न, विशेषकर उसकी स्वतंत्रता को लेकर जैनेंद्र के कथा-पट बुने गए हैं। विपुल मात्रा में लिखी गई उनकी कहानियाँ 'फाँसी' (1929), 'नीलम देश की राजकन्या' (1933), 'एक रात' (1934), 'दो चिड़ियाँ' (1935), 'पाजेब' (1942), 'जयसिंध' (1949) शीर्षक से संगृहीत हैं।

'अज्ञेय' उपनाम से लिखनेवाले सच्चिदानंद हीरानंद वात्स्यायन ने कविता, उपन्यास और समालोचना के अतिरिक्त कहानी के विकास में महत्त्वपूर्ण योगदान देकर जैनेंद्र की भाँति अपना स्थान बनाया है। जैनेंद्र की ही भाँति उनकी कहानियों में व्यक्ति की मनोदशाओं, ग्रंथियों और अंतर्द्वंद्वों का बारीक विश्लेषण है, किंतु उनके पात्र सामाजिक रूढ़ियों के खिलाफ संघर्ष और विद्रोह के भाव से भरे हैं। इस विवेच्य अवधि में कहानी के विकास में जिन रचनाकारों के नाम उल्लेखनीय हैं, वे हैं—भगवती प्रसाद वाजपेयी, राधिकारमण प्रसाद सिंह, भगवतीचरण वर्मा, राहुल सांकृत्यायन, सूर्यकांत त्रिपाठी 'निराला', सुमित्रानंदन पंत, सुभद्रा कुमारी चौहान, शिवरानी देवी, उषादेवी मित्रा, चंद्रगुप्त विद्यालंकार और विष्णु प्रभाकर प्रमुख हैं। विवेच्य कालावधि में हिंदी कहानी वस्तु और शिल्प दोनों दृष्टियों से परिपक्व होकर सामने आईं। प्रेमचंद और प्रसाद ने हिंदी कहानी की जो बुनियाद रखी थी, उससे कहानी लेखन के नए-नए मार्ग प्रशस्त हुए। विशेषकर प्रेमचंद की कहानी-कला और कथ्य ने कहानी की जो ऊँचाई प्रदान की, उससे कहानी में सामाजिक रूढ़ियों, विषमताओं तथा आदर्श और यथार्थ के द्वंद्व में मानवीय अनुभूति की अभिव्यक्ति की, वहीं जैनेंद्र और अज्ञेय ने मनोविश्लेषण को आधार बनाकर एक नई धारा का सूत्रपात किया। इस प्रकार कहानी के विकास का यह दूसरा ठोस और अधिक बेहतर संभावना का संकेत लिये हुआ था।

प्रमुख कहानीकार : प्रेमचंद, जयशंकर प्रसाद, चंद्रधर शर्मा गुलेरी, भगवती प्रसाद वाजपेयी, विश्वंभर नाथ शर्मा 'कौशिक', सूर्यकांत त्रिपाठी 'निराला'।

3. तृतीय सोपान (सन् 1936 से 1960 तक) : इस युग की कहानियों में युग की नई भावनाओं एवं परिस्थितियों का चित्रण है। प्रगतिशील एवं मनोवैज्ञानिक कहानियाँ अधिक लिखी गई हैं। जैनेंद्र ने मनोवैज्ञानिक तथा यशपाल, रांगेय राघव तथा पांडेय बेचन शर्मा 'उग्र' ने प्रगतिवादी कहानियाँ लिखीं। चौथे दशक में प्रेमचंद ठाकुर का 'कुआँ', 'ईदगाह' और 'पूस की रात' तथा 'कफन' लिखकर कहानी को जीवन की तल्ख सच्चाइयों को व्यक्त करने का सबसे सशक्त माध्यम बने और बता चुके थे। उनके 'महाजनी सभ्यता' नामक चर्चित निबंध में यह संकेत साफ था कि आर्थिक आधार और नैतिक मूल्यों के बगैर राजनीतिक स्वतंत्रता निस्सार है। कहानी का यह चरण इस पृष्ठभूमि और तत्कालीन सार्वभौम सच्चाइयों के बीच ही उगा था। पाँचवाँ दशक राष्ट्रीय-अंतरराष्ट्रीय क्षितिज में भीषण उथल-पुथल का संक्रात काल है। विश्वव्यापी महायुद्ध, भीषण महँगाई और मंदी, भारत छोड़ो आंदोलन, बंगाल का अकाल और महामारी, नाविक विद्रोह, आजाद हिंद फौज की ऐतिहासिक करामात, राष्ट्रीय स्वतंत्रता की प्राप्ति और देश का बँटवारा, रक्तपात, दानवता को लजाते मानव द्वारा किए गए अमानुषिक कृत्य, लूटपाट, हत्याएँ, बलात्कार, आगजनी, धर्मोन्माद, घर से बेघर होनेवाले शरणार्थी बनते लोग, सत्ता का हस्तांतरण, अपनी सरकार, ताबड़तोड़ औद्योगीकरण, अनियोजित विकास की दौड़, नगरीकरण की धूम, साधन-सुविधासंपन्न शहर और सुविधाओं से वंचित होनेवाले गाँवों के सिलसिले की शुरुआत।

प्रेमचंद के उत्तर रचनाकाल की अवधि में लेखन आरंभ करने और स्वतंत्रता-प्राप्ति के पश्चात् भी लगभग दो दशकों तक लगातार सृजनरत रहनेवाले जैनेंद्र कुमार, अज्ञेय, यशपाल, अमृतलाल नागर, राहुल सांकृत्यायन, चंद्रगुप्त विद्यालंकार, भगवतीचरण वर्मा, अमृत राय, रांगेय राघव, भगवतशरण उपाध्याय, विष्णु प्रभाकर, चंद्रकिरण सोनरिक्सा, गिरीश अस्थाना, तेजनारायण चौधरी, उपेंद्रनाथ अश्क, इलाचंद जोशी, होमवती देवी आदि हैं। अब कहानी सामाजिक यथार्थ और रूमानी भावुकता के दो ध्रुवीय सीमांतों से आगे मनोविश्लेषणवादी, फ्रायडवादी, वर्ग चेतनावादी, व्यक्तिवादी, यथार्थवादी, प्रकृतिवादी और गांधीवादी आदि विविध धाराओं से पहचानी जाने लगी थी। छठे दशक तक पत्र-पत्रिकाओं, परिचर्चाओं, साहित्यिक गोष्ठियों और संवाद-शृंखलाओं में कहानी पूरी तरह चर्चा के केंद्र में आ गई थी। सन् 1950 के आसपास से ही वैचारिक और एप्रोचगत व स्वरूप स्तर पर एक नितांत नई तरह की कहानी हिंदी में आने लगी थी, भले ही उसका नामकरण दो-चार वर्षों बाद हुआ हो। तब ही से आज तक की कहानी को हम नई कहानी के ही रूप में जानते हैं।

कहानी-आंदोलन : नई कहानी

हिंदी में 'नई कहानी' को प्रायः एक साहित्यिक आंदोलन के रूप में देखा गया है और उसी के आधार पर कुछ कहानीकारों ने 1951 के दशक को 'नई कहानी' के दशक के नाम से अभिहित करने का प्रयास किया है। प्रायः सभी आलोचकों ने यह स्वीकार किया है कि छठे दशक के मध्य तक आते-आते हिंदी कहानी में 'नएपन' की यह प्रक्रिया इतनी तेज हो गई कि वह स्पष्टतः लक्षित होने लगी। हिंदी कहानी के इस नए उन्मेष को ही 'नई कहानी' कहा गया और सातवें दशक के आरंभ होने के साथ ही नई कहानी का आंदोलन भी शुरू हो गया, जो कतिपय कहानीकारों और आलोचकों के अति उत्साह और महत्त्वाकांक्षा का परिणाम था। पर सच पूछें तो 'नई कहानी' का कोई सुचिंतित दर्शन नहीं था। न ही किन्हीं लेखकों के किसी समूह ने किसी सोची-समझी नीति के तहत इसका आरंभ किया था। 1950 के बाद एक नए भारत का जन्म हुआ था। परिस्थितियाँ बदली थीं। इन परिस्थितियों में साहित्य का रूप भी बदला था। कविता की तुलना में यथार्थ का अधिक संजीदगी से सामना करने और टकरानेवाली विधा-कहानी ने युवा लेखकों को अधिक आकृष्ट किया था। वस्तुतः कहानी ने ही इस समय की ज्वलंत समस्याओं को अपना कथ्य बनाया। देश के विभाजन से पैदा हुए मानवीय संकट एवं त्रासदी की संवेदना का वहन और सदियों की राजनीतिक गुलामी से मुक्त देश की आकांक्षाओं तथा पन्नों को वाणी देने का काम कहानी ने ही किया। समकालीन यथार्थ की विरूपताओं और विडंबनाओं से भी कहानी ही जूझी। यही कारण था कि कविता इस दशक में क्रमशः हाशिए पर खिसकती गई और कहानी केंद्र में आती गई। वस्तुतः छठे दशक के साथ कहानी का आंदोलन एक सैलाब के रूप में आया, जो दशक के अंत तक आते-आते पूरे हिंदी जगत् में छा गया।

स्वतंत्रता के पश्चात् कहानी और नई कहानियाँ नाम से कहानी केंद्रित अनेक पत्र-पत्रिकाएँ प्रकाशित हुईं। नई कहानी को व्यक्ति के माध्यम से परिवेश और परिवेश के जरिए व्यक्ति को तलाशने या दोनों को सापेक्षता में तलाशने का रचनात्मक प्रयास कहा गया। इस कहानी के वस्तु और शिल्प में इतना वैविध्य दिखाई दिया कि वे एक ही कालावधि और एक ही शीर्षक 'नई कहानी' के अंतर्गत पहचाने जाने के बावजूद एक-दूसरे से सर्वथा अलग शिल्प और सर्वथा अलग कथ्य लिये हुए हैं। फिर भी फणीश्वरनाथ रेणु की आंचलिकता; मार्कंडेय, शिवप्रसाद सिंह और अवधनारायण सिंह की ग्राम्य अनुभूति; निर्मल वर्मा, विजय चौहान और उषा प्रियंवदा की अंतरराष्ट्रीयता; धर्मवीर भारती, कमलेश्वर, मोहन राकेश, राजेंद्र यादव, कृष्ण बलदेव वैद, भीष्म साहनी, अमरकांत, कृष्णा सोबती, रमेश बक्शी, दूधनाथ सिंह, गोविंद मिश्र, ज्ञानरंजन, गिरिराज किशोर, मन्नू भंडारी, मालती जोशी, हरिशंकर परसाई, शरद जोशी की

कहानियों में नगर-जीवन तथा शानी, शैलेश मटियानी, शिवानी, राजेंद्र अवस्थी की कहानियों में आदिवासी एवं पहाड़ी जीवन की कथाएँ सामने आईं और नई कहानी के अंतर्गत समाहित हुईं। गुणवत्ता, परिमाण और लोकप्रियता में नई कहानी साहित्य की केंद्रीय विधा बन गई। कहानी की रचना-प्रक्रिया, पाठ-प्रभाव, आस्वाद और पाठक को लेकर नए मानदंड रचे गए। इस भूमिका में कहानीकार मोहन राकेश, राजेंद्र यादव, कमलेश्वर और निर्मल वर्मा तथा कहानी आलोचकों में धनंजय वर्मा, सुरेंद्र चौधरी, डॉ. परमानंद श्रीवास्तव, इंद्रनाथ मदान, देवीशंकर अवस्थी, मधुरेश तथा रामदरश मिश्र के नाम उल्लेखनीय हैं।

प्रमुख कहानीकार : अज्ञेय, जैनेंद्र, इलाचंद्र जोशी, भगवतीशरण शर्मा, शैलेश मटियानी, मालती जोशी, कृष्णा सोबती, शिवानी, यशपाल, राजेंद्र अवस्थी।

4. कहानी का चतुर्थ सोपान : वर्तमान युग (1960 से अद्यतन) : सन् 1950 से कहानी के क्षेत्र में अति यथार्थवादी दृष्टिकोण आया। मोटे तौर पर यह अवधि आक्रोश, अनास्था, अविश्वास, कुंठा, यौन निवृत्ति, मानसिक अराजकता, समाजिक मान-मर्यादाओं के तेजी से विघटन और आर्थिक हताशा के रूप में दिखाई पड़ने लगी। यद्यपि तत्कालीन कविता में ये स्वर बखूबी सुने गए, पर कहानियों में इनका प्रथमतया और त्वरित अभिव्यक्ति पाना स्वाभाविक है। इसलिए इस अवधि में कहानी अपने ढर्रे से फिर हटी और वस्तु तथा रूप में बदलाव लेकर प्रस्तुत हुई। नए परिवर्तित संदर्भों और यथार्थवादी परंपरा को रचनात्मक गति देनेवाले कहानीकारों में काशीनाथ सिंह, इसराइल, उदय प्रकाश, असगर बजाहत, मोहन थपलियाल, रमाकांत श्रीवास्तव, राकेश उपाध्याय, स्वयं प्रकाश, नमिता सिंह, महेश कटारे, दूधनाथ सिंह, रवींद्र कालिया, ममता कालिया, महेंद्र भल्ला, प्रयाग शुक्ल आदि प्रमुख हैं। इस युग की कहानी को आलोचनात्मक पहचान देने में मधुरेश, यदुनाथ सिंह, डॉ. परमानंद श्रीवास्तव, डॉ. गंगाप्रसाद विमल और डॉ. महीप सिंह के नाम उल्लेखनीय हैं।

इस अवधि में अलग-अलग नामों और अलग-अलग प्रतिबद्धताओं तथा आम आदमी अथवा जीवन या समाज के किसी उपेक्षित बिंदु को रचनामंच में लाने का दावा करनेवाले इस युग में कहानी के क्षेत्र में नई कहानी, सचेतन कहानी तथा समानांतर कहानी आदि नामों से अनेक आंदोलन हुए। डॉ. गंगाप्रसाद विमल अकहानी के प्रवक्ता बनकर प्रस्तुत हुए और उन्होंने अकहानी से राजकमल चौधरी एवं सुधा अरोड़ा के नाम जुड़े बताए जाते हैं। इस युग के एक प्रमुख कहानीकार डॉ. महीप सिंह सचेतन कहानी के प्रवक्ता बनकर उभरे और उन्होंने सचेतन कहानी को वह जीवन-दृष्टि बताई, जिसमें कड़वे, विषैले, संघर्ष और चुनौती भरे जीवन को स्वीकारने का भाव है, पलायन, घृणा, आत्मघात या नकारवाद नहीं। इस धारा से जुड़े नामों में स्वयं महीप सिंह के अलावा

जगदीश चतुर्वेदी, मनहर चौहान और सुदर्शन चोपड़ा प्रमुख हैं। इस युग की प्रतिष्ठित पत्रिका 'सारिका' के संपादक होते ही कमलेश्वर ने कुछ दिनों बाद 'समानांतर कहानी' नामक रचनात्मक आंदोलन का सूत्रपात किया। इस आंदोलन के नेतृत्वकर्ता कमलेश्वर के अनुसार, जून 1971 ई. में आई.आई.टी., बंबई में समानांतर लेखन पर हुई एक गोष्ठी में इस लेखन का विचार सामने आया और मामूली आदमी वह है, जो हर निर्माण की आधारशिला तो है, किंतु उसकी कोई पहचान नहीं, न राजनीतिक, आर्थिक, सामाजिक और न ही सांस्कृतिक। इतिहास के लंबे दौर से छला जाता आया यह दलित, शोषित, पीड़ित और अपमानित व्यक्ति तथा उसकी जीवन-यात्रा के विविध पहलू समानांतर कहानी के रचना-तत्त्व घोषित किए गए। इस कहानी के प्रमुख लेखकों में कामता नाथ, मणि मधुकर, मधुकर सिंह, इब्राहीम शरीफ, जितेंद्र भाटिया, विभु कुमार, सतीश जमाली, से.रा. यात्री, श्रवण कुमार, सुदीप, शीला रोहेकर, दामोदर, निरुपमा सेवती, मृदुला गर्ग, मृदुला सिन्हा एवं मालती जोशी आदि हैं।

इस अवधि में कहानी-आलोचना का भी स्वतंत्र विकास हुआ। कहानी की पाठ-प्रक्रिया, आस्वाद और मूल्यांकन के नए प्रतिमान निर्धारित हुए। कहानी के आलोचकों की एक पीढ़ी सामने आई, जिसने हिंदी कहानी को साहित्य की एक स्वतंत्र विधा और गंभीर कलाकृति के रूप में व्याख्यायित व विश्लेषित किया। डॉ. धनंजय वर्मा, डॉ. नामवर सिंह, डॉ. इंद्रनाथ मदान, सुरेंद्र चौधरी, परमानंद श्रीवास्तव और रामदरश मिश्र आदि ने कहानी-आलोचना के क्षेत्र में उल्लेखनीय कार्य किए। कहानी-आलोचना के नए मानदंडों के विकास में जिन कहानीकारों ने अपना रचनात्मक योगदान दिया, उनमें मोहन राकेश, राजेंद्र यादव, कमलेश्वर और निर्मल वर्मा उल्लेखनीय हैं।

प्रमुख कहानीकार : राजेंद्र यादव, मोहन राकेश, कमलेश्वर, मन्नू भंडारी, फणीश्वरनाथ रेणु, ज्ञानरंजन, निर्मल वर्मा, कृष्णा सोबती, मृदुला सिन्हा, मालती जोशी आदि।

हिंदी कहानी के क्षेत्र में महिला कहानीकारों का अद्वितीय स्थान रहा है। उनका मूल्यांकन गंभीरता से नहीं किया गया है, जबकि महिला कहानीकार प्रेमचंद युग से ही काफी सक्रिय रही हैं। प्रेमचंद युग में उषादेवी मित्रा, कमला चौधरी, सत्यवती मलिक, सुभद्रा कुमारी चौहान, श्रीमती चंद्रकिरण सोनरिक्सा, श्रीमती होमवती देवी आदि महिला कहानी-लेखिकाएँ तत्कालीन सामाजिक संदर्भों को केंद्र में रखकार कहानी-लेखन के क्षेत्र में सक्रिय थीं और इनके बाद रजनी पन्निकर, कंचनलता सब्बरवाल, शांति मेहरोत्रा, श्रीमती राजेश्वरी देवी 'चकोरी', श्रीमती स्वर्णलता देवी आदि लेखिकाओं ने इस परंपरा को आगे बढ़ाया था, किंतु स्वतंत्रता-प्राप्ति के बाद तो महिला लेखिकाओं का एक वर्ग ही उठ खड़ा हुआ है।

प्रतिनिधि महिला कहानियाँ : विहंगावलोकन

भारत को जब आजादी मिली थी, उस समय पुरुषों की तुलना में स्त्रियों की स्थिति बहुत दयनीय थी। वे शिक्षा और आर्थिक व सामजिक अधिकार की दृष्टि से बहुत पिछड़ी हुई थीं। उस समय की अधिकांश भारतीय परिवारों में स्त्रियों की अपने नाम पर कोई संपत्ति नहीं होती थी और माता-पिता की संपत्ति में उनका कोई हिस्सा नहीं होता था। 1956 के पर्सनल हिंदू लॉ ने स्त्रियों को उत्तराधिकार का हक प्रदान किया था, परंतु वे कानून पुरुषों की तरफ झुके हुए थे, क्योंकि स्त्रियों को उनका वास्तविक अधिकार शायद ही मिल पाता था। 2005 में हुए हिंदू कानून में संशोधनों के बाद स्त्रियों को पुरुषों के बराबर हक मिल गया है। पर कानूनों के कमजोर अनुपालन के कारण आज भी स्त्रियों को मौरूसी जमीन-जायदाद में वाजिब हिस्सा नहीं मिलता। भारत सरकार ने 2001 को 'नारी सशक्तीकरण' का वर्ष घोषित किया और 2001 में ही नारी सशक्तीकरण की राष्ट्रीय नीति का बिल पारित हुआ।

कुल मिलाकर बीसवीं सदी के अंतिम दशक में भारतीय नारी की स्थिति में कोई युगांतरकारी परिवर्तन होता नहीं दिखाई पड़ता, जिसे इस काल की हिंदी कहानी में भी परिलक्षित किया जा सके। आजादी के बाद छठे दशक में परिवर्तन की जो प्रक्रिया आरंभ हुई थी, वह लगभग 1975 तक बहुत धीमी रही। इस बीच स्त्री-शिक्षा और स्त्रियों के घर के बाहर निकलकर काम करने आदि से उनका सशक्तीकरण तो हुआ, पर उसके साथ ही नई समस्याएँ उभरने लगीं। पढ़ी-लिखी युवा स्त्रियाँ अपने अधिकारों और अस्मिता के प्रति जागरूक हुईं या होने लगीं और पति तथा उसके परिवार से संघर्ष की स्थितियाँ उभरने लगीं। स्त्रियों के घर के बाहर काम करने के फलस्वरूप उनका वास्ता अभी तक अनजान एक पुरुष-समाज से पड़ा और वे उनकी कामवासना और हिंसादृष्टि की शिकार होने लगीं। अभी तक वे इतनी सशक्त नहीं हुई थीं कि बाहरी पुरुष-समाज का सामना कर सकें। अपनी सुरक्षा के लिए वे परमुखापेक्षी थीं। इसी का एक परिणाम था—पुरुषों द्वारा स्त्रियों से छेड़छाड़, कामुक हरकतें और मौका मिलते ही उनके साथ विभिन्न तरह के बलात्कार, जिसका सबसे ताजा और अमानवीय उदाहरण 16 दिसंबर, 2012 की घटना है। इन्हीं समस्याओं पर इस दौर की महिला कहानीकारों ने कहानियाँ लिखीं और समाज में घटित घटनाओं को अपनी कहानियों का प्रमुख विषय बनाया।

वर्तमान में महिला कहानीकारों की दो पीढ़ियाँ एक साथ सक्रिय हैं। पहली पीढ़ी में वे लेखिकाएँ आती हैं, जो नई कहानी के दौर के आसपास से लिखती आ रही हैं और दूसरी पीढ़ी में वे लेखिकाएँ आती हैं, जिन्होंने आठवें दशक में लिखना आरंभ किया है। पहली पीढ़ी की लेखिकाओं में शशिप्रभा शास्त्री, शिवानी, कृष्णा सोबती,

मन्नू भंडारी, उषा प्रियंवदा, ममता कालिया, मृदुला सिन्हा, मालती जोशी, सूर्यवाला, चंद्रकांत, विद्याबिंदु सिंह आदि उल्लेखनीय हैं। दूसरी पीढ़ी में दीप्ति खंडेलवाल, मृणाल पांडेय, मृदुला गर्ग, चित्रा मुद्‌गल, राजी सेठ, मंजुल भगत, ज्योत्स्ना मिलन, मणिका मोहिनी, प्रतिमा वर्मा, सुधा अरोड़ा, पद्‌मा सचदेव, उषाकिरण खान, सुनीता जैन, निरुपमा सोबती, मेहरुन्निसा परवेज, इंदुबाली, ऋता शुक्ल, अंचला नागर आदि ने अपनी निजी पहचान कायम कर ली है।

'गोपाल को किसने मारा' यह कहानी मन्नू भंडारी ने लिखा है। इस कहानी में समय की बदलती स्थिति का आकलन किया गया है। रामनिझावन के दो बेटे थे। वह गाँव में रहता था, धीरे-धीरे गाँव ने कस्बे का रूप धारण कर लिया। इससे गाँव के नवयुवक शहर की ओर पलायन करने लगे। रामनिझावन का बड़ा बेटा गोविंदा भी शहर में जाकर कार्य कर रहा था, लेकिन काम करते समय उसकी विद्युत् करेंट से मौत हो जाती है, जिससे उसके बुढ़ापे का सहारा छिन जाता है। दूसरा बेटा स्वार्थवश अपने बड़े की स्मृति पर बने प्याऊ को हटाने पर उतारू है। कहानीकार प्रश्न करता है कि बड़ा बेटा तो आपदा का शिकार हो गया, लेकिन गोपाल की आत्मा ही मर गई है। जीवन-मूल्यों में आए बदलाव को यहाँ रेखांकित किया गया है।

मालती जोशी द्वारा लिखित कहानी 'पिता' एक लिजलिजे व पलायनवादी मानसिकता पर करारा व्यंग्य है। पितृसत्तात्मक सत्ता किस तरह नारी का शोषण करती है और लाचार होने पर भावी पीढ़ी को भावात्मक रूप से कमजोर करती है, इसका चित्रण इस कहानी में मिलता है। पिता पहले तो अपनी पत्नी को पैर की जूती समझते हैं और उसे घर से निकाल देते हैं तथा जब अंत समय आता है तो अपनी बेटियों से पिता होने का फर्ज अदा करने के लिए कहते हैं। बेटी कहती है कि हम तो पिता के रहते भी अनाथ थे···! नानी के घर में पली-बढ़ी बेटियाँ भी बदलते युग के अनुरूप नाममात्र के पिता को चाचा के माध्यम से दो-टूक जवाब देकर निरुत्तर कर देती हैं। यदि आप चाचा होते तो कभी तो हमारा खयाल किया होता!

'मुआवजा' कहानी चित्रा मुद्‌गल द्वारा लिखी गई है। इस कहानी में सुमित अपनी पत्नी-शैल को पसंद नहीं करता था, तलाक चाहता था, जीवन भर यातना दे रहा था, किंतु हादसे में मृत्यु होते ही मुआवजे के लिए सुमित जान छिड़कने लगा। माता-पिता की संवेदनाओं पर आघात करने से नहीं चूक रहा था। कहानीकार ने मधु के माध्यम से कहा है—मरे हुए रिश्तों को तराजू-बाट बना लिया है। सवाल मुआवजे की राशि का नहीं, नीयत का है और वे आसानी से सुमित का स्वार्थ सिद्ध नहीं होने देंगे···।

सुप्रसिद्ध कहानीकार मृदुला सिन्हा द्वारा लिखी गई 'दत्तक पिता' कहानी अत्यंत मार्मिक है। सिद्धार्थ बहुराष्ट्रीय कंपनी में अमेरिका में नौकरी कर रहा था। वह अपनी

माँ की मृत्यु पर नहीं आ पाया। पिता भी गुजर गए, उसे पता नहीं चला, किंतु राष्ट्रीय विचारों से पोषित पिता के मित्र हरकिशोर सिंह ने अपने मित्र की स्मृति को इतनी आत्मीय ऊष्मा दी कि उसे पता ही नहीं चला कि उसके असली पिता नहीं, ये दत्तक पिता हैं। सिद्धार्थ के पिता की तड़प जीवंत हो आई थी हरकिशोरजी की वाणी में। हरकिशोरजी को आकाश मिला तो सिद्धार्थ को जमीन। दत्तक ही सही, पिता तो मिला।

मृदुला गर्ग द्वारा लिखी कहानी 'यहाँ कमलिनी खिलती है' प्रकृति का मानवीकरण की कहानी है। व्यक्ति की स्मृति में कमलिनी खिल जाती है। जहाँ इनसानियत तब्दील हो जाती है कमलिनी में और लोगों को जब भी किसी की याद आती है तो वह कमलिनी की ओर देखने लग जाता है।

'दूज का टीका' सूर्यबाला द्वारा लिखी गई कहानी है। इस कहानी में मानवीय रिश्तों को अत्यंत संवेदना के साथ महसूस किया गया है। नई पीढ़ी रिश्तों की ऊष्मा को नहीं पहचानती। बुआ और दादी की आत्मीयता को शौनक और बिन्नी नए युग के होने के कारण नहीं समझ पाते। भाई दूज नई पीढ़ी के लिए पैसे कमाने का जरिया है, जबकि पुरानी पीढ़ी रिश्ते को मजबूत व स्थायी बनाने का माध्यम मानता है।

ऋता शुक्ला द्वारा लिखी गई कहानी 'रामो गति देहु सुमति…' पितृसत्तात्मक सत्ता पर चोट करती है। सुखदेव साहू पिता होने के बावजूद अपनी पुत्री चंपा को नहीं समझ पाता। उसकी प्रतिभा, सुंदरता व गुणी होना उसके लिए अभिशाप बन जाता है। पुत्र की चाहत ने एक प्रतिभाशाली पुत्री की बलि ले लेता है। चंपा तिरस्कार, घृणा व उपेक्षा के कारण पागल होकर मर जाती है। राम में गति पाने से पहले कौन जाने चंपा ने किस-किसके लिए सुमति की प्रार्थना की होगी।

'उसका आकाश' कहानी राजी सेठ की है। इस कहानी में आधुनिकता और पूँजीवादी मानसिकता को देखा जा सकता है। एक वृद्ध व्यक्ति नितांत अकेला होकर एक कोठरी को ही अपना आकाश मानता है। वृद्ध की देखभाल करने की किसी को फुरसत नहीं है। तिल-तिल घुटता हुआ वह अपने मृत्यु की आहट को सुन रहा है, लेकिन न बेटे को फुरसत है, न बहू को और न ही पोते को।

विद्याबिंदु सिंह अत्यंत संवेदनशील कहानीकार हैं। वे लोक में रची-बसी हैं। अपनी कहानी 'युद्ध-विराम' में शांतनु अपनी बहन शिखा और माँ के व्यवहार से आहत है, लेकिन कहानीकार के प्रयासों से माँ व बहन से उसका रिश्ता सहज हो जाता है और एक-दूसरे का अब वे दिल नहीं दुखाते, बल्कि युद्ध-विराम के लिए दोनों पक्षों को एक-दूसरे को समझने में मदद मिलने लगी है।

'अपनी जमीन' मेहरुन्निसा परवेज की कहानी है। इस कहानी में एक गरीब बाप की दास्तान बताई गई है। अपनी मृत्यु के बाद उसे अपनी जमीन में दफनाने के

तमाम प्रयत्न किए जाते हैं। कहानी के माध्यम से कहानीकार ने गरीबी, बेबसी और गाँव की सोच को दिखाया है। दुनिया कितनी भी तरक्की कर ले, लेकिन व्यक्तियों की सोच नहीं बदलती, जिस तरह आदत से बँधे लोग लाचार हैं अपनी आदत और दकियानूसी विचारों से।

चंद्रकांता द्वारा लिखी गई कहानी 'काली बर्फ' कश्मीर की आतंकी घटनाओं पर आधारित है। आप कितने भी अच्छे क्यों न हों, आतंकवाद के लिए आपकी कोई अहमियत नहीं है। परमी नर्स होने के कारण आतंकियों सहित सभी का इलाज करती है, लेकिन कहा जाता है कि आतंकियों का कोई धर्म नहीं होता। यह सच ही है, यहाँ भी आतंकियों के समक्ष परमी की कोई अच्छाई नहीं टिकती, बल्कि उसे भी मौत के घात उतार दिया जाता है।

ज्योत्स्ना मिलन की कहानी 'बा' बापूजी व कस्तूरबा की जीवनी पर आधारित है। बा की दुनिया सीमित थी, वह बिना बापू की आज्ञा के कहीं नहीं जाती थीं। मायके भी कभी नहीं गईं, यहाँ तक कि भाई की मृत्यु पर भी कभी मायके नहीं गईं। बा का जीवन त्याग व साधना का पर्याय था।

'हमवतन' कहानी पद्मा सचदेव की है। इस कहानी में एक सिपाही के जज्बे का भाव रेखांकित किया गया है। सिपाही आखिरी दम तक देश के लिए लड़ना चाहता है। सेना के प्रति देश की जनता का अनुराग अप्रतिम होता है। इस कहानी में एक सिपाही की दास्तान है, जिसने युद्ध में अपनी शहादत दी थी। कहानीकार ने सिपाही की सेवा की और उसकी हर इच्छा का आदर किया। अस्पताल में रोज जाकर डोगरी में बात करती तो सिपाही को आत्मीयता महसूस होती थी। डोगरी की लोरियाँ सुनाकर उसे सुला देना कहानीकार अपना कर्तव्य समझती थी। सिपाही के दिमाग में बंदूक के छर्रे घुसे हुए थे, इसलिए उसे बचाया नहीं जा सका। यहाँ यह बताया गया है कि हमवतन मिलने पर कैसे हमराज होकर दोगुने उत्साह से कार्य किया जाता है।

उषाकिरण खान की कहानी 'आकांक्षाओं के दीप' माँ की ममता पर आधारित है। माँ की आकांक्षा रहती है कि उसका गुमा हुआ बेटा पप्पू जरूर एक दिन वापस आएगा। इसके लिए वह नित्य पूजा-पाठ करती है। उसकी आस्था की जीत होती है। बाबू संकर्षण सिंह का इकलौता बेटा न केवल वापस आता है, बल्कि अपनी पत्नी से अलगाव हो जाने के बाद दोनों पुनः मिलते भी हैं। यहाँ कहानीकार ने संदेश दिया है कि हम जब सच्चे मन से कोई कार्य करते हैं तो वह अवश्य पूरा होता है। इसलिए हमें सदैव आस्तिक बने रहना चाहिए।

'बिरथा जन्म हमारो' कहानी सुनीता जैन द्वारा लिखी गई है। यह अनमेल विवाह पर आधारित है। वकील साहब के छह बच्चे थे, पहली पत्नी का निधन हो चुका था।

बच्चों के पालन-पोषण के लिए अपने से आधी उम्र की नई बहू ले आए और उसे बच्चों की सेवा में लगा दिया। स्वयं ऑपरेशन करा चुके वकील साहब ने पितृसत्तात्मक व्यवस्था के चलते अपनी आकांक्षा तो पूरी कर लेते हैं, लेकिन नई-नवेली बहू को इस बात का दु:ख हमेशा बना रहता है कि मेरी जीजी को छह लाल दिए, एक मुझे भी दे देते तो मेरा जन्म बिरथा न जाता, बल्कि सफल हो जाता। यहाँ कहानीकार समाज में व्याप्त स्त्री-पुरुष के भेद को उजागर करता है और समरस होने का संदेश देता है।

आशा है कि यह संकलन समकालीन हिंदी कहानी की दशा एवं दिशा को समझने में सहायक होगा। प्रतिनिधि कहानियों के चयन का आधार मुख्यतः कहानीकारों की रचना-दृष्टि एवं उनकी कहानियों की महत्ता को ध्यान में रखकर किया गया है। लंबे अरसे से महिला कहानीकारों की सशक्त भूमिका को रेखांकित करने की जरूरत महसूस हो रही थी। इसमें प्राय: सभी चर्चित कहानियों एवं कहानीकारों का समावेश किया गया है। आशा करते हैं कि यह संकलन पाठकों को पसंद आएगा।

विजयादशमी,
विक्रम संवत् 2078

—प्रो. नरेंद्र मिश्र
सी-124, शिवालिक, मालवीय नगर
नई दिल्ली-110017
मो. 9407555959
इ-मेल : npmishra@ignou.ac.in

अनुक्रम

गोपाल को किसने मारा

—मन्नू भंडारी

बेहद खरामा-खरामा चाल से चलते हुए इस गाँव ने भी आखिर कस्बे की दहलीज पर पाँव रख ही दिए। सदियों से उस गाँव में समय चलता नहीं, बस रेंगता था। पाँच साल बाद आप जाओ तो उस समय गोदी में लटके या उँगली पकड़कर घिसटते बच्चे आज गलियों में गिल्ली-डंडा या कंचे खेलते मिलते और तब के कंचे खेलते बच्चों की मसें भीगती दिखाई देती। पर बस, जो भी परिवर्तन दिखाई देता शरीर के स्तर पर ही, बाकी दिल-दिमाग और सोच-समझ तो जस-की-तस। पर जैसे ही उस गाँव ने देहाती चोला उतारकर कस्बाई धज धारण की, वहाँ समय रेंगने की जगह चलने लगा।

गाँव में तो चाहे युवा हों या बुजुर्ग, सबकी नजरें और पाँव गाँव की जमीन में ही गड़े रहते थे और अपने से संतुष्ट मन गाँव की चौहद्दी के बीच ही घूमता-टहलता रहता। पर कस्बे की हवा लगते ही युवा वर्ग के पाँव वहाँ से उखड़ने के लिए छटपटाने लगे और ललचाई नजरें शहर पर जाकर टिक गईं, पर जाएँ तो जाएँ कैसे? हाँ, दो-चार रईस परिवारों के बच्चे जरूर लोटपोट कर जैसे-तैसे शहर पहुँच गए, पर उनके अलावा उस समय न तो शहर कस्बे को अपने में समेट रहा था और न ही फैल-पसरकर खुद उसमें समा रहा था। हाँ, रईसों के ये बच्चे जब कभी गाँव का चक्कर लगाते तो जरूर अपने साथ थोड़ा सा शहर भी बाँध ही लाते और उन्हीं के बलबूते पर गाँव में अपने को किसी बादशाह से कम न समझते। उनका रहन-सहन, बोली-बाली देख-सुनकर गाँव के युवाओं के मन में भी न जाने कितने सपने कुलबुलाने लगते, पर न साधन, न सुविधा, न ही जोड़-तोड़ की ऐसी कोई जुगत, जो उन्हें वहाँ ले जाती।

यों कस्बा बनते ही गाँव का प्राइमरी स्कूल मिडिल स्कूल तो बन ही गया था, चाहे उसकी बिल्डिंग टूटी-फूटी ही रही हो, पर कक्षाएँ तो लगनी ही थीं। मास्टर लोग भी जबान की जगह छड़ी का प्रयोग ज्यादा करने के कारण कुछ तो पढ़ाते ही थे, अतः

बच्चे जैसे-तैसे पास हो ही जाया करते थे। पर मिडिल पास करने के बाद रास्ते बंद। अब करें तो क्या करें?

यह महज एक संयोग ही था कि इसी कस्बे के एक बेहद मामूली सी हैसियत वाले किसान रामनिझावन के बड़े बेटे गोविंदा ने जैसे ही मिडिल पास किया तो शहर से उसके मामा आ गए और प्रस्ताव रखा कि यदि जीजा चाहें और गोविंदा राजी हो तो वे उसे शहर ले जाकर बिजली के कारखाने में नौकरी दिलवा सकते हैं। वे खुद वहाँ नौकरी ही नहीं करते, बल्कि थोड़ी-बहुत पहुँच भी है उनकी उधर। एक बार सरकारी नौकरी मिल जाए तो समझो बादशाही मिल गई। पर बादशाही को परे सरकाते हुए बिफर गया रामनिझावन—

"अरे, अइसा जुलुम न करो महेसवा···अभी तो ई हमार हाथ बटावे लायक हुआ, अउर तुम हो कि···न न, हम नाही भेजी रहे शहर-वहर। हम खेती-बाड़ी करनेवाले मजूर ठहरे···हमका करिहें सरकारी नौकरी की बादसाहत लइके?"

पर गोविंदा, एक तो शहरी मामा का अपना चुंबकीय आकर्षण, दूसरे उससे बड़ा आकर्षण शहर जाकर नौकरी करने का, फिर थाली में परोसकर सामने आए इस मौके को कैसे छोड़ दे भला? छोटे भाई-बहनों के साथ मिलकर मोर्चा बनाकर अड़ गया गोविंदा।

रामनिझावन रोता-कलपता ही रह गया कि दो-दो बेटियों के हाथ पीले करने हैं, छोटे बेटे को भी पढ़ाना है, अब ई सारा बोझ मैं इकल्ला कइसे ढोऊँगा? अरे, बड़ा बेटा ही तो सहारा हुई है बाप का···पर गोविंदा को तो जाना था, वह चला गया। हाँ, इतना हौसला जरूर बँधा गया कि खेती में चाहे मैं तुम्हारी मदद न कर सकूँ दद्दा, पर पैसे में तुम्हारी मदद जरूर करता रहूँगा। मुझे भी अपने छोटे भाई-बहनों का खयाल है। उनके लिए जो हो सकेगा, करूँगा।

बात का पक्का निकला गोविंदा। उसे अपने दद्दा की, भाई-बहिनों की जिम्मेदारी का पूरा खयाल था, सो वह अपने खर्चे लायक पैसे रखकर तनख्वाह के सारे रुपए दद्दा के पास भेज दिया करता। साल में दो बार जब सबसे मिलने घर आया तो सबके लिए कुछ-न-कुछ लेकर भी आया। अब रामनिझावन ने भी संतोष कर लिया कि चलो, बेटा राजी-खुशी है, अपना कमा-खा रहा है, घर में मदद भी कर रहा है और सबसे बड़ी बात कि खूब खुश है। अब बच्चों के सुख से तो बड़ा और कोई सुख होता नहीं माँ-बाप के लिए।

पर यह सुख भी ज्यादा दिन के लिए नहीं लिखा था रामनिझावन की तकदीर में। पूरा पहाड़ टूटकर गिर जाता, तब भी शायद वह इस तरह चकनाचूर नहीं होता, जितना इस घटना ने कर दिया। कोई हारी-बीमारी की खबर नहीं, दुःख-तकलीफ की सूचना नहीं, सीधे गोविंदा की लाश लेकर ही चला आया महेसवा तो। रामनिझावन भरोसा करे तो कैसे करे कि सामने लेटा यह आदमी जिंदा नहीं, लाश है।

गोविंदा के पूरे घर में ही नहीं, बल्कि पूरे कस्बे में कोहराम मच गया। देखनेवालों की भीड़ टूट पड़ी। क्या हो गया···कैसे हो गया···कब हो गया···किसने कर दिया···? एक ओर देखनेवालों के प्रश्नों की बौछार तो दूसरी ओर रामनिझावन और उसकी पत्नी का छाती-फोड़ क्रंदन—"अरे महेसवा, ई कउन जनम का बैर निकाला रे हमसे···तू नौकरी दिलावे की खातिर ले गवा रहा कि जान लेवे की खातिर···तुमका जान ही लेवे का रहा तो हमरी लेइ लेते···" माथा ठोंक-ठोंककर वह अपने को ही कोसने लगा, "का बताई, ई तो मत मारी गई थी हमरी ही, जो तुम्हरे साथ भेजे रहे न! हमार बीस बरस का जवान जहान बेटा···हमरे बुढ़ापे की लाठी छीनिके का मिलि गवा रे···" दुःख, आरोप, असहायता, पश्चात्ताप की आँच में सुलगता रामनिझावन का प्रलाप और अपराध-बोध से ग्रस्त, सारे आरोपों को चुपचाप झेलते जाने की महेश की मजबूरी।

आँसुओं में डूबा, टुकड़ों-टुकड़ों में जो बता पाया महेश, उसका सार इतना ही था कि ऊपर तार पर काम कर रहा था गोविंदा और नीचे किसी ने गलती से स्विच ऑन कर दिया। करेंट दौड़ा और तार से ही चिपककर रह गया गोविंदा। रामनिझावन को कारण से कुछ लेना-देना नहीं, उसे तो बस परिणाम ने चकनाचूर करके रख दिया था। तीन दिन बाद प्रलाप का पहला दौर जरा ठंडा पड़ा तो हिम्मत करके महेश ने इस उम्मीद से मरहम की पुड़िया निकाली कि इसका लेप लगते ही धीरे-धीरे घाव भरने शुरू होंगे। बहुत हिम्मत करके बोला, "देखो जीजा, गोविंदा अपनी मौत तो मरा नहीं, एक अफसर की गलती से मरा है, सो सरकार मुआवजा तो देगी ही···कम नहीं, पूरे पच्चीस हजार मिलेंगे, कोशिश तो करूँगा कि कुछ और भी मिल जाए तथा जल्दी-से-जल्दी ही वसूली करने में भी जान झोंक दूँगा मैं।"

"चोऽऽप कर!" ऐसे दहाड़ा रामनिझावन कि सब-के-सब सन्न रह गए।

"पहिले तो हमार बेटवा की जान लै ली, अउर अब वहिकी कीमत चुकाना चाहता है! अरे, बाप हूँ गोविंदा कै, कौनो कसाई नाही, जो अपन बेटवा की मौत की कीमत वसूलूँगा! ई सब कमीनी बातें न कर हमरे सामने। तू दूर जा हमरी आँखन के आगे से!" और वह फूट-फूटकर रोने लगा। महेश ने जिस बात को मरहम समझकर सामने रखा था, वह तो नश्तर साबित हुई, जिसके लगते ही घाव फिर रिसने लगा और आँखों से आँसू की जगह खून-मवाद के रेले बह चले। रोतीकलपती पत्नी अपने भाई को भीतर ले गई और तसल्ली देकर वहीं से विदा भी कर दिया।

महेश अपमानित और आहत चाहे जितना हुआ हो, पर जीजा के प्रति अपनी जिम्मेदारी नहीं भूला। तीन महीने की भाग-दौड़ के बाद वह मुआवजे के पच्चीस हजार रुपए लेकर जीजा के यहाँ पहुँचा, पर हिम्मत नहीं हुई पहले रामनिझावन के पास जाने की, सो सीधे सरपंच के पास पहुँचा और सारी बात समझाई। जीजा की माली हालत

जैसी है, उसमें कितनी मदद मिलेगी इन रुपयों सेदोनों बेटियों के ब्याह निपट जाएँगे··· छोटा बेटा पढ़ जाएगा और भी छोटी-मोटी जरूरतें पूरी होंगी। इतना रुपया तो न जाने कितने साल नौकरी करके भी नहीं भेज सकता था गोविंदा। जीजा का दुःख समझता हूँ, पर दुःख अपनी जगह और जरूरतें अपनी जगह। गोविंदा तो अब आ नहीं सकता, पर इन रुपयों से बहुत सी परेशानियाँ तो दूर की ही जा सकती हैं। पहले आप जाकर आगा-पीछा सब समझा दीजिए, जब मान जाएँगे तो मैं जाकर उनके रुपए उन्हें थमा दूँगा।''

वैसे तो सरपंच अपने यहाँ भी बुला सकता था रामनिझावन को, पर मौके की नजाकत देखकर अपने साथ और दो-चार बुजुर्गों को लेकर वह खुद ही रामनिझावन के घर पहुँचा। ठेठ दुनियादारी की बातों में लपेटकर वह सारी ऊँच-नीच समझाई। आगा-पीछा सुझाया। उसकी माली हालत का, जिम्मेदारियों का हवाला देकर सरपंच ने जब वह प्रस्ताव उसके सामने रखा तो उसकी झुकी हुई गरदन और झुक गई तथा हाथ जोड़कर वह इतना ही कह पाया, ''हमौ गरीबै सही माई-बाप, पर बाप हौं गोविंदा कै···अब कसाई न बनाओ!'' और उसकी बाकी बात आँसुओं में ही डूब गई। इसके बाद तो बिना बोले आँसुओं में ही वह सरपंच के सारे तर्क काटता रहा। सरपंच और बुजुर्गों का सारा समझाना-बुझाना बेकार। मुआवजे के रुपए लेने के लिए रामनिझावन नहीं माना तो नहीं ही माना। हाँ, इर्द-गिर्द घिर आए तीनों बच्चों के मन में जरूर कुछ इच्छाएँ, कुछ सपने कुलबुलाने लगे थे, पर बाप के हिचकियों में बदलते रोने की आवाज के आगे वे भी चुप हो गए।

आखिर तीन दिन तक बुजुर्गों में ही सलाह-मशविरा चलता रहा और फिर पानी की किल्लत को ध्यान में रखकर यह प्रस्ताव रखा गया कि इन रुपयों से गाँव में गोविंदा के नाम से एक प्याऊ खुलवा दी जाए। हर प्यासा राहगीर पानी पीकर सच्चे मन से जो दुआएँ देगा, वह सीधे गोविंदा की आत्मा को ही सहलाएँगी। रामनिझावन ने जब इस प्रस्ताव की बात सुनी तो गद्‌गद हो गया। ''मेरे बेटे के नाम की प्याऊ···प्यासे लोग पानी पिएँगे और मेरे बेटे को दुआएँ देंगे···इससे बड़ा पुण्य और क्या हो सकता है मेरे बेटे के लिए। बाप होकर भी इतना पुण्य कमा सकता था क्या मैं अपने बेटे के लिए?''

देखते-ही-देखते प्याऊ बन गया और गोविंदा के नाम का बोर्ड भी लग गया उस पर। पहले दिन तो रामनिझावन ने खुद बैठकर सबको पानी पिलाया और उसे लगा, जैसे उसका दुःख सबके सुख में बदल गया। फिर तो खेत से आते-जाते कुछ देर खड़े रहकर उसी को निहारता···गोविंदा के नाम का बोर्ड देखकर पानी पीनेवालों से ज्यादा उसका अपना मन जुड़ा जाता। सरपंच कभी मिलते तो कहते, ''देख रे रामनिझावन! कितै प्यासों की दुआएँ मिल रही हैं तेरे गोविंदा को।'' तो वह गद्‌गद भाव से सिर झुका लेता।

पता नहीं, पानी पीनेवालों की दुआएँ गोविंदा तक पहुँचती हैं या नहीं, पर रामनिझावन

के परिवार तक तो जरूर ही पहुँची रहीं। तभी तो इन पच्चीस वर्षों में उसकी दोनों बेटियाँ अच्छे घरों में ब्याहकर आज अपने फलते-फूलते परिवार के साथ प्रसन्न हैं। उसका छोटा बेटा गोपाल भी दो बच्चों का बाप है। जो रामनिझावन अपने बच्चों को दूध-दही खिलाने के लिए कभी एक भैंस नहीं खरीद सका, उसने अपने पोतों के लिए एक भैंस भी खरीद ली। अपने घर के एक हिस्से को पक्का करवा दिया, ताकि गोपाल का परिवार आराम से रह सके। उसे तो अपने कच्चे घर में रहने की आदत थी, सो वह तो उसी में आराम से रहता। इससे ज्यादा सुख की तो वह अपने लिए कल्पना ही नहीं कर सकता था और यह सब वह उस पुण्य का प्रताप ही समझ रहा था, जो पानी पिलाकर उसके खाते में जमा हो रहा था।

□

अब इन पच्चीस वर्षों में उस कस्बे का क्या हाल हुआ, वह भी देखिए। शहर और कस्बे के बीच बस क्या चलने लगी कि उसमें लदकर सवारियों के साथ टुकड़ों-टुकड़ों में शहर भी कस्बे में आने लगा। कस्बे के हाट-बाजार शहरी सामानों से भरने लगे तो वहाँ के लोगों के मन उन्हें पाने की उमंग जाग गई। किशोरों और युवाओं ने अपनी टाँगों से पाजामे उतारकर जींस चढ़ा लीं और उनकी कलाइयों में घड़ियाँ चमचमाने लगीं। धूप होने पर वे भी काले चश्मे पहनकर घूमते। लड़कियाँ भी होंठों पर गहरे रंग की लिपस्टिक पोते, माथे पर चमकीली बिंदिया चिपकाए रंग-बिरंगे कपड़ों में अपने को मिस इंडिया से कम नहीं समझतीं। जैसे-जैसे बाजार नए-नए सामानों से भरता जाता, उन्हें खरीदने के लिए पैसे की जरूरत भी बढ़ती जाती। और सामान और पैसा···और सामान और ज्यादा पैसा।

दस साल की उम्र से रामनिझावन के साथ खेती-बाड़ी करनेवाले उसके छोटे बेटे गोपाल के मन में भी शहर कब और कैसे फैल-पसर गया, रामनिझावन को इसका पता ही नहीं लगा। लगता भी कैसे? अंटी में संतोष-धन की पूँजी बाँधे उसकी दुनिया तो आज भी खेत और घर तक ही सिमटी हुई थी। पर गोपाल को अब संतोष-धन नहीं, असली धन चाहिए था और इसलिए उसने धीरे-धीरे खेती का काम बाप के कंधों पर डाल शहर के चक्कर लगाने शुरू किए। जब-जब वह शहर जाए, वहाँ की चकाचौंध उसके मन में नित नई हवस जगाए, पर वह हवस पूरी हो तो कैसे? बिना पढ़ाई के अच्छी नौकरी मिलने से रही। रहा कोई धंधा, सो उसके लिए पैसा चाहिए। जिस भी धंधे की बात सोचता, बात पैसे पर आकर अटक जाती। हर असफलता से हताशा जनमती और हताशा से जनमता गुस्सा तथा गुस्सा जाकर रामनिझावन पर टिकता। आखिरकार एक दिन वह खम ठोंककर बाप के सामने खड़ा हो ही गया।

"दद्दा, मुझे तो न पढ़ाया, न लिखाया। बैलों की पूँछ मरोड़ते-मरोड़ते आधी

जिंदगी तो बरबाद हो गई मेरी; पर अब बची जिंदगी में कुछ बनना चाहता हूँ, पैसा कमाना चाहता हूँ, सो समझ लो कि अब नहीं करना मुझे तुम्हारी यह खेती-बाड़ी!'' और बड़ी हिकारत से उसने अपना मुँह झटक दिया।

रामनिझावन ने जो सुना, जो देखा तो अवाक् रह गया!

''कइसो बात करे रे बेटा तू? अरे, ई तो हमार पुश्तैनी धंधा है। ई नाही करिहें तो का करिहें?''

''क्या रखा है इस पुश्तैनी धंधे में। हाड़-तोड़ मेहनत करो तो दो जून की रोटी मिल जाए, बस। जिस साल आसमान से पानी न बरसे तो बैठे-बैठे आँखों से पानी बहाते रहो। कोई धंधा है साला यह भी?''

दो साल से गोपाल के बदले मिजाज तो देख रहा था रामनिझावन और उसने खेती का ज्यादातर काम अपने कंधों पर ले भी लिया था, पर बात इतनी बढ़ गई है, यह नहीं समझ पाया था। उसका सुर और तेवर देखकर बड़े ठंडे मन से उसने कहा, ''तोर मन नहीं लागत अब खेती मा तो तू कौनो अउर काम देख ले आपन मन का। साठ का भवा तो का भवा, अबहुँ हाड़-गोड़ में इत्ता जोर तो हइहं कि अकेले ही आपन खेती कर सकत हूँ।''

''हाँ, अब तुम्हीं करो अपनी खेती, मैंने तो अपने लिए दूसरा काम देख भी लिया है। अब दिखाता हूँ कि कैसे किया जाता है काम और कैसे कमाया जाता है पैसा! पर मुझे अपने काम के लिए पचास हजार रुपए चाहिए और ये रुपए तुम्हें देने होंगे।''

यह बात सुनकर तो रामनिझावन तो जैसे आसमान से गिर पड़ा। उसे अपने कानों पर विश्वास ही नहीं हो रहा था''यह क्या कह रहा है गोपाल? इत्ते रुपए तो उसने अपनी जिंदगी में कभी देखे ही नहीं। इसे कहाँ से लाकर दे? गुमसुम सा वह गोपाल का मुँह ही देखता रहा।

''मेरा मुँह क्या ताक रहे हो, सुना नहीं क्या कि मुझे रुपए चाहिए पचास हजार! तय कर लिया है मैंने कि मुझे बीच बाजार में एक दुकान खोलनी है। शहर के एक-दो लोगों से बात भी कर ली है। वे तीन महीने की उधारी पर सामान देने को तैयार हैं, पर बेचने के लिए दुकान तो चाहिए। आज बड़े बाजार में एक छोटी सी दुकान भी खरीदो तो पचास हजार से कम में नहीं मिलेगी।''

''गोपाल!'' रामनिझावन कुछ ऐसे बोला, मानो विश्वास करना चाह रहा हो कि सामने बैठा यह आदमी उसी का बेटा है। फिर धीरे से बोला, ''बेटा, पाँच-सात बरस में पइसा-कौड़ी का हिसाब तोहार हाथन में ही तो रहा। अनाज तू बेचत रहा। खाद-बीज तू खरीदत रहा, अउर घरौ तू ही तो चलावत रहा। अइसे में हमरे पास पइसा कहाँ?''

''जानता हूँ''जानता हूँ। तुम्हारे पास पचास रुपए, क्या पचास पैसे भी नहीं मिलेंगे और हिसाब-किताब रखने से क्या होता है? इस बित्ते भर की खेती से तो पेट भर लेते

थे, सो ही बड़ी बात। कोई काम है यह भी! पर मुझे तो पैसा चाहिए ही चाहिए। बस यह कह दिया मैंने।''

कुछ देर दोनों चुप रहे, फिर गोपाल ने अपना निर्णय सुना दिया, ''रुपए नहीं हैं तो बस फिर एक ही उपाय है—बीच बाजार में बने उस प्याऊ को हटाकर मैं दुकान खोल लेता हूँ उस जगह। दुकान के लिए इससे अच्छी जगह तो और कोई हो ही नहीं सकती।''

''गोपाऽऽल!'' अपनी सारी ताकत लगाकर चीख पड़ा रामनिझावन।

''ई प्याऊ नही रे! इ तो निसानी है हमार बेटवा की, हमार गोविंदा की···तोहार बड़ा भइया तो रहा ऊ···अउर तू है कि···'' और आवाज भरभराकर टूट गई उसकी।

''अरे, जब था, तब था। पच्चीस बरस हो गए उसे मरे-खपे। अब क्या सारी जिंदगी उसे छाती से चिपकाए ही बैठा रहूँगा?''

''ई का कहत है रे तू···अइसी बात न बोल···न?''

बात बीच में ही काटकर गोपाल बोला, ''तुम्हारा बस चले तो तुम तो उस मरे बेटे के लिए अपने इस जिंदा बेटे को मार दो।''

दोनों हाथों से बरजता हुआ, अँसुवाई आँखों से गिड़गिड़ाते हुए रामनिझावन ऐसे बोला, मानो याचना कर रहा हो, ''न बोल अइसी बात, न बोल रे अइसी बात। आज तू ही तो हमार सबकुछ है, तू अउर तोर बेटवा ही तो जिनगी है हमार, ई तू काहे समझत नाही रे!''

''अच्छा, जिंदगी हूँ तुम्हारी, तो बस प्याऊ सुपुर्द कर दो मुझे।''

रामनिझावन बोले तो क्या बोले? उस बेचारे से तो न बोलते बने, न प्याऊ देते बने। हाथ जोड़कर किसी तरह इतना ही कह पाया, ''बेटा, ई प्याऊ न तोहरी कमाई से बनी, न हमरी कमाई से, ई तो गोविंदा की मौत की कमाई से बनी। तू ही सोच, ई पर कइसे हक जमा सकित हैं हम?''

इस बार भन्ना गया गोपाल। सोच रहा था कि उसकी बात, उसकी जरूरत सुन-समझकर राजी हो जाएगा दद्दा, पर ये तो उस मरे बेटे को ही छाती से चिपकाए बैठा है। धिक्कार भरे स्वर में बोला, ''अरे, बरसों हो गए उसकी मौत को और मौत की कमाई को। आज तो वह सब किसी को याद भी नहीं होगा, आज तो हमीं मालिक हैं उस प्याऊ के। हम जो चाहें, करें।''

''बेटे की बात छोड़, यही समझ कि प्यासन को पानी पिलाई के तो धरम होत है···पुन्न मिलत है, तू काहे···''

बात बीच में ही काटकर बड़े व्यंग्य से बोला गोपाल, ''धरम···पुन्न···ये सब रईसों के चोचले हैं। मुझे नहीं चाहिए तुम्हारा ये धरम-पुन्न! मुझे तो अपनी दुकान के लिए बस प्याऊ चाहिए।''

"आपन खातिर जिंदा तो सबै रहत हैं बेटा, पर मानुस जनम लेकर दूसरन की खातिर भी कछु करैका चाही के ना?"

"अपना ठौर-ठिकाना नहीं और दूसरे की खातिर करने चले हैं। बहुत कर लिया दूसरों के लिए। अब तो जो कुछ करना है, मुझे अपने लिए करना है। सोचा था कि मेरी जरूरत समझकर तुम खुशी-खुशी दे दोगे प्याऊ, पर तुम नहीं देनेवाले तो इतना समझ लो कि लेना मुझे भी आता है। देखता हूँ, कौन रोकता है मुझे और कैसे रोकता है?" और गुस्से से दनदनाता हुआ गोपाल बाहर निकल गया।

रामनिझावन को जैसा सदमा गोविंद की लाश को देखकर लगा था, वैसा ही सदमा गोपाल की बातें सुनकर लगा। उसे तो बिजली के तार ने मार दिया था, पर उसे··· ? गोविंद की दैहिक मौत थी, पर गोपाल की आत्मा मर चुकी है! यह सवाल बड़ा है कि गोविंद को तो बिजली के तार ने मार दिया था, पर गोपाल को किसने मारा? उसकी चुनौती से सिहरकर बेहद लाचार, बेबस रामनिझावन ने घुटनों में सिर छिपा लिया।

बाहर निकलकर गोपाल सीधा अपने उन दो दोस्तों के पास गया, जिन्होंने कमीशन पर उधारी में सामान दिलवाने का जुगाड़ कर रखा था। वे उसी का इंतजार कर रहे थे। उसे देखते ही पूछा, "क्या हुआ, मिल जाएगी प्याऊ?"

गुस्से से भन्नाए हुए गोपाल ने गरदन झटककर कहा, "बहुत कहा, समझाया, अपनी जरूरत बताई, पर मानता ही नहीं बुढ़ऊ। बैठा रहने दो उसे अपने मरे बेटे और धरम-पुन्न को छाती से चिपकाए-चिपकाए। चलो मेरे साथ, मैं ठिकाने लगाता हूँ···उसका पुन्न-प्रताप! आखिर क्या बिगाड़ लेगा वह मेरा?" और अपने दोनों दोस्तों को लेकर एक दृढ़ संकल्प के साथ वह प्याऊ की ओर बढ़ गया।

□

पिता

—मालती जोशी

पिता नहीं रहे।

बाबा, बाबूजी, डैडी, पापा—कुछ भी नहीं। जब भी जिक्र हुआ है, सिर्फ पिता ही कहा गया है, पिताजी भी नहीं। शायद उतने सम्मान के भी वे अधिकारी नहीं थे। नानी तो हमेशा बाप ही कहती रहीं। 'सुमि का बाप' उस घर का सबसे चर्चित और तिरस्कृत मुहावरा था।

तो पिता नहीं रहे।

उनकी मृत्यु का समाचार ऐसे समय आया, जब हम लोग उनके अस्तित्व को करीब-करीब भूल ही चुके थे। न चाहते हुए भी मेरे शांत जीवन-सागर में कुछ तरंगें, कुछ हिलोरें आ गईं। मैं बेवजह उदास हो गई। यों उदास होने के लिए पिता की मृत्यु एक खासी वजह थी, पर उस तरह का रिश्ता तो हम लोगों के बीच कभी रहा ही नहीं। मुझे तो उनकी शक्ल तक याद नहीं है। फिर भी मन उदास हो गया। शायद इसलिए कि इस दुखद समाचार को मन उस आंतरिकता के साथ ग्रहण नहीं कर रहा, जो कि एक बेटी के लिए जायज है।

मैं अन्यमनस्क सी हो रही थी और डर भी रही थी कि अगर शाम तक मेरा मूड ठीक नहीं हुआ तो साहब बहादुर घर आते ही शुरू हो जाएँगे—'परेशान सी लग रही हो। क्या बात है ?'

'कुछ भी तो नहीं।'

'मम्मी वगैरह सब ठीक तो हैं न ?'

'अभी इतवार को ही तो दीदी का फोन आया था।'

'फिर क्या बात है ? चेहरा इतना उतरा हुआ क्यों है ?'

'कुछ नहीं। बस थक गई हूँ। आजकल जल्दी थक जाती हूँ।'

'चलो, चेकअप करवा लेते हैं।'

'नहीं, अभी उतनी नौबत नहीं आई है।' मैं तंग आकर कहती हूँ, तब जाकर यह जिरह बंद होती है। गुस्सा आता है कि जरा सी बात भी इनकी नजरों से नहीं छिपती। कई बार तो चिढ़कर कह देती हूँ, 'क्या मुसीबत है, इस घर में कोई मन भरकर उदास भी नहीं हो सकता।'

'उदास होने पर पाबंदी नहीं है डार्लिंग,' ये मुझे अपने पास खींचकर कहते हैं, 'आय जस्ट वांट टु शेयर इट ऐंड आई वांट टु एंज्वॉय इट ऑल बाई माईसेल्फ।'

वह हँस देते हैं। एकदम स्वच्छ, निर्मल हँसी। और हँसने की तो बात है ही। उदासी भी कोई एंज्वॉय करने की चीज है! उन्हें दुःख होता है, हैरत होती है कि सुख के इस अथाह सागर में भी मैं दुःख के कण कहाँ से बीन लेती हूँ। इसीलिए शुरू हो जाते हैं—'मम्मी की याद आ रही है? शुभम का रिजल्ट आया है? शगुन ने दिनभर बहुत परेशान किया?'

मतलब यह कि उदास हो तो कारण बताओ। इस 'कारण बताओ' नोटिस पर मैं खीज जाती हूँ। पति का इतना अधिक संवेदनशील होना भी भार लगने लगता है।

और मम्मी को हमेशा यह शिकायत रही कि उनके पति के पास संवेदना नाम को भी नहीं थी। हद दरजे का आत्मकेंद्रित व्यक्ति था वह। दूसरों के सुख-दुःख से एकदम अनजान। घर उनका था, वे स्वामी थे। मम्मी पत्नी कम, नौकरानी ज्यादा थीं। नौकरानी, जिसे तनख्वाह न देनी पड़ती हो। मेज सँवारने से लेकर सेज सँवारने तक का हर काम खुशी-खुशी करना उनका फर्ज था। पति के जूते तक उन्हें उतारने होते थे, साफ करने होते थे, जबकि वे खुद पैर की जूती से ज्यादा कुछ नहीं थीं। यह जुमला बराबर उन पर फेंका जाता था—पैर की जूती—जब चाहा पहन लिया, जब चाहा उतार दिया। शेष समय घर के कोने में पड़ी रहने को अभिशप्त।

एम.ए., पी-एच.डी. मेरी माँ कैसे और क्यों यह सब सहन कर गईं, सोचकर आश्चर्य होता है। पर सहने की भी एक सीमा होती है। उस सीमा के पार हो जाने के बाद क्षणभर भी उस घर में साँस न ले सकीं। अपनी दोनों बेटियों को गोद में उठाकर सीधे नानी के घर आ गईं। कुल आठ साल के वैवाहिक जीवन का पटाक्षेप हो गया। उस समय दीदी पाँच साल की और मैं महज दो साल की थी। इसीलिए मेरे मन में न पिता की और न पिता के घर की कोई स्मृति बाकी है।

भाई के घर में हमेशा निभाव होना कठिन था, मम्मी इस बात को जानती थीं, इसलिए सविधा और संयोग जुड़ते ही उन्होंने अपना स्थानांतरण भोपाल करवा लिया। आते समय नानी को भी साथ लेती आईं, ताकि उनके भरोसे लड़कियों को छोड़कर निश्चिंतता से नौकरी कर सकें।

जब से होश सँभाला, नानी को सदा अपने पास ही पाया है। मम्मी की व्यथा-कथा भी उन्हीं से सुनी है, नहीं तो मम्मी ने तो बच्चों के सामने वह अध्याय कभी खोला ही नहीं। न कभी पिता की निंदा की, न उन्हें याद किया। नानी ही जब-तब उन्हें कोसने लगतीं तो वह थके स्वर में कहती, 'अब रहने दो अम्माँ! तुम अपनी ज़ुबान क्यों गंदी करती हो!'

नानी कहतीं, 'लली, मेरी जान जलती है, तभी न गालियों निकलती हैं। मरे ने मेरी सोनचिरैया की जिनगानी मिट्टी कर दी। बाप के रहते बेटियाँ अनाथ हो गईं।' नानी का जब मूड खराब होता तो उन रिश्तेदारों की भी शामत आ जाती, जिन्होंने यह संबंध सुझाया था।

'मरों ने हवा तक नहीं लगने दी कि लड़के का चलन ठीक नहीं है। पता नहीं किस जन्म की दुश्मनी निकाली थी। ईश्वर करे, उनकी बेटियों को भी ऐसा ही नरक नसीब हो।'

नानी किसी तरह चुप न होतीं तो मम्मी मुझे खींचकर दूसरे कमरे में ले जातीं और कहानी सुनाने लगतीं। मैं बड़ी-बड़ी आँखों से मम्मी को देखते हुए दूसरी ही कहानी बुनने लगती। उस कहानी में न राजा-रानी होते, न परियाँ होतीं। उन कहानियों में अनजान आदमी राक्षस या दैत्य की शक्ल में होता और मेरी नाज़ुक सी, गुड़िया सी माँ चुपचाप उसके अत्याचार बरदाश्त कर रही होती।

बचपन में पिता की कल्पना मैंने हमेशा दैत्य के रूप में ही की। पर जब कुछ बड़ी हुई तो उन्हें मानवाकार देने की कोशिश की, पर कल्पना में कोई चित्र भी नहीं उभरता था। जैसे-जैसे समझ आती गई, कुछ वाक्य मन पर अंकित होते गए।

'निम्मी बिल्कुल अपने पिता पर गई है। नाक-नक्श, रंग-रूप, कद-काठी बिल्कुल वही है।'

फिर नानी उस चित्र में रंग भर देतीं, 'अरे, सुभाव भी बिल्कुल वैसा ही है। एक नंबर की जिद्दी, नकचढ़ी है। सुमि एकदम गऊ है, बिल्कुल अपनी माँ जैसी। यह मरी तो हू-ब-हू बाप का नमूना है।'

मतलब पिता ऊँचे, कद्दावर, साँवले, तीखे नैन-नक्श वाले जिद्दी इनसान थे, जबकि मम्मी नाज़ुक सी, गोरी सी, सौम्य प्रवृत्ति वाली महिला थीं।

लोग कहते हैं, ईश्वर जान-बूझकर ऐसे जोड़े बनाता है, ताकि संतुलन बना रहे। दोनों एक-दूसरे के पूरक हो जाएँ। फिर इन लोगों की निभी क्यों नहीं? क्या गड़बड़ हो गई?

कभी-कभी दीदी से मनुहार करती, 'दीदी, बताओ न, अपने पिता कैसे थे? तुम तो उस समय काफी बड़ी थीं न?'

दीदी अपने स्वभाव के विपरीत मुझे एकदम झिड़क देतीं, ''मेरा दिमाग मत चाटो।

मुझे कुछ भी याद नहीं है। न ही मैं इसकी कोई जरूरत महसूस करती हूँ।' फिर धीरे से कहतीं, 'दूसरी बेटी पैदा करने के अपराध में उन्होंने मम्मी को जो अमानुषिक यातनाएँ दी हैं, मुझे सिर्फ वही याद हैं।'

'दूसरी बेटी! मतलब मैं?'

'हाँ, तुम। और प्लीज अब इस प्रसंग को यहीं समाप्त करो।' दीदी दोनों हाथों से सिर पकड़कर कहतीं कि वह एक बुरा सपना था, जिसे वे भूलना चाहती हैं। दोनों हाथों में सिर थामे दीदी मुझे बिल्कुल मम्मी की टू कॉपी लगतीं। मुझे कभी-कभी बहुत दुःख होता—मैं उन जैसी क्यों नहीं हुई? नाजुक, छुईमुई सी।

नानी कहतीं, 'ताड़ सी लंबी हो रही है। दूल्हा कहाँ से आएगा इसके लिए?'

लेकिन आश्चर्य, दूल्हा मेरे लिए ही आया। दीदी अनब्याही रह गईं। खैर, रिश्ते तो उनके लिए भी बहुत आए। लोग तो पाँच कपड़ों में ब्याहकर ले जाने को तैयार थे, पर दीदी को विवाह के नाम से ही चिढ़ हो गई थी। बचपन के जो दृश्य दुःस्वप्न की तरह उनके मन पर अंकित हो गए थे, उनसे वे कभी मुक्त नहीं हो पाईं। डॉक्टर होते ही वे आगे की पढ़ाई के लिए अमेरिका चली गईं और वहीं बस गईं। दीदी के जाने के बाद मम्मी एकदम अकेली पड़ गईं। कुछ तो नानी की मृत्यु ने ही उन्हें तोड़ दिया था। दीदी के जाने के बाद तो एकदम ही गुमसुम हो गईं। दीदी के साथ उनके अंतरंग संबंध थे। उस तरह से वे मुझसे कभी जुड़ नहीं पाईं। शायद मुझमें अपने पति की प्रतिच्छाया देखती हों या कि मेरे स्वभाव में ही कुछ खोट रहा हो, पर वे हमेशा मुझसे छिटकती ही रहीं। बल्कि उनकी अपेक्षा मैं नानी के अधिक निकट थी। नानी ने कभी सीधे मुँह बात नहीं की, पर उनका प्यार गालियों में ही उमड़ा पड़ता था।

नानी की मृत्यु के बाद मम्मी ही नहीं, मैं भी बहुत अकेली पड़ गई थी। जीवन के उस सूनेपन को भरने में अजीत ने बहुत मदद की। यह सचमुच मेरा सौभाग्य था कि जिस समय मन सहारे के लिए भटक रहा था, अजीत सामने पड़ गए, नहीं तो मैं किसी के भी कंधे पर सिर रखकर रोने पर आमादा थी। मुझे तो आज भी इस संयोग पर गर्व और आश्चर्य होता है कि उन दिनों अजीत से मुलाकात हो गई।

एक दिन मम्मी से परिचय करवाने के लिए मैं उन्हें घर ले आई थी। मैं चाय बनाने भीतर आई तो मम्मी भी मेरे पीछे-पीछे चली आईं। बोलीं, ''निम्मी, यह लड़का तुम्हारा मित्र ही है या और भी कुछ है?'

'अभी तो सिर्फ मित्र ही है। बाद में शायद और कुछ या बहुत कुछ बन जाए।'

वे पुनः बाहर जाकर बैठ गईं और चाय के दौरान उन्होंने बहुत सहज भाव से कहा, 'अजीत! नमिता ने शायद तुम्हें बताया होगा कि मैं और उसके पिता वर्षों से अलग हैं।

उसके जेहन में तो शायद उनकी कोई तसवीर भी नहीं होगी, क्योंकि उस समय वह बहुत छोटी थी।'

'नमिता ने मुझे कुछ नहीं बताया। शायद कभी जिक्र ही नहीं चला। और आप भी मुझे यह सब क्यों बता रही हैं? इससे क्या फर्क पड़ता है?'

'फर्क पड़ता है। इस तथ्य को जब तुम जान लोगे, तब तुम्हें उसे समझने में आसानी होगी। तुम्हें शायद पता नहीं है कि जो बच्चे सिंगल पेरेंट द्वारा पाले जाते हैं—थोड़े अलग होते हैं। वे ज्यादा भावुक, ज्यादा संवेदनशील, ज्यादा गुस्सैल या ज्यादा जिद्दी होते हैं। इसीलिए अगर नमिता के स्वभाव में तुम्हें कुछ अस्वाभाविक लगे तो जरा सब्र से काम लेना। उसकी बैकग्राउंड समझने की कोशिश करना।'

मम्मी के इस आग्रह को हम दोनों ही नहीं समझ पा रहे थे। सबकुछ बड़ा अप्रासंगिक लग रहा था, पर बाद में उसकी सार्थकता समझ में आई। मम्मी जान गई थीं कि यह रिश्ता बहुत दूर तक जाएगा, इसीलिए भूमिका बाँध रही थीं। जैसे ही अजीत की ओर से प्रस्ताव आया, उन्होंने फौरन हाँ कह दी। वे मानसिक रूप से अपने को तैयार कर चुकी थीं। उन्होंने दीदी की शादी का जिक्र भी नहीं छेड़ा।

अजीत के माता-पिता से भी उन्होंने कोई बात नहीं छिपाई, बल्कि उनसे कह दिया कि मेरी बेटी का यह पक्ष कमजोर है। कृपया इसे लेकर कोई तानाकशी न करें, नहीं तो वह सहन नहीं कर पाएगी। अजीत तो सज्जन हैं ही, उनके माता-पिता भी बड़े गंभीर किस्म के हैं। शादी में मेरे पिता की अनुपस्थिति को उन्होंने नजरअंदाज कर दिया। रिश्तेदारों ने कानाफूसी की भी होगी तो पता नहीं। मुझ तक कोई बात नहीं पहुँची।

विदा के समय सभी माँएँ अपनी बेटियों को सीख देती हैं, मेरी माँ ने भी दी। कहा, 'निम्मो, अब थोड़ा अपने स्वभाव को मोल्ड करो। अपनी जबान पर काबू करना सीखो। मैं तो औरत थी, फिर भी सह नहीं पाई थी। अजीत लाख सज्जन है, पर पुरुष है। उसके सब्र की परीक्षा मत लेना।'

शुभम के जन्म पर मुझसे भी ज्यादा मम्मी खुश थीं। 'चल, तूने एक बड़ी लड़ाई जीत ली।'

'कैसे?'

'कम-से-कम बेटी जनने का दोष तो तुझ पर नहीं लगेगा। और मैं भी एक तरह से बरी हो गई, नहीं तो कहने को हो जाता, माँ की कोख में भी बेटियाँ ही थीं। बेटी भी इतिहास दोहरा रही है।'

उस समय मैंने जाना कि इस लांछन का घाव उनके अवचेतन में अब भी ताजा है।

दो साल पहले एक फोन आया था।

दीदी उन दिनों यू.एस.ए. से आई हुई थीं। उनसे मिलने मैं भी मम्मी के पास पहुँच गई थी। फोन मैंने ही उठाया था।

'हैलो! कौन, सुमि बोल रही है?'

'जी नहीं, मैं निम्मी हूँ नमिता।'

'मैं तुम्हारा गोविंद चाचा बोल रहा हूँ। तुम तो शायद पहचानोगी भी नहीं। सुमि होती तो पहचान लेती। जरा अपनी मम्मी को फोन देना।'

मम्मी कॉलेज गई हुई थीं। मैंने दीदी को पकड़ा दिया, 'कोई गोविंद चाचा हैं।'

दीदी का चेहरा एकदम तन गया। बड़ी ही रूखी आवाज में उन्होंने कहा, 'यस, सुमिता हियर!'

उस तरफ से क्या बात हुई, पता नहीं। दीदी ने तल्ख अंदाज में कहा, 'मतलब हमारे पिता अभी मौजूद हैं? दिस इज ए न्यूज फॉर अस। मेरी माँ ने तो अरसे पहले अपने सारे सौभाग्यालंकार उतार दिए हैं। हमारे लिए तो पिता का अस्तित्व कब से शेष हो गया है। एनी वे, थैंक्स फॉर कॉलिंग।'

और दीदी ने रिसीवर पटक दिया। मैंने प्रश्नार्थक नजरों से देखा।

'श्रीमान को कैंसर हो गया है। सिरोसिस ऑफ लिवर। इसीलिए बीवी की याद आ गई है, क्योंकि बीमारी में सेवा भी चाहिए और पैसा भी।'

'वह जो एक और थीं, वह कहाँ गईं?'

'एक होती तो रुकती। यहाँ तो अनेक थीं। डूबते जहाज पर कौन ठहरता है।'

'मम्मी को बताओगी?'

'बताना तो पड़ेगा। पर एक बात तय है। अगर वे उस आदमी के पास दोबारा गईं तो हम दोनों उनसे कभी कोई संबंध नहीं रखेंगे।'

'लेकिन दोबारा फोन आया तो मम्मी क्या मना कर पाएँगी?'

'यू आर राइट। मम्मी में वो गट्स नहीं हैं। और वे लोग उनको इमोशनली ब्लैकमेल जरूर करेंगे। एक काम करते हैं। मैं उन्हें साल-छह महीने के लिए अपने साथ ले जाती हूँ। मामा की भी अभी खबर लेती हूँ। यहाँ का नंबर उन्होंने ही दिया होगा। यहाँ से जाकर पहला काम यही करूँगी कि वहाँ नया नंबर ले लूँगी और वह सिर्फ तुम्हारे पास होगा। नहीं तो वे लोग मम्मी को वहाँ भी चैन से रहने नहीं देंगे।'

इसके बाद दीदी ने साँस नहीं ली। दौड़-धूप करके मम्मी का साल भर का वीजा बनवाया। वह तो मम्मी से कह रही थीं कि नौकरी छोड़ दो, पर मम्मी नहीं मानीं। लंबी छुट्टी ले ली। पिछले साल एक महीने के लिए आई थीं, वीजा की अवधि बढ़ाकर फिर चली गईं।

मम्मी के जाने के बाद मैं अकेली पड़ गई हूँ। आठवें दिन फोन पर बात होती है,

फिर भी दूरी का एहसास नहीं जाता। तीन लोगों की हमारी छोटी सी दुनिया थी। वे दोनों तो अब भी साथ हैं, मैं ही अलग पड़ गई हूँ।

मम्मी से शिकायत करती हूँ तो वे हँस देती हैं, 'पगली, तुम्हें अब हमारी जरूरत क्या है? तुम्हारी तो अब अपनी अलग दुनिया है। तुम्हें तो अब हमारी याद भी नहीं आनी चाहिए।'

'ऐसा भी कहीं होता है?'

आज सुबह ग्यारह-साढ़े ग्यारह के करीब उन्हीं गोविंद चाचा का फिर फोन आया था। इस बार सीधे मेरे पास ही आया था। मम्मी दीदी के पास थीं और दीदी का नया पता और नया नंबर सिर्फ मुझे मालूम था। पिछली बार की तरह इस बार भी इन्होंने मामा से बात की होगी। वहीं से मेरा पता और नंबर लिया होगा।

'मैं तुम्हारा गोविंद चाचा बोल रहा हूँ। पहचान रही हो न?'

'जी।'

'एक खबर देनी थी।'

'कहिए?'

'तुम्हारे पिता नहीं रहे।'

चाहती तो दीदी वाला जुमला फिर से उछाल देती, पर इच्छा ही नहीं हुई। इस खबर पर कोई भी प्रतिक्रिया व्यक्त करने का मन नहीं हुआ।

'निम्मी! सुन रही हो न?'

'जी।'

'तुम्हारी मम्मी को खबर करनी थी। तुम्हारे मामाजी के पास सुमि का नंबर नहीं था। भाभी शायद वहीं हैं।'

'मैं खबर कर दूँगी। हफ्ते, छह दिन में दीदी फोन कर ही लेती हैं, तब बता दूँगी।'

'मुझे नंबर दे देतीं तो…।'

'ऐसी भी क्या जल्दी है? दो दिन बाद भी पता लगेगा तो क्या फर्क पड़ेगा? आप तो जानते हैं, बरसों पहले उन दोनों ने एक-दूसरे को अपनी जिंदगी से खारिज कर दिया था।'

'खैर, मैं तो अपना फर्ज अदा करना चाहता था। आगे तुम्हारी मरजी।'

वे रिसीवर रखने को ही थे कि मैंने तपाक से कहा, 'आपका फर्ज क्या यहीं तक सीमित था?'

'मतलब?'

'जिस तत्परता से आपने अपने भाई की बीमारी और अब मृत्यु की खबर पहुँचाई है, उसी तत्परता से कभी हमारी भी खोज-खबर ली होती। आपके खानदान की बेटियाँ

थीं हम। कभी पता तो लगाया होता कि हम कैसी हैं, कहाँ हैं, पढ़-लिख रही हैं या मामा के घर में खट रही हैं। शादी हो गई है या कुँवारी बैठी हैं। आप चाचा होते हैं न हमारे, फिर कभी तो हमारा खयाल किया होता।'

'सिर्फ खयाल करने से क्या होता है? कोई संपर्क-सूत्र तो हो। और फिर जिसके दम से ये सारे रिश्ते थे, जब उसी ने किनारा कर लिया तो हम तो पराए ही थे।'

'एक्लेक्टली। और अब तो वह महीन सा रिश्ता भी खत्म हो गया, इसलिए गुडबाय।'

मैंने रिसीवर इतनी जोर से पटका कि उन्हें पता चल गया होगा कि मेरे मन में कितना आक्रोश है। गुस्से से मेरे आँसू निकल आए थे। जिंदगी भर तो कभी सुध नहीं ली कि ये लोग जीती हैं कि मरती हैं और अब तेरहवीं का निमंत्रण भेज रहे हैं। गुस्सा सिर्फ उनके ऊपर ही नहीं था, अपने आप पर भी था। उनसे इतनी बात करने की जरूरत ही क्या थी! दीदी ने कितनी ग्रेसफुली उन्हें एक ही बार में निबटा दिया था। मुझ बेवकूफ को अपनी भड़ास निकालने का यही मौका मिला? मेरे आक्रोश के पीछे से झाँकता मेरा उदास, एकाकी, निरानंद, अभावग्रस्त बचपन उन्होंने जरूर देख लिया होगा। अपने दुःखों को इस तरह विज्ञापित करने की क्या जरूरत थी? यह तो एक तरह से मैंने मम्मी का अपमान ही कर दिया, उनकी सारी तपस्या पर पानी फेर दिया।

पता नहीं कितनी देर तक मैं अपने को कोसती रही, हिलक-हिलककर रोती रही।

शाम को रोज की तरह मुँह-हाथ धोकर मैंने कपड़े बदल लिये थे, फिर भी इन्होंने आते ही मेरी चोरी पकड़ ली।

"क्या बात है? लगता है, दिन भर रोती ही रही हो।"

मैं एकदम फट पड़ी, "तुम सी.आई.डी. में भरती क्यों नहीं हो जाते? बेकार दफ्तर की फाइलों में अपनी प्रतिभा जाया कर रहे हो।"

"थैंक्स फॉर द कॉम्प्लीमेंट्स मैडम! पर आपका चेहरा इतना पारदर्शी है कि कोई अंधा भी उसे पढ़ सकता है। मैं तो फिर भी दो आँखें रखता हूँ। किचन में एक गिलास भी टूट जाता है तो मुझे पता चल जाता है। टेलर अगर तुम्हारा ब्लाउज बिगाड़ देता है तो मैं जान जाता हूँ। आज तो सचमुच कोई गंभीर बात हुई है, क्योंकि तुम दिन भर रोती रही हो। ठीक कह रहा हूँ न?"

"रोने पर पाबंदी है कोई?"

"पाबंदी नहीं है, पर पूछना तो मेरा फर्ज है न! पति हूँ तुम्हारा।'"

मन हुआ, चीखकर कह दूँ, भाड़ में गया तुम्हारा फर्ज। प्लीज लीव मी अलोन। पर मम्मी की सीख याद आ गई, जो उन्होंने सगाई पर, शादी पर, अमेरिका जाते हुए दी

थी। कहा था, 'निम्मी! अपनी जबान पर, अपने गुस्से पर काबू रखो। ये छोटी-छोटी बातें ही गृहस्थी में दरार पैदा करती हैं। माना कि अजीत बहुत सज्जन है, सहनशील है; पर चंदन भी कभी-कभी आग पकड़ लेता है। इसलिए कहती हूँ, अपने लिये, अपने बच्चों के लिए थोड़ा जब्त करना सीखो।'

मम्मी की याद से ही मेरा गुस्सा ठंडा पड़ गया और मैंने सूखी हँसी हँसकर कहा, ''फर्ज पूरा हो गया श्रीमानजी! अब थोड़ा चाय-नाश्ता हो जाए।''

सौभाग्य से उसी समय बच्चे भी आया के साथ घूमकर वापस लौट आए। माहौल एकदम खुशगवार हो गया। रात का खाना भी उसी प्रसन्न वातावरण में हुआ। उस रात टी.वी. खोलने का मन नहीं हुआ। शगुन को थपकते हुए मैं बरामदे में आ बैठी। ये भी सामने वाली कुरसी पर बैठ गए। शुभम उनकी गोद में चढ़ बैठा। दोनों बच्चे निंदियाए हुए थे, सोने में दस मिनट भी नहीं लगे।

हम लोग थोड़ी देर इधर-उधर की बातें करते रहे। फिर मैंने एकाएक कहा, ''आप शाम को ठीक कह रहे थे। आज एक गंभीर बात हो गई है।''

''क्या?''

''मेरे पिता नहीं रहे।''

''ओह!'' उन्होंने कहा और चुप हो गए। शायद सोच रहे होंगे कि सांत्वना में क्या कहूँ? या फिर सांत्वना दूँ भी कि नहीं?

बड़ी देर बाद बोले, ''तुम्हारी मम्मी ने मना किया था, इसलिए आज तक मैंने कभी उनका जिक्र नहीं छेड़ा। लेकिन आज अगर चाहो तो उनके बारे में बात कर सकती हो। मन हलका हो जाएगा।''

''बात करने को है ही क्या,'' मैंने कसैले स्वर में कहा, ''मुझे तो उनकी शक्ल तक याद नहीं है। कुल जमा दो साल की तो थी मैं, जब मम्मी ने घर छोड़ा था।''

''उसके बाद कभी देखा नहीं?''

''न, बस सुना ही सुना। और जो कुछ सुना, उससे आहत ही हुई।''

''फिर भी पिता तो पिता होते हैं। अनजाने, अनचाहे उनसे एक तार जुड़ा रहता है। नहीं तो तुम रोती क्यों?''

''आप गलत समझ रहे हैं। मैं पिता के लिए नहीं रोई थी। मैं तो अपने लिए रोई थी। मैं उस प्यार-दुलार, सुकून और सुरक्षा के लिए रोई थी, जो हर बच्चे का जायज हक होता है, पर वह मुझे नहीं मिला। एक गरीब का बेटा भी अपनी झोंपड़ी में सुरक्षित महसूस करता है, अपनों के बीच सिर उठाकर चलता है, क्योंकि उसके सिर पर बाप का साया होता है। हम तो पिता के रहते भी अनाथ थे। मामा की विशाल हवेली में भी अकिंचन, असहाय और बदहाल थे। मामा हमें मजबूरी में पाल रहे थे, पर उनके बच्चों

को हम फूटी आँख नहीं भाते थे। हमें अपमानित करने का एक भी मौका वे लोग नहीं छोड़ते थे। हम लोग न अपनी पसंद का पहन-ओढ़ सकते थे, न मन भरकर खा-पी सकते थे। आजादी से हँसने-बोलने की भी मनाही थी। मामी की चौकन्नी नजर हमेशा हमें घूरती रहती थी। उनकी जबान तो एकदम जहर-बुझी थी। वे हमें कभी नहीं भूलने देती थीं कि हम तीनों उनके टुकड़ों पर पल रहे हैं। दीदी तो फिर भी समझदार थीं, पर मैं अकसर जिद पर आ जाती। तब वे हाथ नचा-नचाकर कहतीं, 'बाप के घर से क्या बाँधकर लाई थीं, जो माँग रही हो?' मम्मी कुछ कहने जातीं तो तांडव शुरू कर देतीं। सबको सुनाकर कहतीं, 'ऐसा सुभाव था, तभी तो ससुराल में नहीं बनी। अब यहाँ हमारी छाती पर मूँग दलने आ गई हैं महारानी। मेरे बच्चों के मुँह का कौर छिन गया।'

"यों तो मम्मी कॉलेज में नौकरी कर रही थीं, मामा को अपने हिस्से का खर्च भी दे रही थीं, पर मामी को संतोष नहीं था। उन्हें तो हमारी उपस्थिति ही खटकती थी। नानी एक ही शहर में दूसरा घर लेने की इजाजत भी नहीं दे रही थीं। हारकर मम्मी ने बड़ी मुश्किल से अपना ट्रांसफर भोपाल करवा लिया। लड़कियों का साथ था, इसलिए बेटे का महल छोड़कर नानी भी हमारे साथ आ गईं और आखिरी दम तक यहीं रहीं, लेकिन अपना खर्च बराबर बेटे से लेती रहीं। कहतीं, 'अब आखिरी समय में बेटी की कमाई क्यों खाऊँ?' उनकी इस बात के पीछे रस्मो-रिवाज थे या बेटी की मदद की आकांक्षा, कौन जाने!

"नानी न होतीं तो हम लोगों का पता नहीं क्या हाल होता।" मैं उन्हें बड़े मनोयोग से अपने बचपन की कहानी सुना रही थी। एकाएक पता नहीं कितनी सारी बातें याद आ गई थीं—अपना अकेलापन, मम्मी के आँसू, पड़ोसियों की तानाकशी, सहेलियों की कानाफूसी, रिश्तेदारों का उपहास। यह भी याद आया कि भोपाल आने के बाद मम्मी ने जब अपने सुहाग-चिह्न उतार दिए थे तो हम लोग कितना सहम गए थे। उनका रूप देखकर नानी तो एकदम बिदक गई थीं। मम्मी ने शांत भाव से कहा था, 'अम्माँ, लोग तरह-तरह के सवाल पूछते हैं। किस-किस को अपना इतिहास सुनाती फिरूँ! लड़कियाँ भी परेशान होती हैं। वैसे भी ये चीजें मेरे सौभाग्य की नहीं, दुर्भाग्य की ही प्रतीक हैं।'

"करवाचौथ या तीज पर भी मम्मी व्रत नहीं रखती थीं। नानी को उन्होंने समझा दिया था, 'अम्मा, मैं तो एक जन्म में ही भरपाई हूँ। जन्म-जन्मांतर के लिए ऐसे पति की कामना तो मैं बिल्कुल ही नहीं कर सकती।'

बेतरतीब सी सारी बातें जैसे-जैसे याद आ रही थीं, मैं सुना रही थी। वर्षों से मन में संचित गुबार लावे की तरह बह निकला था। बिल्कुल रीत जाने के बाद मैं निस्पंद सी कब तक बैठी रही, मुझे पता नहीं। कब उन्होंने शुभम को सुलाया, कब शगुन को मेरी गोद से उठा लिया, कब वे उठकर चले गए, मालूम नहीं पड़ा।

हाथ-मुँह धोकर जब मैं बेडरूम में पहुँची तो देखा—एक बाँह पर शुभम और एक बाँह पर शगुन को लिये वे सो रहे हैं। दोनों बच्चों ने अपनी बाँहें पापा के गले में डाली हुई हैं।

नींद में भी दोनों बच्चे एकदम संतुष्ट और आश्वस्त लग रहे थे। मैं निर्निमेष उन्हें देखती रही। क्षण भर के लिए अपने ही बच्चों से मुझे ईर्ष्या हो आई। विधाता ने मुझे इस सुख से वंचित क्यों रखा? फिर से मन में जैसे एक भट्ठी सी सुलगने को हुई, पर मैंने जब्त कर लिया। मुझे अपने आप पर शरम आने लगी। छिह, कोई अपने बच्चों से भी जलता है कभी!

"सो गए क्या?" मैंने हौले से पुकारा।

वे आँख खोलकर मुसकराए, "मैं तो नहीं सोया, पर मेरे ये दोनों हाथ सो गए हैं। जरा मदद करोगी?"

मैंने बच्चों को अलग करना चाहा तो उन्होंने पापा को और कसकर पकड़ लिया। नींद में भी वे अपनी पकड़ ढीली नहीं करना चाहते थे। मैंने अजीत के दोनों हाथ बच्चों के सिर पर रखकर कहा, "आज मुझे एक वचन दोगे प्लीज!"

"क्या?"

"मैं चाहे कितनी ही गलतियाँ करूँ, पर उसकी सजा तुम मेरे बच्चों को मत देना। अगर बरदाश्त से बाहर हो जाए तो मुझे छोड़ देना, पर इन बच्चों पर अपना हाथ हमेशा बनाए रखना। प्रॉमिस?"

"प्रॉमिस।" उन्होंने कहा और मुझे भी अपनी बाँहों में भर लिया।

□

मुआवजा

—**चित्रा मुद्‌गल**

हलके से खटके से अचानक उनकी नींद उचटी। हाथ बगल के बिस्तर को टटोलने लगा। बिस्तर खाली था। हड़बड़ाए से वे पलंग से उतरे, कमरे में रोशनी की और आशंकित हृदय से दरवाजे की ओर लपके। दरअसल, खटका उन्हें मुख्य दरवाजे का लैच खुलने का सा महसूस हुआ था।

''यह दरवाजा खोले क्यों खड़ी हुई हो ?'' आगे बढ़कर उन्होंने विचित्र नजरों से सहन को अपलक ताकती खड़ी मधु की बाँह सख्ती से धर ली।

बाँह पर स्पर्श के गहरे दबाव से मधु जैसे गहरी नींद से चौंकी, ''घंटी नहीं बजी थी ?''

''घंटी! कैसी घंटी ?''

''क्यों, भोर होने को है! शैलू के आने का समय नहीं हो रहा है ?''

प्रतिक्रिया में उनका चेहरा चरम पीड़ा से नम हो आया। बड़ी कोमलता से उन्होंने मधु को बाँह से घेर अपनी ओर मोड़ा। फिर सहन में जबरन दाखिल हो आए। बाहर के बल्ब की रोशनी के वृत्त के सहारे उसकी आँखों में पैठे हुए विश्वास को खरोंचा—''चलो, चलकर सो रहो…वहम हुआ है तुम्हें…अब शैलू नहीं आ सकती…हम सबसे बहुत दूर चली गई है वह! अनंत उड़ान पर!''

एक बाँह से दरवाजा उड़का कर वह उसे बाँहों में कौरियाए हुए से बिस्तर पर ले आए। जैसे जीती-जागती मधु को नहीं, उसकी निष्प्राण काया को उठाकर लाए हों। लिटाकर उसका माथा सहलाने लगे—''सो जाओ, सोने की कोशिश करो।'' गला अनायास रुँधता महसूस हुआ। ढाढ़स बँधाना कितना कष्टसाध्य है—अपने को जकड़े रहना और अगले को समेटना! उँगलियाँ माथे और कनपटियों को सहलाती हुई मधु की पलकें ढाँपने नीचे सरकीं तो लगा कि अचानक वे किसी गहरी पोखर में फिसल गई हैं।

यह शैलू के लौटने का समय है! अधिकांश अंतरराष्ट्रीय उड़ानें आधी रात या सुबह के लगभग आती हैं। ठीक पाँच के आसपास दरवाजे की घंटी बज उठती। आते ही वह शोर मचाने लगती। छोड़िए बिस्तर छोड़िए। मैं फटाफट चाय बनाकर लाती हूँ! अब लेटने की क्या जरूरत है। थोड़ा टहलने निकलिए! सुबह-सुबह टहलना सेहत के लिए जरूरी है। आप तो मधुमेह के मरीज हैं, पापा! डॉक्टर अंकल की ताकीद पर भी अमल नहीं करते कि जितना पैदल चल सकते हैं चलिए। मगर आप हैं कि चलने के नाम पर घर से निकले लिफ्ट, लिफ्ट से निकले तो सीधा गाड़ी के भीतर। रहने दीजिए, दफ्तर में जरा इधर-उधर हिल-डुल लिये तो हो गया घूमना!

वे टहलकर लौटते। आहिस्ता से लैच खोलकर घर में दाखिल होते। दफ्तर के लिए तैयार होते समय अतिरिक्त सावधानी बरतते। किसी तेज आहट से अपने कमरे में सोई हुई शैलू की नींद न उचट जाए। इधर तो वह अकसर उनके बिस्तर पर ही सोती हुई मिलती। मधु ने उसे कई बार झिड़का है कि यह क्या बचपन है, शैलू! जाकर अपने कमरे में क्यों नहीं सोती तुम? तुम्हारे पापा को कपड़े निकालने होते हैं, अपने कागज-पत्तर सँभालने होते हैं। ऊपर से अठारह-उन्नीस घंटे की उड़ान भरकर आई हुई होती है तू। खटपट से तेरे आराम में खलल नहीं पड़ेगी?

"सुनो, मैं चाय बना लाता हूँ। उठो, उठकर टहल आएँ!

"उठो, उठो, मुँह-हाथ धो लो। बस···रोया मत करो!"

टहलते हुए धारावी हाइवे पर वे काफी आगे तक निकल आए। और आगे बढ़ते। मगर बयार में घुली हुई खाड़ी की दलदली बदबू ने उन्हें वापस लौटने को विवश कर दिया। शुरू में वे यहाँ तक नहीं आते थे। लेकिन एक जवान बगीचे की शक्ल में गदरा आया 'नंदा-द्वीप' नाम का खुला-खुला त्रिकोण बगीचा अब बैठने-टहलने के काबिल नहीं रहा। उसके हर कोने में बिछी चादरों पर योग की कक्षाएँ खुल गई हैं।

अभी गाड़ियों की आवक-जावक शुरू हुई नहीं है। खुली सड़क पर वे दोनों बराबरी पर चल सकते हैं। कुछ जरूरी बातें सुन सकने और कर सकने की मनःस्थिति भी शायद बन आए, ऐसा मधु की सहज चाल से महसूस हो रहा है।

"उस बाबत कुछ सोचा तुमने?"

प्रतिक्रिया में मधु ने चेहरा तक उनकी ओर नहीं घुमाया। जैसे बात उसने सुनी ही न हो या उसे संबोधित न करके किसी और से कही गई हो, आज बात टालना संभव नहीं है। ग्यारह बजे के करीब कुछ प्रेसवालों ने समय माँगा हुआ है। मधु की अस्वस्थता के कारण अब तक उन्हें टालते आए थे। नहीं चाहते थे कि किसी ऐसे-वैसे सवाल से उसके आहत मन को ठेस पहुँचे। बेटे पलाश की भी यही सलाह थी, जो भी कुछ कहना-सुनना है मोरचा आप स्वयं सँभालिए। मम्मी को ऐसी मुठभेड़ों से दूर ही

रखिए। लखनऊ लौटते हुए पलाश और ज्योति वातावरण परिवर्तन हेतु मधु को अपने संग लखनऊ ले जाना चाहते थे। किंतु बेटे और बहू का मनुहार उसे किसी तरह राजी नहीं कर पाया। यही कहकर ज्योति के कंधों से लगकर बिलख पड़ी—''यहाँ शैलू को अकेला छोड़कर कैसे जा सकती...''

नाश्ते के समय वे उसकी आँखों के सामने कई अखबार फैला देते हैं। जगह-जगह शैलू की छपी तसवीर दिखाते हैं। उसके बारे में छपा हुआ पढ़कर सुनाते हैं। ऐसी बहादुर व्योमबाला भारतीय विमान सेवा के इतिहास में कहीं कोई दूसरी हुई है! तुम उस शैलू की माँ हो मधु! उस बहादुर बिटिया की। जिसने आतंकवादियों के समक्ष घुटने नहीं टेके और कर्तव्य की मिसाल बन गई। तुम्हारी कोख अमर कर गई। विरलों को ही प्राप्त होता है अपनी कोख से यह सम्मान!

मगर पाते हैं कि उबरने की बजाय वह और अधिक गहराई से अवसाद के कोहरे में डूब जाती है और जड़ से उखड़े वृक्ष की तरह सामने फैले हुए अखबारों पर ढेर हो बिलख पड़ती है। वे सब समझते हैं, पच्चीस साल का लंबा साथ यों अचानक कोई हादसा उदरस्थ कर ले तो कोई कैसे समाई करे?

''पापा, ये सुमित हैं, सुमित संधीर। अभी कुछ रोज पहले जर्मनी से आए हैं। प्रशिक्षण पर गए थे। वहाँ से लौटकर अब—एन.टी.पी.सी. में इंजीनियर हैं।''

''मुंबई में रहते हैं?''

''नहीं दिल्ली में!''

''तुम्हारी मुलाकात...''

मधु की बात पूरी नहीं हो पाई थी कि शैलू ने उसका अभिप्राय भाँप स्वयं जवाब दे डाला था—''बर्लिन में ही हम मिलते रहे थे और सोचा था, सुमित की यहाँ नियुक्ति होते ही आप लोगों से उसे मिलवाऊँगी। हमने तय किया है कि जितनी जल्दी आप लोग हमारा ब्याह निश्चित कर देंगे, हम अपनी गृहस्थी शुरू कर लेंगे, मगर आपकी सहमति के बिना नहीं।''

शैलू के दबंग व्यक्तित्व के इस पक्ष की कल्पना नहीं की थी मधु ने। एकाएक सह नहीं पाई। कुछ दिनों रुष्ट रही कि उसके लिए उपयुक्त घर-वर तलाशना तो उसका दायित्व था। लाड़ली ने इस संबंध में भी कोई गुंजाइश नहीं छोड़ी, न कानोकान खबर लगने दी। जबकि मामूली सी बात भी उसके पेट में नहीं पचती थी। जहाँ तक लड़के का प्रश्न था लड़का ही नहीं घर-बार भी उसे अच्छा लगा था। भलेमानस लगे। ब्याह तुरंत चाहते थे। आग्रह सिर्फ एक ही था। उनकी व्यापक रिश्तेदारी देखते हुए ब्याह अगर वे दिल्ली आकर करें तो उन्हें लाव-लश्कर लेकर मुंबई पहुँचने की असुविधा से निजात मिल जाएगी। घर में पहली शादी है—किसे रखें, किसे काटें! उन्हें क्या आपत्ति

हो सकती थी! आपत्तियों का लावा तो सोए हुए ज्वालामुखी की भाँति अचानक कुछ महीनों बाद फूटा था।

"यहाँ कुछ देर बैठना चाहोगी?" वे नंदा-द्वीप के निकट पहुँच रहे थे। "इच्छा हो तो कुछ देर बैठें!" वहाँ उन्होंने बगीचे के एक खाली टुकड़े की ओर संकेत कर मधु की इच्छा जाननी चाही। प्रत्युत्तर में सिर ही नहीं हिला, ओठों से नहीं शब्द भी उच्चरित हुआ। उनका हौसला बढ़ा। शायद अब मधु से बात शुरू हो सकती है।

कंधे से घेर चौरस्ता पार करा, उसे सीधे घर जानेवाली सड़क पर ले आए। चौरस्ता खाली हो या व्यस्त उसे पार करते हुए एक अतिरिक्त सतर्कता व्यक्ति को घेर लेती है।

हफ्ते भर से जो सवाल उनके भीतर अनुत्तरित घुमड़ रहा है वह मधु की भागीदारी के बिना किसी नतीजे तक पहुँचने में असमर्थ है। उसके नुकीलेपन से भयभीत हैं। पता नहीं कौन सा कोना दंशित हो उठे। एक बार तो सामना करना ही होगा। आजकल में उन्हें मुआवजे का परिपत्र भरकर दे देना चाहिए। काम-काज का अपना विधान है। शैलू के कार्यालय से इस विषय में निरंतर फोन आ रहे हैं।

"मुआवजे की राशि के विषय में तुमने कुछ सोचा?"

"बहादुरी व्यवसाय तो नहीं?"

"यह हम सोच सकते हैं?"

"इनकार कर दीजिए। बेटी की मौत की कीमत वसूलेंगे हम! क्या होगा इतने पैसों का?"

"भावुक न बनो। सरकारी नियम है यह। विमान अपहरणकर्ताओं द्वारा मृत्यु-प्राप्त उन सभी यात्रियों और कर्मचारियों की क्षतिपूर्ति के रूप में दी जा रही है यह राशि! यही मानकर ले लो कि यह बिटिया की बहादुरी का पुरस्कार है।"

"मानना बहुत मुश्किल है। पुरस्कार मात्र तमगा होता तो गर्व से आँचल फैलाकर लेने खड़ी हो जाती, लेकिन..."

उन्हें लगा, इस समय और अधिक दबाव डालना उचित नहीं। प्रकृतिस्थ होकर स्वयं सोचेगी मधु। बात कानों में डाल ही दी है। मूड अनुकूल पाकर फिर छेड़ देंगे। 'इंडियन एयर लाइंस' के मुख्यालय अखबारवालों से मिलने के बाद ही जाएँ शायद।

पलाश और ज्योति का सुझाव है कि मुआवजे की रकम लेकर किसी मंदिर को दान कर दी जाए। असमय मृत्यु-योग हुआ है शैलू का। आत्मा की शांति जरूरी है, वरना वह प्रेतात्मा होकर भटकती रहेगी।

अजीब बात है। नेक काम करते हुए कोई मृत्यु का वरण करे तो क्या उसकी आत्मा प्रेतात्मा हो उठती है! शैलू के आत्मोत्सर्ग ने न जाने कितने प्राणों की रक्षा की। उन्हें आपातकालीन द्वार से बाहर निकालकर जीवनदान दिया। उसकी आत्मा प्रेतात्मा हो

सकती है? नहीं, उनकी ब्रह्मकमल सी पवित्र शैलू प्रेतात्मा नहीं बन सकती!

खाड़ी के उस पार पौ फट रही है। सिंदूरी आँच में घुली उजास सड़क के दोनों ओर खड़े गदराए गुलमोहरों की कतारों पर दबे पाँव फूलों की शक्ल में उतर रही है।

''पापा! यह गली कहीं नहीं मिलती''चाहे वियना पहुँच जाऊँ या रोम या पेरिस।''

दाढ़ी का साबुन तौलिए से रगड़ते हुए वे रिसीवर उठाने बढ़े। आज मन की उद्विग्नता संयमित है। अखबारों ने प्रमुखता से प्रथम पृष्ठ पर मधु के कंधे पर झूलती शैलू के शैशव की काफी बड़ी तसवीर प्रकाशित की है! आँखों से टुकुर-टुकुर झरता आत्मविश्वास उस चिबिल्ली के नन्हे मुख को अनोखी आभा से पूर रहा है। मधु ने स्मृति की पगडंडियों में भाव-विह्वल विचरते हुए उस नन्ही बच्ची के ऐसे-ऐसे दुस्साहसी किस्से बयान किए हैं कि पढ़कर वे स्वयं अचंभित हैं। बच्चा सामने होता है तो उसकी विशिष्टताएँ निरी बाल-सुलभ चेष्टाएँ ही प्रतीत होती हैं। उनके पीछे किसी गढ़न पाते व्यक्तित्व की ठोस चुनाई कहाँ नजर आती है?

''यह अखबारों में अनाप-शनाप वक्तव्य क्यों दे रहे हैं आप लोग? माफ कीजिएगा, डैडी''धैर्य चूक गया है मेरा।''

हतप्रभ हो उठे सुनकर कि भला इस भाषा में उनसे बोलने की असभ्यता कौन कर सकता है! लेकिन भाँपते देर नहीं लगी। बरसों बाद फोन पर सुमित का आवेशपूर्ण स्वर सुन रहे हैं। हालाँकि शैलू की मौत की खबर सुन सुमित सपरिवार संवेदना प्रकट करने आया था। मगर ऐसे हृदय-विदारक अवसर के बावजूद वे और मधु उनकी अप्रत्याशित उपस्थिति से चौंके थे। समधिन के घड़ियाली रुदन ने उन्हें दुविधा में डाल दिया था। इस पैंतरे को वे महज सामाजिक व्यवहार के रूप में लें या शैलू की आकस्मिक मृत्यु से आहत हृदय की नम अभिव्यक्ति मानें! फिर यही सोचकर इस विषय को परस्पर अधिक कुरेदना उचित नहीं समझा कि जो भी हो, आखिर संबंध तो थे ही। भले एक के बाद एक घटे अप्रिय प्रसंगों ने आत्मीयता की आखिरी गुंजाइश भी सोख ली थी।

वे विचलित नहीं हुए—''मैं तुम्हारा आशय नहीं समझा!''

''मुआवजे की रकम 'वनिता आश्रम' को दान करने का अधिकार आप लोगों को कैसे मिल गया? मैं शैलू का पति हूँ। उसकी किसी भी प्रकार की संपत्ति पर मेरा अधिकार पहले बनता है। चाहे तिजोरी में रखूँ या कूड़े में झोंक दूँ।''

''यह धौंस है?''

''धौंस नहीं, सच्चाई है।''

''सच्चाई! कैसी सच्चाई? जब तुम लोग अलग हो चुके हो और पिछले छह वर्षों से पति-पत्नी के नाम पर कोई रिश्ता तुम्हारे मध्य शेष नहीं बचा, तब उसकी किसी भी

चीज पर तुम्हारा हक कैसे बनता है?'' दु:ख और क्षोभ से वे तिक्त हो आए। एक ठंडी थर्राहट उन्हें अपने पूरे शरीर में उतरती हुई महसूस।

□

''अलग रह रहे थे डैडी, अलग हो तो नहीं गए थे! अलग रहना और अलग हो जाना दो अलग बातें हैं। हमारे बीच पेपर्स हस्ताक्षरित हुए नहीं···पेपर्स हस्ताक्षरित नहीं हुए तो किसी भी प्रकार की संभावना से इनकार कैसे किया जा सकता है?''

''तय क्या हुआ था! यही न कि मामला न्यायालय की बजाय आपसी समझौते द्वारा निपटा लिया जाए। हमारी पूरी कोशिश के बावजूद तुम लोग अपने अलग होने के निर्णय पर दृढ थे, फिर कागजों का क्या महत्त्व है?''

''कागजों का महत्त्व है, बहरहाल मैंने यही बताने के लिए फोन किया है। मुआवजे के कागजात मैंने प्रमाण-पत्रों सहित एयर इंडिया के मुख्यालय में दाखिल कर दिए हैं। आप दोनों अनर्गल वक्तव्यों से मेरे निजी मामले को व्यर्थ में न उलझाएँ! यह मेरी व्यक्तिगत, पारिवारिक, सामाजिक प्रतिष्ठा का प्रश्न है। लोग यही जानते हैं—हम अपनी नौकरियों की वजह से अलग रह रहे थे।''

अब और सहन नहीं हुआ। क्रोध और उत्तेजना से आपा खो बैठे—''प्लीज, स्टाप दिस ब्लडी ढोंग! स्टॉप इट!'' रिसीवर लगभग पटकते हुए से वे चीखे और निकट पड़ी चौकी खींच निढाल से वहीं बैठ गए। विचित्र सी अनुभूति हो रही है, जैसे कि फंदा डालकर बड़ी निर्ममता से कोई उनकी गरदन कस रहा है। पूरी शक्ति लगाकर भी वे उस फंदे से स्वयं को मुक्त नहीं कर पा रहे।

नहान घर में तेज धार में खुला हुआ नल अचानक बंद हुआ। शायद नहाती हुई मधु ने उनकी चीख सुन ली है और आशंकित हृदय से टोहने की कोशिश कर रही है कि आखिर यह चीख कैसी! दूसरे ही पल नल पूर्ववत् खोल दिया गया। लगा होगा, पानी के शोर के बीच उसे शायद भ्रम हुआ। गनीमत है, इस समय मधु सामने नहीं है, वरना उसकी करुण दृष्टि में लपलपाते हुए प्रश्नों को झेलना दूभर हो उठता। वह उन कोंपलों की टीसों की मूक गवाह है। जो पनपने से पूर्व अपनी ही डाल पर पनाह पाए कठफोड़वे द्वारा खूँट ली गई। जिस हालत में शैलू घर आई थी···जबान झूठ हो सकती थी, देह पर छलछलाए हुए वे दाग नहीं, जो सिगरेट चुभो-चुभोकर उसके आत्म-सम्मान को छलनी करने की चुगली खा रहे थे। छह सालों के दीर्घ अंतराल के बीच कोई एक दिन भी उन्हें याद नहीं, जब सुमित से बात करके शैलू के माथे पर पुता हुआ तनाव शतांश ढीला हुआ हो और वह उस रात झपकी भर सोई हो।

किस कदर ढीठ हो आया था उस दिन—''आप लोग बीच में न पड़ते तो बात इस हद तक हरगिज न बढ़ती। शैलू की बदतमीजियों को पोसा है आप लोगों ने। टूटन

का कारण बने हमारे दरमियान! राजी हो गई थी। अगर मेरे परिवार वालों को उसकी मॉडलिंग पर आपत्ति है तो वह अपनी देह की नुमाइश करना छोड़ देगी। सोचा था, आप लोग उसे ऊँच-नीच समझाएँगे। विवेकशील बनाएँगे। उसकी महत्त्वाकांक्षाओं को शह नहीं देंगे। लेकिन देख रहा हूँ मम्मी, स्त्री-स्वतंत्रता और आत्म-निर्भरता की आड़ में आप उसके नंगे नाच को बरदाश्त कर रहे हैं। हमें भी करने के लिए मजबूर कर रहे हैं।''

उस रोज तिलमिलाई मधु समधिन की उपस्थिति के बावजूद भावनाओं पर संयम नहीं रख पाई थी—''ऐसा क्या कहर ढा दिया है शैलू ने! लड़की की माँ होने का मतलब है, आप लोगों के समक्ष सदैव घिघियाते रहो। बेसिर-पैर की सुनते रहो? आखिर शैलू को लगातार अपमानित क्यों होना पड़ता है? आप लोग नहीं जानते थे कि उसे मॉडलिंग का शौक है? विमान परिचारिका भी है! विमान परिचारिका से प्रेम हो सकता है, शादी की जा सकती है, लेकिन उसके कॅरियर को, शौकों को ज्यों-का-त्यों स्वीकार नहीं किया जा सकता, क्यों? तब टेल्कम उघड़े कंधों पर छिड़कती हुई शैलू सुमित के दिल की धड़कन थी, ब्याह होते ही आँखों की किरकिरी हो गई? आप घर पर एक कठपुतली चाहते थे। व्यक्तित्वपूर्ण बहू नहीं! व्यक्तित्वपूर्ण बहू की समाई के लिए व्यक्तित्व-संपन्न पारिवारिक माहौल भी चाहिए, यह न हम महसूस कर सके, न निश्छल।''

जिन अधिकारों से पति नाम के जीव से उसे जीते-जी वंचित रखा, मुआवजे की रकम घोषित होते ही अचानक वह उस घर की इज्जत हो गई!''

नहानघर की कुंडी खुलने की ध्वनि सुन वे जैसे मूर्च्छा से चेते। सतर्क से वाश-बेसिन के शीशे के सामने आ खड़े हुए। मधु देखे तो यही महसूस करे, वे तब से सुबहचर्या में व्यस्त हैं, जबकि दाढ़ी बन चुकी थी। ब्रश भी कर चुके थे। फिर भी ब्रश पर पेस्ट ले वे दुबारा दाँत मलने लगे।

मधु से क्या कहेंगे?

□

तर्क रखा था। फिर-फिर। शैलू की आंतरिक इच्छा का वास्ता देकर शैलू ने कहा था। ''पापा! मैं भी मंजरीजी का हाथ बँटाना चाहती हूँ, वनिता आश्रम की मात्र सदस्य बनकर नहीं, बल्कि असहाय स्त्रियों के स्वावलंबन हेतु ठोस कार्य करके। बाधक है तो बस यह नौकरी। दस दिन देश, पंद्रह दिन विदेश। डेस्कवर्क की कोशिश में हूँ पापा, नियम तो अब ढीले हुए हैं वरना ब्याह के बाद तो डेस्कवर्क से ही जोड़ दिया जाता है। सच बताएँ, जिस दिन उड़ानों का चक्कर छूटा, जुट जाऊँगी इस काम से!''

कह देंगे मधु से उनका मन भी वही करने को कहेगा, जो उसका मन चाहता है। वह नहीं चाहेगी तो मुआवजे का परिपत्र वह नहीं भरेंगे। 'वनिता आश्रम' को जो मुआवजे की राशि देने के लिए कबूली है उन्होंने उसे मिथ्या भी नहीं होने देंगे। आखिर उनके

पास जो कुछ है, उसमें उनकी शैलू का भी तो अधिकार है! भले रकम भविष्य-निधि से ही क्यों न निकालनी पड़े उन्हें।

भीगे बालों को हाथों से झटकारती हुई मधु किंचित् विस्मित सी उनके पीछे आ खड़ी हुई थी—"देर कर रहे हैं आप..."

मधु का यह स्वर कुछ अलग लगा। विह्वलता की केंचुल उतारता।

शीशे में उसके प्रतिबिंब से आँखें चुराते हुए वे कंधे पर तौलिया डाल नहानघर की ओर फुरती दिखाते हुए लपके—"नहीं, बस हो गया तैयार।"

बहलाना क्यों चाहते हैं मधु को। विकल्प किसे सौंप रहे। स्वयं को या मधु को। 'मधु को देर कर रहे हैं आप' में चुनौती का स्वीकार्य नहीं छिपा हुआ। उसकी सामर्थ्य और सहिष्णुता को कमतर नहीं आँक रहे वे? माना कि वह बेटी के अकस्मात् विछोह की मर्मांतक पीड़ा से गुजर रही है, मगर है तो वह वही मधु। उनके पीछे ही नहीं, बेटी के प्रति हुई ज्यादतियों के प्रतिवाद में सदैव लौहमेरु सी तनी।

यथार्थ सहने और झेलने से शायद वे ही कतरा रहे हैं। भूल रहे हैं कि वे उस शैलू के पिता हैं, जिसने न शोषण से समझौता किया, न शोषक से, न अपहरणकर्ताओं से!

एक वे हैं, जिन्होंने मरे हुए रिश्तों को तराजू-बाट बना लिया है। सवाल मुआवजे की राशि का नहीं है—नीयत का है। और वे इतनी आसानी से सुमित का स्वार्थ सिद्ध नहीं होने देंगे। वे मुआवजे की रकम प्राप्ति का परिपत्र अवश्य भरेंगे!

□

दत्तक पिता

—मृदुला सिन्हा

एक माह पूर्व ही हरिद्वार स्थित एक वृद्धाश्रम से उसके नाम पत्र आया था। उसके पिता महेंद्र सिंह के बीमार होने की सूचना थी। मेज पर पड़े उस पत्र को जब-तब उलट-पुलटकर देखता, एक-एक शब्द से पिता की स्थिति का अनुमान लगाता बेचैन हो उठता था सिद्धार्थ। चैन भी उसी पत्र से मिलता था।

अम्माँ नहीं रहीं। अतिम समय भी वह उन्हें अपना मुँह नहीं दिखा सका। ऐसी क्या व्यस्तता थी? और क्या अम्माँ की सेवा उसकी कार्य-सूची में नहीं आनी चाहिए थी?

मानो कागज के उस पन्ने चित्रित हों—वह छोटा सा आँगन, चूल्हे के सामने बैठी अम्माँ, खटिया पर अम्माँ के साथ गुँथी बैठी तीनों बहनें। बच्चों की धमाचौकड़ी से खटिया की एक रस्सी क्या खुलती, बाबूजी की स्थिति ऐसी मानो उनके हृदय का कोई तार खुल जाता था। ये सारे दृश्य उसकी आँखों के आगे रूढ़ हो गए।

'सिद्धू—कितना बार कहा, खटिया पर मत कूदो। यह भी टूट गई तो क्या जमीन पर सोएगा?'

सख्त हाथों से बेटे का हाथ पकड़ खटिया से उतारना और अपनी मुलायम हथेली से मूँज की रस्सी को सहलाते जाना, यह क्रम चलता रहता था।

अपनी मास्टरी की छोटी कमाई, बड़ी मुश्किल से बचाई रकम से खरीदी साइकिल के एक-एक पार्ट-पुर्जे का भी उन्हें उतना ही ध्यान रहता, जितना अपने बच्चों का।

सारी स्मृतियाँ सजीव हो उठी थीं। सिद्धार्थ ने बचपन में पढ़ा था—'सुख में दुःख की स्मृतियाँ फूल, दुःख में सुख की स्मृतियाँ शूल।' पर इन दिनों सिद्धार्थ के मन-मंथन में उन पंक्तियों की अर्थवत्ता गड्डमड्ड होने लगी थी।

अगले दो महीने बाद ही तो सिद्धार्थ की साठवीं वर्षगाँठ आने वाली थी। अचानक आगत की कल्पना उतनी सुखद नहीं लग रही थी, जितनी विगत जिंदगी के शुरुआती

तीस वर्षों की स्मृति में खो जाना। अपनी जमीन व अपनों से सात समंदर दूर होकर उसकी झोली में आई थीं उपलब्धियाँ ही उपलब्धियाँ। अमेरिका के अर्थ-जगत् में हर आनेवाला साल उसके लिए नया कीर्तिमान लानेवाला रहा था। तभी तो वह आगे और आगे देखता रहा। पीछे मुड़कर देखने में रुकना जो पड़ता, समय देना पड़ता। सिद्धार्थ के पास रुकने-थमने का समय कहाँ था। आगे देखने में उसके न कदम रुके, न दृष्टि।

पर अचानक साठ के पास पहुँचते-पहुँचते क्या हो गया उसे। न्यूयॉर्क में बिताए रेस के अव्वल घोड़े के तीस वर्षीय जिंदगीनामे से कतराता, पीछे के उतने ही समय के हर मोड़ पर पाँव रखता, उसके जोड़-घटाव में उलझता गया सिद्धार्थ। अब जल्दी भी क्या थी। धन, वैभव और शोहरत तो इतना कमा लिया कि आने वाली सात पीढ़ियाँ बैठकर खाएँ तो भी समाप्त न हो। इसीलिए तो उस जमीन से जुड़े लोगों को उससे ईर्ष्या होने लगी थी। पर कहाँ हैं आने वाली पीढ़ियाँ? बेटा, बेटी, नाती-पोते। कोई तो नहीं है उसके साथ, आस-पास। उनके लिए अलग-अलग आलीशान बँगले सिद्धार्थ ने ही बनवाकर दिए। सब अपने-अपने में व्यस्त। शायद इसीलिए उसे तीस वर्ष पीछे छूटे स्वजनों के सान्निध्य और स्पर्श की स्मृतियाँ सुखद लगने लगी थीं।

सुनीता, श्यामला और सुजाता, एक बड़ी और दो छोटी बहनों के साथ लड़ना-झगड़ना, रूठना-मनाना, अम्माँ के आँचल में छुपकर बैठना, एक ही रजाई में पिताजी के संपूर्ण परिवार का समा जाना, ये स्मृतियाँ सहलाने अवश्य लगी थीं, पर सुकून तो पिता के कंधों पर या उँगली पकड़ चलने की याद में ही मिलने लगा था। अथाह आनंद! अनजाने-अनचाहे स्वअर्जित समृद्धियों के नीचे दबे अपने को ढूँढ़ निकालने की धुन सवार हो गई। वह कौन है, किसका है? किसने जन्म दिया? किसने दिया नाम? उसके बढ़ते कद-काठी व कदमों के साथ किसकी कामनाएँ बलवती होती रहीं? उसका खानदान कौन है? दादा, परदादा, कौन थे वे लोग?

उसकी उस दुनिया को कहाँ फर्क पड़ा। उसके दादा अपने इलाके के बड़े धर्मात्मा थे। इलाके के कुख्यात डाकू ही होते तो क्या? किसी ने कभी पूछा नहीं, जाना नहीं। वहाँ तो सिद्धार्थ नाथ सिंह भी नहीं, मात्र एस.एन. सिंह की पहचान बनी। स्वयं मि. सिंह ने बनाई। वह पहचान, उनकी अर्जित संपत्ति। स्वयं उसे ही कहाँ अपनी खबर रही। पच्चीस से पचास वर्ष, गधे की उम्र, ढोता रहा बोझ। आयु के छठे दशक में जोड़-घटाव में उलझा है।

पैतृक परंपरा व नाम के संपत्ति स्वाद के लिए उसकी जिह्वा तरसने लगी। अपने भुजबल और बुद्धिबल पर कभी उसे गर्व अवश्य होता था। पर इन दिनों वह उन हथेलियों को उनकी कच्ची अवस्था में सहलाने वाली उँगलियों में डालकर थोड़ी देर ही सही सुस्ताना चाहता था और उसके अंदर यह चाहत इतनी उत्कट व बलवती हो उठी कि उसने

अचानक भारत के लिए प्लेन टिकट मँगवा लिया। सरला को भी नहीं बताया। वैसे भी सरला अपनी दुनिया में मस्त थी। तभी तो अकेला, बिल्कुल अकेला हो गया था सिद्धार्थ।

और पिता का दर्शन करने, अंतिम बार सही, उनके स्पर्श से अपने को तर करने के उद्‌देश्य से ही भारत के लिए चल पड़ा था। न्यूयॉर्क से तेरह घंटे की यात्रा। तेरह सेकंड में पिता के पास पहुँचने को आतुर सिद्धार्थ को यात्रा के दौरान एक युग बीतने का अहसास हो रहा था।

अंतरराष्ट्रीय हवाई अड्डे पर बाहर खड़े सैकड़ों लोगों की इंतजार करती निगाहें शीशे से अपने स्वजनों को हेर रही थीं। और नयन मिल जाने पर दोनों ओर से आनंदातिरेक के इशारे हो जा रहे थे। उनमें किन्हीं दो नयनों का निशाना सिद्धार्थ नहीं था। उसकी आँखें नम हो आईं। झटके से बाहर निकल धरती से एक चुटकी मिट्टी उठाकर सिर से क्या लगाई, मानो गंगा के जल में डुबकी लगा ली हो। शरीर और मन शांत हो उठा। चारों ओर नजरें फेरीं। पंद्रह वर्षों में कितना कुछ बदल गया था एयरपोर्ट पर।

टैक्सी बुक करवाई और एयरपोर्ट से सीधा हरिद्वार के लिए रवाना हो गया। रास्ते में दिल्ली का विस्तार, फिर हरिद्वार पहुँचते-पहुँचते अपने देश के बदलते हुए दृश्य देख आनंदित होता रहा। आश्रम पहुँचकर भी व्यवस्थापक के कमरे में इंतजार करने का सब्र कहाँ था उसे। खोजता-ढूँढ़ता वह उसी कमरे की चौखट पर खड़ा हुआ, जिसके बाहर श्री महेंद्रसिंह, उम्र 80, ग्राम बीसलपुर का नामपट्ट टँगा था। अप्रयास उसकी हथेली उस नामपट्ट पर फिसल गई।

अंदर खाट पर पड़ी काया का निरीक्षण कर रहे डॉक्टर और व्यवस्थापक की उपस्थिति की परवाह किए बगैर वह पुकार बैठा—"बाबूजी!"

सधा हुआ बाण, मानो प्रतिदिन धनुष से निकल, लक्ष्यभेदन का अभ्यास रहा हो।

"सि...सि"

चिकित्सक और व्यवस्थापक हतप्रभ रह गए। पंद्रह दिनों से खटिया पर पड़े वृद्ध ने दो दिनों से मौन साध रखा था। अन्न-जल ग्रहण करना तो छोड़ ही चुके थे। उन्हें समझा-बुझाकर सामान्य करने में उन दोनों के सारे प्रयत्न व्यर्थ चले गए थे।

"मैं हूँ सिद्धार्थ। आपका बेटा। बाबूजी, मैं हूँ। आपका सिद्धू। मैं आ गया बाबूजी।" बेताब सिद्धार्थ ने पिता को अपने अंक में भरकर कान के पास मुँह ले जाकर आवाज दी। और जैसे पिछले दो सप्ताह से बेजान पड़ी उस काया में चिकित्सक ने कोई पावरफुल इंजेक्शन लगाया हो—"कहाँ हो सिद्धू, आ गए...ए...तुम...बड़ी देर...।"

बेटे को अपने पाश में लपेटने के लिए छटपटाती बाँहों को थाम उन पर सिर रगड़ता फफक पड़ा सिद्धार्थ। बेजान पड़ी हथेलियों को अपने सारे अंगों पर फेरने लगा। दृश्य को अपने में भरती आँखें भर आईं। उन नयनों को भी भरते-झरते रहने की लत सी पड़

गई थी। उस आश्रम में पड़े वृद्ध जन उन्हें रीतने कहाँ देते थे। उस क्षण उनमें छलक आए आँसू में आनंद के अनगिनत कण थे।

"सिद्धू⋯!" सिर पर लंबे बाल, लंबी सफेद दाढ़ी, बढ़ी हुए बेतरतीब मूँछों के बीच छुपे पोपले मुख से निकली पुकार की अनुगूँज से आश्रम का प्रागंण गुंजायमान हो गया। सर्वत्र वही चर्चा पसर गई! सुनते-सुनाते वृद्धों को लग रहा था, जैसे उनकी अपनी कोई संतान उनसे मिलने आ गई हो।

दोनों एक-दूसरे के स्पर्श से स्वस्थ होते गए। बहुत दिनों बाद उस संस्था में आनंद का मौसम उतरा था।

पाँच वर्ष पूर्व सुजाता की अंतिम चिट्ठी अमेरिका पहुँची थी। उसने लिखा था—'भैया! अम्मा नहीं रहीं। तुम्हारा नाम रटती-रटती चल बसीं। अब पिताजी अकेले रह गए। उन्हें अपने पास रखने के लिए हम तीनों बहनों में होड़ लगी है। पर तुम तो जानते हो, वे कैसे हठी हैं। बेटियों के घर जाना उन्हें किसी कीमत पर मंजूर नहीं। अब हम क्या करें! तुम एक बार तो आ जाओ।'

कहाँ आ पाया था सिद्धार्थ। न चिट्ठी, न पत्री, न डॉलर, कुछ भी तो नहीं भेज पाया था।

"सरला कैसी है? वह क्यों नहीं आई?"

"सोनू और मोनू कैसे है?"

"कैसी है मोनू की जर्मन बीबी?"

कितने सवाल। और उन सवालों के उत्तर में प्रतीक्षित निगाहें मानो चिर-प्रतीक्षारत रही हों। तभी तो सिद्धार्थ के उत्तर सुन पुलक उठती थीं। सिद्धार्थ भी ऋण-मुक्त होना चाहता था। बचपन में हजारों सवाल पूछे थे अपने बाबूजी से। आश्रमवासियों के देखते-देखते वृद्ध की स्वेच्छा मृत्यु वरण का संकल्प शनैः-शनैः समाप्त हो गया। उन अस्सी वर्षीय नजरों में जीने की आस के साथ एक नई शक्ति का पुनर्जन्म हो गया।

सिद्धार्थ को उनके मुख से अपनी बाल-क्रीड़ा के वर्णन सुन अथाह आनंद की प्राप्ति हो रही थी। उन प्रसंगों के वर्णन में डुबकी लगाते उसे अपने विशाल कद के लघुतम होने की कोई परवाह भी नहीं थी। आश्रम की सूखी रोटी, दाल और बिना मिर्च-मसाले वाले सब्जी के रस में डूबे रहना, जमीन पर बैठना, तख्त पर लेटना, गरमी की तपिश कुछ भी तो अटपटा नहीं लग रहा था। अमेरिका में बिताए लंबे समय में कठिनतम श्रम से भी उसके बदन पर कभी एक बूँद पसीना नहीं निकला। मई मास में पसीने से तरबतर उसका शरीर मानो वर्षों बाद सावन की फुहार से भीगा हो। तीस वर्षीय जीवन की शान-शौकत, अति आरामदेह रहन-सहन, आत्मीयता बटोरने और आत्मसात् करने में कहीं से भी आड़े नहीं आ रहा था।

अपने पिता की स्मरणशक्ति पर उसे अवश्य आश्चर्य हो रहा था। वह भी तो बाप बना हुआ है। उसे कहाँ याद है, अपने पुत्र का बचपन! कदाचित् इसलिए भी कि बच्चे उसके कंधों और गोद में नहीं पले।

हर की पौड़ी पर पिता को बैठाकर स्वयं गंगा में डुबकी लगा रहा था सिद्धार्थ। पिता अपलक उसे निहार रहे थे। पानी में उतरे बिना ही मन तर हो रहा था उनका। सिद्धार्थ को पानी के अंदर कुछ क्षण बीत गए। वे चिल्लाए—''कोई है, निकालो मेरे बच्चे को। मेरा बेटा। मेरा बच्चाए!''

गंगा में खड़े लोग अपने हाथ-पैर फेंककर किसी डूबते बच्चे को ढूँढ़ने लगे। गंगा का निर्मल तीव्र जल-प्रवाह एक क्षण के लिए भयग्रस्त हो रुक गया। थम गया। तभी सिद्धार्थ का सिर बाहर आया।

''मिल गया मेरा बेटा। वह रहा। हे गंगा मैया! तेरा लाख-लाख शुक्रिया। चल इधर आ।'' सफेद बालों वाले वृद्ध 'बच्चा' को देख स्नार्थियों की हँसी फूट गई। एक नजर वृद्ध पिता के विहँसते मुख पर डाल सबके सब गंगा में डुबकी लगाने लगे।

कुछ पल तो बीते थे। सिद्धार्थ के पिता ने न जाने कितनी मनौतियाँ मान लीं। सिद्धार्थ उनके पास आकर बैठ गया। उसके सिर पर हाथ फेरते हुए पिता ने कहा, ''अब मुझे यों डराया मत कर।'' पुत्र के सिर का पानी पोंछते हुए पिता का हाथ पीठ पर आ गया। बाईं ओर एक छोटा-सा गड्ढा। हाथ रुक गया।

''याद है तुम्हें। तुम्हारी पीठ पर एक बड़ा सा घाव हो गया था। दर्द से कितना रोते-चिल्लाते थे तुम। छह महीने तक डॉक्टर-वैद्य-हकीमों का इलाज चला। घाव ठीक ही न हो। तुम्हारी माँ तुम्हें हरिद्वार ले आई। गंगा में डुबकी लगवाकर मनौती मानी। एक महीने बाद ही घाव भर गया था। तुम जब डुबकी लगाकर बाहर नहीं निकले, मैं घबरा ही गया। मुझे पता नहीं, तुम्हारी माँ ने मनौती उतारी या नहीं। मुझे डर लग रहा था कि यदि उसने मनौती न उतारी होगी तो कहीं गंगा मैया···'' उनकी थकी नजरों से धार बह चली।

''बाबूजी! यह क्या? आखिर गंगा तो माँ है न, अपने बच्चों की भूल को क्षमा कर ही देती होगी। गंगा में डुबकी लगाकर मुझे भी माँ के स्पर्श का अहसास होता है। तभी तो पंद्रह दिनों में सुबह-शाम यहाँ आता हूँ। डूबकर बैठा रहता हूँ, मानो माँ के आँचल में···।''

पिता के कंधे पर सिर रखकर फफक पड़ा था सिद्धार्थ।

''बहुत याद करती थी तुम्हारी माँ। मरने से पूर्व एक बार तुम्हारे शरीर पर हाथ फेरने की तमन्ना साथ लेती चली गई। तुम्हारी माँ भी गंगा की तरह निश्छल व पवित्र थी।''

सामने प्रवाहमय उस निश्छल धारा में अपना शरीर डुबोने के लिए कूद पड़ा सिद्धार्थ। प्रतिदिन दोनों पहर गंगा में डुबकी लगाना नियम सा हो गया था उसका। जब

से उसके पिता थोड़ा-बहुत चलने लगे, उन्हें भी कभी-कभी ले आता।

उस दिन मंदिर के प्रांगण में संस्था के सब लोग बैठे थे। उचित अवसर पाकर उसने अपनी चाहत की चादर पसार दी—"मैं बाबूजी को अपने साथ ले जाऊँगा।"

अकस्मात् एक चुप्पी पसर आई। ऐसा भी नहीं कि उस संस्था में आकर कोई वृद्ध अपने घर वापस नहीं लौटा हो। संस्था की बीस वर्षीय जिंदगी में ऐसे लोगों की सखा भले ही एक-दो ही रही, पर थी तो। उन्हें ले जानेवाले उनके बच्चे या सगे-संबंधी रहे थे। पर सिद्धार्थ का क्या रिश्ता था उस वृद्ध से?

उन्हें विश्वास हो गया कि संस्था वाले उन्हें सिद्धार्थ के साथ नहीं जाने देंगे। आधी रात तक करवटें बदलते रहे। सिद्धार्थ ने पूछा, "क्या हुआ बाबूजी? तबीयत तो ठीक है?"

स्थितप्रज्ञ हरिकिशोर सिंह का पाँच वर्ष पुराना अतीत लौट आया था, "मैं तुम्हारा बाप नहीं हूँ।" बिना लाग-लपेट के बोल गए।

सिद्धार्थ एक अपराधी बालक की भाँति थर्रा गया। "क्यों? मुझसे अब क्या भूल हो गई, बाबूजी? दरअसल मैं अब आपसे अलग होना नहीं चाहता और मेरा अमेरिका लौटना भी जरूरी होगा। मैं आपको अपना अर्जित नाम-धाम भी दिखाना चाहता हूँ। पर आप न जाना चाहें तो मैं...।"

हरिकिशोर सिंह भी कहाँ फँसे आकर। एक फक्कड़ की जिंदगी, अंत समय में रिश्तों के जाल में फँसकर रह गए। उनके साथ पूत के पाँव पालने में दीखते हैं, कहावत चरितार्थ हुई थी। बचपन से ही माँ-बाप, भाई-बहन किसी से लगाव नहीं।

पुत्र के लक्षण-करम देखकर पंद्रह-सोलह वर्ष की अवस्था में ही पिता ने शादी के बंधन में बाँधना चाहा था। जिस घोड़े पर दूल्हा बनकर बैठाया गया, घोड़े की रास दूसरी ओर मोड़कर चाबुक मारी। घोड़े ने दुल्हन के दरवाजे पर जाने की दिशा क्या बदली, हरिकिशोरजी के भी जीवन की दिशा बदल गई। आज यहाँ, कल वहाँ। लुकते-छुपते। भागते-दौड़ते। भारत माँ को बंधनहीन कराने का जुनून। उनके जैसे हजारों पुत्रों के त्याग-बलिदान से भारत माँ स्वतंत्र हुई। अनेक संस्थाएँ देश, समाज की रचना में लग गईं। हरिकिशोर सिंह भी एक राष्ट्रवादी संस्था के सदस्य बन गए। पारिवारिक मोह-माया से दूर, बहुत दूर। आसक्ति का स्वाद ही नहीं चखा। प्रौढ़ावस्था भी कट गई। यौवन, प्रौढ़ावस्था तो बिना सहारे के भी कट जाते हैं। बचपन और बुढ़ापे को सहारे की आवश्यकता होती है और ये दोनों अवस्थाएँ ही एक-दूसरे का सहारा होती हैं।

जब उन्हें सहारे की आवश्यकता पड़ी, इस समाज में भी एक नई संस्कृति ने जन्म ले लिया था। वृद्धाश्रमों की संख्या इस देश में भी बढ़ने लगी। भागते-दौड़ते थक चुके थे हरिकिशोर सिंह। पचहत्तर की आयु में उनके शरीर को मात्र सुस्ताने की आवश्यकता

पड़ी थी। परंतु वे तो उस संस्था में आकर अपने कमरे के साथी महेंद्रसिंह द्वारा बहाई माया-मोह की सरिता में डूबने-उतराने लगे। सुरसरि के किनारे बैठकर लौकिक जीवन में डूबते गए। महेंद्रसिंह अपने पुत्र-मोह में ऐसे जकड़े थे कि सारा वातावरण मोहपाश में बँध गया था। दिन-रात अपने मित्र को सुनते-सुनते हरिकिशोरजी को आसक्ति के स्वाद का चस्का क्या लगा, डूब ही गए। इतना कि दोनों में कोई अंतर ही नहीं रहा।

दोनों के कद-काठी, रूप-रंग की साम्यता देखकर संस्था वाले कहा करते थे—'दोनों जुड़वाँ भाई ही लगते हैं। क्या पता, हिंदी फिल्मों की तरह बचपन में बिछुड़कर बुढ़ापे में मिले हों।' महेंद्रसिंह की मृत्यु के बाद इसका अंदाजा लोगों को लगा। दोनों के हृदय और प्राण भी एक हो गए थे, ठीक जुड़वाँ भाई की तरह, एक के बीमार होने पर दूसरा भी बीमार होता है। हरिकिशोरजी ने भी मृत्यु को वरण करने की ठान ली। सिद्धार्थ के आने पर भी उसका मोहभंग नहीं होने दिया। जहाँ सिद्धार्थ को अपने पिता के सान्निध्य से तृप्ति मिल रही थी, वहीं हरिकिशोर सिंह भी चलते-चलते ही सही, पुत्र-सान्निध्य का स्वाद चख लेना चाहते थे। तृप्त हो रहे थे दोनों। एक जाने, दूसरा अनजाने।

अपने सिरहाने से एक डायरी निकालकर सिद्धार्थ को देते हुए उन्होंने सख्त शब्दों में कहा, ''यह है तुम्हारे पिता की डायरी। इसके हर पन्ने पर तुम अंकित हो। यह डायरी मेरे लिए गीता है, रामायण भी। तुम्हारे पिता ही कृष्ण और दशरथ हो गए मेरे लिए। तो पकड़ो। पढ़ो। उलटो तो⋯। मेरी ओर क्या टकटकी लगाए देख रहे हो। तुम्हारे पिता उस डायरी में हैं, मेरे चेहरे में नहीं।''

अपनेपन में भीगी झिड़की। एक आज्ञाकारी पुत्र की भूमिका निभाता सिद्धार्थ डायरी के पन्ने पलटने लगा।

उस जर्जर, निष्प्राण काया को सहारा देकर उठाते-बैठाते, सेवा-शुश्रूषा से उसमें जान फूँकते, एक बार भी सिद्धार्थ को बाप बदल जाने का शक नहीं हुआ था। पूरी डायरी पढ़ लेने के बाद तो और भी निश्चित लग रहा था कि उस दैनंदिनी को जीने-भोगने वाला उसके सामने बैठा व्यक्ति ही तो था।

सच है कि बालक-वृद्ध एक समान हो जाते हैं। दो नवजात शिशुओं का भी अंतर कहाँ दृष्टिगोचर होता है। क्षौरगृह में बदले बच्चे को भी जच्चा अपनी कोख का जाया समझ, हृदय से लगाती है, स्तनपान कराती है, उसके क्रंदन पर भी उसकी छाती में दर्द उठता ही है। पिता के अंतरंग को ही अपना असली बाप समझ, एक प्रसूति माँ की भूमिका निभाते सिद्धार्थ को आश्रम के व्यवस्थापक ने भी कहाँ छेड़ा, कहाँ रोका। उस आश्रम के एक सदस्य की जान, बिना दवा-दारू के जो लौट आई थी।

संस्था वालों को पता था कि पाँच वर्षों से हरिकिशोरजी और महेंद्रसिंहजी साथ रहते-रहते एकाकार हो गए थे। मात्र पंद्रह दिन पूर्व हुई महेंद्रसिंहजी की मृत्यु के उपरांत

हरिकिशोरजी ने इच्छा-मृत्यु को वरण करने का निश्चय कर लिया था। अन्न-जल छोड़ चुके थे। सिद्धार्थ ने कुछ दिन देर की होती तो शायद हरिकिशोरजी के शरीर में अपने पिता की आत्मा का दर्शन और स्पर्श नहीं कर पाता। भारत आकर भी प्यासा ही लौटना पड़ता उसे। हरिकिशोर सिंह का विनीत वात्सल्य उभर पड़ा—"सिद्धार्थ! अपने पुत्रजन्म और उसके लालन-पालन के समय भी तुझे पिता की याद नहीं आई? अकसर ऐसा होता नहीं है। स्वयं बाप बनकर हर नौजवान अपने पिता को अवश्य याद करता है। पर तुम्हें, तुम्हें"। मैं क्या बताऊँ, कितना तड़पता था तुम्हारा बाप तुम्हारे लिए।"

सिद्धार्थ के पिता की तड़प जीवंत हो आई थी हरिकिशोरजी की वाणी में। सिद्धार्थ को सिर रखकर रोने के लिए जाँघ मिल गई थी। बिलख-बिलखकर रोया था सिद्धार्थ। स्वयं परित्यक्त बाप जो था। मृत बाप की याद में घुल-मिल गया था बेटा से विलगाव का दर्द।

पंद्रह वर्ष पूर्व उसने पिता को देखा था। सुजाता की शादी में अंतिम बार वह भारत आया था। तब उसने अम्माँ-बाबूजी से अमेरिका चलने का बड़ा आग्रह किया था। वे नहीं माने थे। बीसलपुर के दो कमरे के घर और उस खानदानी जगह के लोगों का मोह वे नहीं त्याग पाए थे। पाँच वर्ष पूर्व तक कभी पिताजी, श्यामला, सुनीता तो कभी सुजाता की चिट्ठी पहुँचती रही थी।

शायद पत्रों का निर्यात करते-करते स्वजन भी थक गए थे। रिश्ते तो आदान-प्रदान से जीवित रहते हैं।

महीना भर संग-साथ रहकर भी उसकी प्यास बुझी नहीं थी। बढ़ती गई थी। तभी तो उसने पिता को अपने साथ ले जाने का प्रस्ताव रखा था। प्रस्ताव के उपरांत संस्था वालों के लिए वे फिर से हरिकिशोर सिंह थे, महेंद्रसिंह नहीं। सिद्धार्थ की चाहत इतनी प्रबल और स्वाभाविक थी कि किसी से अस्वीकार करते बन नहीं रहा था। उस पर अविश्वास का भी सवाल कहाँ था। सवाल मात्र परंपरा का था। परंपरा से जुड़े कानूनी प्रावधान का था। शायद अब तक किसी को ऐसी आवश्यकता नहीं पड़ी थी। सिद्धार्थ की आवश्यकता पर अस्सी वर्षीय हरिकिशोरजी को उन्हें सौंपने की चर्चा चल पड़ी थी। कानून का अध्ययन किया गया। अंत में जीत सिद्धार्थ की चाहत की हुई। उसने एक नई संस्कृति का प्रथम बीज डाला था।

आश्रम से विदा देते हुए अस्सी हारे-थके स्त्री-पुरुष समवेत मूक स्वर में सिद्धार्थ को आशीष दे रहे थे। आकांक्षा दफन की उस श्मशान भूमि में अचानक एक ख्वाहिश अंकुरित हुई थी—'काश! हमें भी कोई यहाँ से ले जाता। अंतिम साँस लेने के लिए बच्चों की किलकारियों से गूँजता आँगन होता। कानों में पड़ते गीता के श्लोक स्वजनों के रुदन-स्वर में सराबोर होते। अंतिम यात्रा के लिए अपने हाथों पले-पुसे कंधे होते।'

इधर और भी न जाने क्या-क्या माँग रहा था वह आकांक्षा-अंकुर। उधर न्यूयॉर्क के लिए उड़ान भरते हवाई जहाज की गति के साथ हरिकिशोरजी की बची हुई जिंदगी में भी एक नया उफान आया। उन्हें आकाश मिला तो सिद्धार्थ को जमीन। दत्तक ही सही, पिता तो मिला। चंद पल ही सही, नन्हे पड़ाव पर छाँव तो मिलेगी।

□

यहाँ कमलिनी खिलती है

—मृदुला गर्ग

वीराने में दो औरतें मौन बैठी थीं। पास-पास नहीं, दूर; अलग, दो छोरों पर असंपृक्त। एक नजर देखकर ही पता चल जाता था, उनका आपस में कोई संबंध न था; वे देश के दो ध्रुवों पर वास करनेवाली औरतें थीं।

एक औरत सूती सफेद साड़ी में लिपटी थी। पूरी-की-पूरी सफेद; रंग के नाम पर न छापा, न किनारा, न पल्लू। साड़ी थी एकदम कोरी धवल, पर अहसास उजाले का नहीं, बेरंग होने का जगाती थी। मैली-कुचैली या फिड्डी-धूसर नहीं थी। मोटी-झोटी भी नहीं, महीन बेहतरीन बुनी-कती थी, जैसी मध्यवर्ग की उम्रदराज शहरी औरतें आम तौर पर पहनती हैं। हाँ, थी मुसी-तुसी। जैसे पहनी नहीं, बदन पर लपेटी भर हो। बेखयाली में आदतन खुँसी पटलियाँ, कंधे पर फिंका पल्लू और साड़ी के साथ खुद को भूल चुकी औरत। बदन पर कोई जेवर न था, न चेहरे पर तनिक-सा प्रसाधन, माथे पर बिंदी तक नहीं। वीराने में बने एक मझोले अहाते के भीतर बैठी थी वह। चारों तरफ से खुला, बिला दरोदीवार, गाँव के चौपाल जैसा, खपरैल से ढका गोल अहाता।

दरअसल, वीराना वीरान था भी और नहीं भी। दो बीघा जमीन का टुकड़ा, दो फुट ऊँची चहारदीवारी से घिरा था। दीवार इनसान की बनाई हुई थी, इसलिए उसे वीराने का हिस्सा नहीं माना जा सकता था। पर उसकी गठन, स्त्री की साड़ी जैसी बेरंग-बेतरतीब थी; यों कि उसका होना-न होना बेमानी था। वह बस थी; पेड़-पत्तों से महरूम, उस खारी धरती की निर्जन सारहीनता को बाँध, कम करने के बजाय बढ़ा रही थी। उस जमीन को घेरते वक्त, घेरनेवाले का इरादा उसे आबाद करने का नहीं था। दिल की वीरानी को हरदम रौंदते, यादों के काफिले को जीते-जीते, बाकी की जिंदगी जीने की कूबत पैदा करने के लिए, जिस एकांत की जरूरत होती है, उसी को निजी बनाने की कोशिश थी। कभी-कभी सुकून पाने को वीराने में ही ठौर बनाना पड़ता है; वैसा ही ठौर था वह मझोला छाजन।

पर अचरज, इनसानों को बसाने का जज्बा भले न रहा हो, फूलते-फलते पेड़ लगाने का इरादा जरूर था। इरादा कि उम्मीद! जिद या दीवानगी! जो था, कारगर न हुआ। धरती में खार की पहुँच इतनी गहरी थी और निकास के अभाव में, बरसात के ठहरे पानी की मियाद इतनी लंबी कि पेड़ों का उगना मुश्किल ही नहीं, करीब-करीब नामुमकिन था। कुछ झाऊँ और कीकर जरूर उग आते थे जब-तब। पर जब और तब के बीच का फासला इतना कम होता कि पता न चलता, कब थे, कब नहीं? उगते, हरसाते, ललचाते और मुक्ति पा जाते। जब पहले-पहल, पहला झाऊँ उगा तो बड़ी पुख्तगी के साथ इरादा, उम्मीद बना कि बस, अब वह भरे भले नहीं, पर जंगली पेड़ वहाँ हरे जरूर होंगे। और उसके एकाध साल बाद, जमीन ममतामयी हुई तो फलदार पेड़ भी उग सकेंगे। झाऊँ के बाद कीकर उगे तो उम्मीद भी उमगती चली गई, अंकुर से पौध बनती। सर्दी पड़ने पर कीकर पीले पड़कर सूख गए; झाऊँ भी गिनती के दस-बीस बचे। तब भी उम्मीद ने दम न तोड़ा। लगा, इस बरस पाला ज्यादा पड़ गया, अगली बार सब ठीक हो जाएगा। जब अगले बरस भी सिलसिला वही रहा तो धीरे-धीरे, जंगली पौधों के पेड़ बनने से पहले गलने-सूखने के साथ, उम्मीद क्या, जिद तक दम तोड़ गई।

दूसरी औरत, छाजन के बाहर, चहारदीवारी के भीतर बैठी थी, हैंडपंप के पास। फिड्डी, पैबंद लगी कुरती और ढीली सलवार पहने थी। अरसा पहले जब नया जोड़ा बना था तो रंग ठीक क्या रहा होगा, कहा नहीं जा सकता था। और जो हो, सफेद वह कभी नहीं था। मैला-कुचैला या बेतरतीब फिंका हुआ अब भी नहीं। दुरुस्त न सही चुस्त जरूर था, देह पर सुशोभित। सीधी-तनी थी उसकी मेहनतकश देह, उतनी ही, जितनी पहली की दुखी-झुकी-लुकी। जाहिर था—वह निम्न से निम्नतर वर्ग की औरत थी। गाँव की वह औरत, जो दूसरों के खेतों पर फी रोज मजदूरी करके, एक दिन की रोजी-रोटी का जुगाड़ करती है। पर खुदकाश्त जमीन न होने पर भी रहती किसान है। जमीन से जुड़ाव में, अपनी भाव-भंगिमा में। वह इस ऊसर धरती के साथ पली-बढ़ी थी। उसे उपजाऊ से खार होते देखा था। कोई नहर बनाई थी सरकार ने। पर पानी के निकास का सही बंदोबस्त न होने पर खार इधर के खेतों की तरफ दौड़ा था और हरियल धरती को कल्लर बनाकर छोड़ा था। आदमकद पेड़ उगाने की न उस ने कभी उम्मीद की, न किसी और ने जिद। उसने आस लगाई तो बस, कमतर श्रेणी का धान उगानेवाले खेतिहरों की फसल की बुवाई-कटाई की, जो कमोबेश पूरी होती रही, दो-एक सालों के फासले पर। जब सूखा पड़ता और फसल सिरे से गायब हो जाती तो सरकार राहत के लिए, जहाँ सड़क-पुल बनाती, वहीं मजूरी करने चली जाती। जिस दिन मजूरी नहीं, उस दिन कमाई नहीं, रोटी नहीं। बिला काम-धाम, आराम से बैठने की उसे आदत न थी। सोने और जागने के बीच सिर्फ काम का फासला जानती थी, इसलिए चंद मिनट बेकार क्या

बैठी, आप-से-आप आँखें मुँद गईं। इतनी गहरी सोई कि ओढ़नी बदन से हट, सिर पर टिकी रह गई। निस्पंद बैठे हुए भी उसकी देह जिंदगी की थिरकन का भास देती रही। साँस का आना-जाना, छाती का उठना-गिरना मानो उसकी रूहानियत के परचम हों।

कल उसने दूनी मजदूरी करके, घरवाले और बच्चे के लिए कुछ रोटी-प्याज बचा रखा था कि आज काम पर न जा, यहाँ बैठ पाए। ऐसा भाग कम होता था कि एक दिन में, दो दिनों के गुजारे लायक अन्न जुट जाए। सबकुछ बरखा भरोसे जो था। सचमुच पिछले दो बरस बड़भागी बीते थे। पिछले बरस भी बरखा इतनी हो गई थी कि धान की फसल ठीक-ठाक हो और उसे कटाई का काम मिलता रहे। और इस बरस···इस बरस तो यों टूटकर बरसा था सावन कि बिला खेत-जमीन, हरिया लिया था जिया। तभी न कल दूनी मजदूरी का जुगाड़ हुआ और आज यहाँ बैठने आ पाई। जानती थी, पहली औरत आज आएगी; पिछले दो बरसों से आ रही थी।

मुँदने से पहले उसकी आँखें दीवार के परली तरफ टिकी थीं। दीवार के बाँध में बँधकर, उधर की निचली जमीन के गड्डों-खड्डों पर, उमग-घुमग कर बरसा पानी जो ठहरा, तो भरा-पूरा पोखर बन लिया। और उसमें खिल आए, कमलिनी के अनगिन फूल। जहाँ तक वह जानती थी; और इस इलाके के बारे में शायद ही कुछ था, जो वह नहीं जानती थी; तो इस बरस से पहले, किसी बरस यहाँ कमलिनी नहीं खिली थी।

हे मैया! अजब माया है थारी! इस बरस कमलिनी भी यों खिली ज्यों बरसा पानी, अटाटूट। देवी पारबती का चमत्कार नहीं तो क्या कहे इसे? वह जाने थी भली-भाँति, पारवती के कहे पर ही खिली थी कमलिनी यों घटाटोप। कहा होगा शिवजी से कि प्राणप्यारे खिला दो छोरी खातिर उसकी नाईं कमलिनी। बाबा शंकर मना करते तो कैसे; सूरत छोरी की ज्यों पारबती की परछाईं। दिप-दिप मुख पर देवी जोगी मुसकान लिये खत्म हुई थी; पल भर को जो छोरे का हाथ अपने हाथ से छूटने दिया हो। जैसे ही गाड़ी ट्रैक्टर से टकराई, सोने से छोरा-छोरी मिट्टी हो गए। यह औरत, जो दो बरस से यहाँ आया करे है; जने क्या सोच बंजर को आड़ दे, बीज छींटा करे है—छोरे की माँ है।

सफेद झुकी औरत की आँखें, उसकी देह की तरह बेजान नहीं थीं। जब-तब उनमें यादों का बरसाती अंधड़, सरगोशियाँ कर उठता। कभी काली आँधी की किरकिर धूल तो कभी साँवले मेह की झिलमिल टपकन। प्यार से पगे पल की याद कुलाँच भरती कि विरह से सना उपरांत लपककर उसे दबोच लेता।

वह उन्हें पूरा नहीं खोलती थी, न इधर-ऊधर ताकने की इजाजत देती थी। निगाहें यों नीचे झुकी रहतीं, जैसे अपने दुख पर शर्मिंदा हों। पर इधर-ऊधर न देखने की कोशिश जितनी करे, प्रकृति को पूरी तरह पछाड़ कहाँ पाती थी? गाहे-बगाहे नजर फिसल ही जाती, यहाँ-वहाँ। उसकी दूसरी कोशिश भी नाकाम रहती। बोझिल अधखुली आँखों

को पूरी तरह मूँद, यह उम्मीद करने की कि इस वीराने में, यादों के भँवर में डूब नींद आ जाएगी। एकाध दफा यह तो हुआ कि भँवर से दो–एक खुशनुमा लम्हे जेहन में उभरे और बरबस ओठों पर हलकी मुसकराहट तिर गई। पर ज्यादा देर टिकी नहीं···अनचाहे–मनचाहे उगे झाऊँ–कीकर की तरह, समाधिस्थ हो गई। बची रही चीरती–चीखती एक आवृत्ति··· पहले गुजरी इसी तिथि की।

कभी ऐसा भी हुआ कि अधखुली आँखों से, उसने उम्मीद के इस वीराने को फल–फूल से लदा देख लिया। बेर, कैर, करौंदों से ही नहीं, जामुन और आम के झुरमुट से हरियाया। पर भ्रम रहा भ्रम ही; दीवानगी में भी वह जाने रही कि वह दीवानगी थी, असलियत या सच्चाई नहीं। उन जबरन मुँदी, अधमुँदी आँखों में जब नींद कभी न आई, तो सपने कैसे आते? नहीं आए? इसी से दीवानगी को दीवानगी जाने रही और वीराने को वीराना।

अब भी, हमेशा की तरह उसने जबरन आँखें मूँदीं तो छलावे सी मायावी, नामालूम सी खुशबू ने पलकों पर दस्तक दी। कहाँ से आई खुशबू? क्या आँख लग गई, सपना आ बैठा उसके रूमाल का रूप ले, भीगी पलकों पर? आँखें औचक खुलीं तो इधर–उधर भटक भी लीं।

उसने देखा—जमीन को घेरे, जो दो फूटी दीवार खड़ी थीं, उसके दूसरी तरफ बाहर पानी ही पानी था। इतना पानी! हाँ, होता है, देख चुकी है न दो बार। बरसात होने पर, उम्मीद का यह वीरान बगीचा, पानी से भरा, उथला नाला बन, खुद अपने पेड़–पौधों को निगल जाता है। पर यह मौत का साया फेंकता पानी नहीं, कुछ और है। इसमें तो बेशुमार कमलिनी खिली हैं! दर्जनों, बीसियों, सैकड़ों की तादाद में। वह चौंककर खड़ी हो गई। कमलिनी! यहाँ, जहाँ कभी कुछ खिलता नहीं। समझी! आखिरकार उसे नींद आ ही गई और यह सलोना सपना दिखला गई।

मंत्र–मुग्ध वह उठी और यंत्र बिद्ध कदमों से दीवार के पास पहुँच गई। कमलिनी बदस्तूर खिली रहीं; मन के तिलिस्मी पेड़ों की तरह बिलाई नहीं। उस पार जाने के लिए वह दीवार में, हैंडपंप के पास बनी, फाँक की तरफ बढ़ी तो वहाँ एक स्त्री–मूर्ति देख, स्तब्ध–अवसन्न रह गई। कहाँ से आई यह प्रतिमा, उसने तो लगवाई नहीं करुणा से ओतप्रोत देव–मूर्ति···तब···कौन लगा गया किसने तराशी ऐसी दिलकश? उसकी साँस रुक गई, मूर्ति की छाती उठती–गिरती साँस से हिल रही थी। यह तो···जिंदगी की हलचल से लबालब, बादामी आँखें पूरी खोल? सपनों में खोई उसकी बहू थी—जिंदा।

पर उसे तो उसने खुद अपने हाथों···

सिर में घुमेर उठी और वह चक्कर खा, वहीं उसके बराबर में ढह गई। पसीने से

तरबतर बदन से चिपकी साड़ी का पल्लू, कंधों से लरज, दूसरी औरत की ओढ़नी की तरह जमीन पर बिछ गया। वह बेखबर उठंगी पड़ी रही। उस औरत ने करुण-वात्सल्य से भीगी दृष्टि उस पर डाली, पर अपनी जगह से हिली नहीं; सहारा दे उसे उठाया नहीं।

सिर हाथों में थाम, उसने खुद को सँभाला और अपनी उसी झुकी, दुखी, जीवन से हताश, मुक्ति की तलाश में दिग्भ्रमित, मुद्रा में बैठ गई। निगाह बरबस ऊपर उठी तो दूसरी औरत की स्निग्ध नजर से जा टकराई।

नजर के साथ चेहरा आँखों की राह जेहन में पहुँचा तो हाहाकार करते दिल ने समझा, वह नितांत अजनबी औरत थी। निश्चल रहकर भी, अपनी साँसों के स्पंदन से, उस निष्कंप सन्नाटे को आबाद कर रही थी। खुली बादामी आँखें उसी मंजर को ताक रही थीं, जिसे सपना जान, मोहपाश में बँधी, वह फिर-फिर देखने की पगलाई ख्वाहिश लिये चली आई थी। उनकी साझा नजरों के सामने हर तरफ कमलिनी ही कमलिनी थीं।

दोनों पास-पास मौन बैठी एक दिशा में ताक रही थीं। पहली औरत अपने से बेखबर थी और दूसरी से भी; पर दूसरी, पहली से पूरी तरह खबरदार थी। स्नेहिल, ममता में रची-पगी दृष्टि, जब-तब उस पर डाल वापस कमलिनी के घटाटोप की तरफ मोड़ लेती।

कितना वक्त गुजरा—कुछ पल, चंद लम्हे, एक घंटा, एक पहर; कौन हिसाब रखता? बेखयाली में गुम पहली औरत भला क्या कयास लगाती, कितने बरस बीते वहाँ? लगा, रेत की मानिंद, हाथों से फिसली पूरी जिंदगी बीत ली। याद आया, यहाँ साँप के एक जोड़ ने बसेरा किया था। केंचुल छोड़ एक दिन सरक लिये। फिर नहीं लौटे। मोर-मोरनी भी भटक आए थे एक बार, जब बरसात से पहले, कुछ पेड़ उम्मीद बन उगे थे। वे भी चले गए, न लौटने के लिए। वही बार-बार लौट आती है यहाँ। कब हुआ था वह सब? क्या पिछले साल ही? अब कहीं थे वे? यहीं कहीं थे, आस-पास या गए? सब गए; सब के सब?

दूसरी बेखबर नहीं थी। आश्वस्त थी कि दिन ढलने में अभी वक्त था। साँझ उतरने पर, जब कमलिनी पँखुड़ियाँ समेटना शुरू करेगी, तभी घर पलट पाएगी, सोचकर ही वीराने में पाँव रखा था। उसे पता था, छोरे की माँ छोरे की पुन्न तिथि पर साँझ घिरने पर ही वहाँ से पलटती थी।

कमलिनी कल फिर खिलेगी सूरज उगने के साथ। पर पारबती! अपने शिव को साथ ले, जो गई सो गई। दो बरस बाद यह सौगात भेजी माँ के लिए—ढेरों-ढेर कमलिनी के फूल। यहीं से पानी ले जाती थीं गाँव भर की औरतें। इस बरस हर जबान पर यही नाम था, जहाँ कमलिनी खिलती है।

बरसात बाद के अगहन महीने की दुपहरी का तेज ताप, जिसमें हरिण भी काले पड़ जाते हैं, मद्धिम पड़ना शुरू हुआ, तो दमकती-चमकती कमलनियाँ स्त्री की आर्द्र दृष्टि की तरह सौम्य दीखने लगीं। उसने अचकचाकर ऊपर आसमान की तरफ देखा, हाँ, सूरज चलाचली की ओर बढ़ रहा था। उसने ओढ़नी सिर से खींच, पूरा बदन ढका और असमंजस भरी निगाह से पास बैठी औरत को निहारा। निहोरा अब भी था उसमें, पर हलकी दुविधा का भास लिये।

थिर मूरत में हरकत हुई तो पहली औरत मायाजाल से निकल ठोस जमीन पर आ गिरी। पर कमलिनी··· वे तो अब भी खिली थीं। कुछ सिमटी-सकुचाई जरूर थीं, नई दुलहिन की तरह। पर थीं, सब की सब वहीं; मगन-मन, पानी के ऊपर तैरती। नहीं, मायावी नहीं था वह लोक, जिसमें विचर वे अभी-अभी लौटी थीं। कमलिनी थीं, वाकई थीं।

बेध्यानी टूटी तो, जो पहले नहीं सूझा था, अब सोच बैठी। कौन थी वह औरत; यहाँ क्यों बैठी थी ? हैंडपंप से पानी लेने आई होगी। इस खारे इलाके का पानी भी खारा था, कुओं का ही नहीं, गहरे खुदे नल कूप का भी। वह खुदवाकर देख चुकी थी। मीठा पानी सिर्फ सरकार की कृपा से मिलता था। उसकी जमीन पर था, मीठे पानी का एक हैंड पंप। उसी ने कह-सुनकर लगवाया था। सुबह-सकारे गाँव की औरतें उससे पानी भरने आती थीं। पर इतनी देर रुक-ठहर कोई बैठती न थी। भागती-दौड़ती आईं, पानी भरते-भरते आपस में दो बोल बोले और चल दीं। कभी वह नजर आ गई तो शर्मीली-सी दुआ-सलाम उससे भी कर ली, बस।

उठने-उठने को होती, दूसरी औरत बैठी थी अब तक। पर उसके बदन की कसमसाहट पहली को उठने पर आमादा कर रही थी। क्या वे किसी काम के सिलसिले में आपस में टकराई थीं ? याद आया, एक बार, एक स्वयंसेवी संस्था से दो औरतें यहाँ आई थीं; गाँव की औरतों को क्या-कुछ बतलाने। बड़ी मुश्किल से औरतों को इकट्ठा किया था। पर बात आगे बढ़ी न थी। कैसे बढ़ती ? औरतें चाहती थीं रोजगार, और वे देती थीं मात्र सलाह। तो उसने क्या किया ? कुछ नहीं। सोचा भी नहीं कि कुछ कर सकती थी।

फिर एक बार··· अरे, पिछले बरस ही तो, धान की थोड़ी सी फसल भी हुई थी इस जमीन पर; कुछ औरतें काट ले गई थीं। उनमें रही होगी यह भी। पर आज··· ? एक बरस बाद··· इतनी देर से यहाँ क्यों बैठी है ? कौन है यह, क्यों है ?

कौन हो सकती है ? गरीब घर की किसान औरत, और क्या ? पर आँखों से झरती कण-कण अनुकंपा, सीधी-तनी कृश देह से तरंगित वत्सल राग, पैबंद लगी फिड्डी पोशाक में दिपदिप करती देवी-सी आकृति, उसकी बहू नहीं पार्वती है यह साक्षात्! वही··· वही··· और कोई नहीं।

कुछ पल गुजरे···एक पहर और बीता।

सूरज अवसान की तरफ बढ़ा, कमलिनी सकुचाई, मायाजाल तिड़कता चला गया। इतना कि तमाम संकोच-झिझक के बावजूद, सपनलोक से बेवफाई कर वह जमीनी सवाल कर बैठी।

"कुछ चाहिए?"

"ना," उसने कहा, "मैंने सोचा, इकली कैसे बैठोगी?"

□

दूज का टीका

—सूर्यबाला

"बूऽऽ आऽऽ!" खुशी से चीखी थी मैं। जैसे सालो-साल पहले स्कूल से लौटने पर बस्ता पटककर चीखती थी, 'बूऽऽ आऽ! खाना निकालो जल्दी…'

"कौन, कुक्कीऽऽ"

जैसे अँधेरे में ढिबरी-सी जली हो और फिर बूआ ने ऐसा समेटा मुझे जैसे लहरों के आवेग को नदी।

"तू? मेरी बिट्टो! कहाँ से चली आ रही है बिस्तर-बैगों से लदी-फँदी? सब ठीक तो?"

"एकदम फिट्ट!" मैं बूआ की खटोली पर पसर ली, "बस ऐसे ही मौज आई कि चलो—इस भाई दूज पर रतन भैया को आमने-सामने, पाटे पे बिठा के माथे पर रोली-अक्षत चिपकाऊँगी।"

"भाई दूज! अँऽ हाँऽऽ कब का है?" बूआ की आवाज थी कि जैसे शाम डूब रही हो, बहुत धीरे, चुपचाप।

"ये ल्लो, आप लोगों को यह भी पता नहीं! हिंदुस्तान में रहते हैं या विलायत में?"

"तू मेरी कुक्की…एकदम वैसी-की-वैसी।" इस बार बूआ की आवाज में डूबती शाम का सितारा-सा चमका।

"और तुम मेरी बूआ भी तो, वैसी-की-वैसी…"

वैसी मतलब? इतना निर्मम झूठ? जब बूआ सलवार-कुरते पर लहरियादार चुन्नी का फेंटा कसे, पूरी सवा पाँच फुटी काया में, उछल-उछलकर आड़ी-तिरछी रस्सी कूदा करती थीं, कभी उसी तरह फेंटा कसे भरी-भरी बालटियाँ ढलकाती, आँगन-बरामदा धोती रहती थी और दीया जले बैंड-बाजों के साथ 'शोले', 'शगूफा' के पोस्टर शहर की गलियों में घूमते तो उन्हें लपककर निहारती हम बच्चों से मिन्नतें करतीं, 'एई कुक्की! तू

बड़े भैया को बोल न! जानती है, अशोक कुमार और बीना राय वाली पिक्चर है यह।"

···और वैसी भी नहीं जब अपनी शादी के कुल ढाई साल बाद बूआ सफेद साड़ी, सपाट माथे, छह महीने के रतन को लिये हुए घर में दाखिल हुई थीं··रिक्शे से उतरीं तो हम बच्चे दीवार से सटे, साँस रोके विचित्र, अविचल-सी स्थिति में उन्हें देखे जा रहे थे। सोचते थे कि अब, बस अब चीख-पुकार मचेगी, दहाड़-दहाड़कर छाती पीटी जाएगी, जत्थ-की-जत्थ औरतें जुटेंगी, जैसा मुहल्ले के आम घरों में देखते-सुनते आए थे।

पर ऐसा कुछ न हुआ। बूआ सीधी अम्माँ की गोदी में ढहकर समा-सी गईं और निःशब्द सिर गाड़े पड़ी रहीं। आँचल तर-बतर होता रहा—अंदर-अंदर बूआ का, ऊपर-ऊपर अम्माँ का। अम्माँ बैठे-बैठे थक गईं तो वहीं, उन्हें अपने कलेजे से चिपकाए पड़ी रहीं।

उस दिन चूल्हे पर चढ़ी दाल जलकर तारकोल हो गई थी। बाबूजी बिना खाए चुपचाप बस्ता दबाए कचहरी चले गए थे। हम बच्चे बगैर नहाए-खाए गुमसुम इधर-उधर डोलते रहे। लेकिन अम्माँ ने बूआ का सिर अपनी गोद से नीचे नहीं उतारा। सिर्फ बीच में एकाध बार इशारे से समझा दिया कि छोटे रतन को लेकर हम बहलाते-दुलारते रहें, बूआ के पास न फटकें।

बूआ वापस हमारे साथ रहने लगीं। लेकिन यह बूआ एकदम दूसरी थीं। माँ की एक-एक रंगीन कामवाली साड़ियाँ पहनने के लिए मचलनेवाली बूआ अब हलके-से-हलके रंग की साड़ियाँ भी देखकर जैसे डंक खा जातीं।

बूआ ने माँ का कहना नहीं माना तो माँ ही छोड़ती चली गई एक-एक कर सारे सुहागिनोंवाले शृंगार। बाबूजी के रहते उनकी बिंदी हट गई माथे से, उसकी जगह सिंदूर की डब्बी से छुपाया एक हलका सा निशान। हाथों में दो-चार बेहद हलके रंगों की प्याजी, आसमानी चूड़ियाँ ही जब-तब बदल लिया करतीं और एड़ियाँ बिना महावर की।

अम्माँ ने उन्हें इतना दुलारा कि बूआ सचमुच सबकुछ भूलती चली गईं। खुश रहतीं और सारे समय काम में जुटी रहतीं। पहलेवाली चुन्नी की जगह अब सफेद या अम्माँ के डपटने पर हलकी रंगीन साड़ी का फेंटा कसे पहले की तरह ही बरामदा-आँगन झाड़ू से रगड़-रगड़कर चमकाती रहतीं। चूल्हे-चौके, अचार-चटनी से लेकर हमारी फ्रॉकों में झालरें और चुन्नियों में जरी-गोटे टाँकने तक। जाड़ों में हमारे चूसने के लिए ईख की गँड़ेरियाँ बनातीं और शकरकंद उबालतीं, गरमियों में बेल और फालसे के शरबत। धोबी, ग्वाले, महरी, जमादारिन से लेकर बाबूजी तक—घर के हर किसी का हिसाब-किताब, लेनी-देनी बूआ के जिम्मे। समूचे परिवार के अस्तित्व की जैसे एकमात्र शर्त थीं बूआ।

रक्षाबंधन पर पहली राखी 'रतन भैया' की नन्ही कलाई पर बाँधी जाती और भाई दूज पर पहली 'अक्षत-रोली' रतन भैया के माथे पर। सबसे छोटा होने पर भी मारे दुलार

के उसे 'रतन भैया' ही पुकारा जाता, खाली रतन कभी नहीं—अतिरिक्त लाड़-प्यार की अभिव्यक्ति का प्रतीक।

पहले बूआ हर शादी-ब्याह, गीत-गौने में जाने के लिए परम उछाह लिये चौकस तैयार रहतीं। 'नकटे' और रतजगे में रात भर रुकने और धमाल मचाने के लिए अम्माँ से चिरौरी-मिन्नतें करनेवाली बूआ अब कहीं आना-जाना नहीं चाहतीं। कभी सिरदर्द का बहाना, कभी चौके-चूल्हे, सीने-पिरोनेवाले किसी-न-किसी काम की लाचारी। अम्माँ ने भाँपा—और न केवल बूआ से कहीं चलने की जिद करनी छोड़ दी, बल्कि खुद भी किसी-न-किसी मजबूरी का हवाला देकर सारे नातों-रिश्तेदारियों से कटती चली गईं।

बूआ ने भी भाँपा, समझा और आश्चर्य! अब फिर से वह अम्माँ की बताई साड़ियाँ पहनकर कहीं भी जाने को तैयार। कुल मिलाकर आलम यह कि जहाँ-जहाँ अम्माँ जातीं, वहाँ-वहाँ बूआ। इतनी कि हम सबने मिलकर बूआ को अम्माँ की 'पूँछ' कहना शुरू कर दिया। लेकिन तब बड़ा मजा आया जब कुछ बड़े होने के बाद एक दिन रतन भैया मुझे ही बूआ की 'पूँछ' कहकर चिढ़ा गया।

मैं खिलखिलाकर हँस पड़ी।

"कुक्की! क्या सोचकर हँस पड़ी?"

"बताऊँ? बूआ की पूँछ।"

वह परिवार था या स्नेह का अथाह भँवर, जिसमें हर कोई डूबने पर आमादा।

"वह शैतान रतन भैया कहाँ है, बूआ?"

"तेरे आने के दसेक मिनट पहले ही तो निकला। शायद रास्ते में तुम दोनों ने एक-दूसरे का रास्ता भी काटा हो।"

"और रीमा भाभी?"

"कारखाने…"

"कारखाने? स्कूल की सर्विस छोड़ दी?"

"हाँ, यहाँ तनख्वाह काफी ज्यादा है न!"

"हाँऽऽ और क्या। अच्छा, बच्चे?"

"शौनक कॉलोनी में क्रिकेट खेल रहा होगा और बिन्नी शायद नहा रही है। ठहर, मैं पहले तेरे लिए कुछ…"

लेकिन खिसकने का उपक्रम करने के साथ ही कमर के कूल्हों तक तेज दर्द का एक रेला-सा हिलका और बूआ पूरी मुस्तैदी से जब्त करते हुए मुसकरा दीं। मैं जानती थी, बूआ अब चल-फिर नहीं सकतीं, एक जगह खाट पर बैठी रहती हैं।

ऊपर की हँसी अंदर के दर्द से बिंधी, "अब तो यही मेरा राजसिंहासन है न! तेरी बूआ इसी पर बैठी राज करती है, राज।"

"कौन है, दादी?" हेयर कंडीशनर का एक खुशबूदार झोंका उड़ा और धुले बालों में टॉवेल लपेटती बिन्नी पास आ रही। आकर अचकचाई।

"हऽऽ लो, नमस्ते!"

उफ, ये तो अजनबी सी शक्ल···बाल पोंछ, ब्रश मारकर आना था—उसने सोचा था, अगल-बगल का ही कोई कुछ पूछने-पाछने आया होगा।

"पहचानी नहीं न? अरे, पैर! छू पैर, बूआ है तेरी और जरा जल्दी से—लेकिन तू क्या बना पाएगी?"

बिन्नी कुछ समझी, कुछ नहीं। इतना तो जरूर, दादी की कोई काफी 'क्लोज'।

"कम्मो है दादी! आप चाय लेंगी या शरबत?"

"आप जो भी बना लाएँ!" मैंने लाड़ लपेटकर उसे चिढ़ाया। लेकिन उसने जिस फीकी, असहज मुसकराहट से मेरा लाड़ झेला, उससे मैं खुद झेंप गई।

ठीक भी तो···वह बेचारी बमुश्किल चौदह-पंद्रह की किशोरी। एकदम तुरत-फुरत लाड़ दिखाने की भूल मेरी ही थी।

"स्टिल···फिर भी, कम्मो दोनों बना सकती है।"

बूआ की बेसब्री इतना इंतजार न कर पाई, "अरे जा भी, चाय-शरबत से पहले जो कुछ भी रसोई में हो, लाकर एक गिलास पानी तो दे जा, बाकी खातिरदारी बाद में होती रहेगी। तब की आई, ऐसी ही बैठी है। मुँह सूख रहा होगा।"

लड़की ने कुछ अजीब सी आँखों से देखा और बगैर कुछ बोले अंदर चली गई।

बूआ का धीरज टूट रहा था। एक-दो बार लाचार लहजे से टेरा, पुकारा, जवाब में एकाध बार 'ओ.के. सुन लिया'। फिर खामोशी। बूआ भी खामोश। सिर्फ आँखें बेबसी में कभी तरतरातीं, कभी यहाँ-वहाँ चारों तरफ बेमकसद ही टकटोरतीं, फड़फड़ाती-सी।

आखिरकार बिन्नी आई—ट्रे में कायदे से एक कप चाय, थोड़ा चूड़ा और बिस्कुट लेकर। देखकर लगा—उसने ज्यादा समय बाल करीने से सँवारने में ही बिताया था। इत्मीनान से रखते-रखते बूआ से बोली, "आपको भी चाय चाहिए क्या?"

बूआ ने हाथों से 'न' का इशारा किया और चुपचाप बैठी प्लेट के पुराने बिस्कुटों और चूड़े को ताकती रहीं।

घंटी बजी। "रतन होगा।" तलफलाती बूआ को जैसे सहारा-सा मिला।

सचमुच, रतन दरवाजे के अंदर अचकचाया-सा घुसा, लेकिन तत्क्षण मुझे पहचानते ही लपककर मेरी बाँहों में आ समाया।

"जिया तुम? भला कैसे? न खत, न तार!"

"इस सरप्राइज की खातिर···" मैं तो गद्‌गद, विह्वल ही थी, पर बूआ के मोह, क्षोभदग्ध मन को शांति न थी।

''और क्या—यही सरप्राइज क्या कम है ? घंटे भर से यही खौलती चाय और चूड़ा कुरकुराती बैठी है।'' फिर सँभाल ले गईं—''मैंने तो कहा था, तू खुद रसोई में जाकर ले ले कुछ। कोई बाहर की है ?''

''क्यों जाऊँ भला ? तुम आते-आते मुझे चौका ही सँभलवाने लगीं, ऐं! अरे, जब मन करेगा, चौके में जाकर ले लूँगी।''

रतन तब तक रसोईघर में जाकर बिन्नी और कम्मो को झड़प रहा था, ''यह नहीं सेंक सकती थीं ? वह नहीं फ्राई कर सकती थीं ?'' आदि-आदि।

आखिर बिन्नी आवाज की पिच एकदम नीचे लाती सधे शब्दों में ठुमकी थी, ''हो रहा है पपा, डोंट बी इंपेशेंट। पहले से कहाँ पता था कि गेस्ट आनेवाले हैं। आजकल सभी लोग इन्फॉर्म करके जाते हैं और फिर वह तो शायद रहेंगी अभी! कोई भागी तो नहीं जा रहीं।''

थोड़ी ही देर में रतन एक ट्रे भरकर ब्रेड, जैम, चटनी, अचार और सेब-संतरे लिये लौटा।

मैं खिलखिला पड़ी, ''पूरा किचेन ही उठाए लिये आ रहा है क्या ? इससे तो अच्छा होता, तू मुझे ही किचन में बुला लेता।''

रतन हलकी सी झेंप पर खुशी की परतें चढ़ाता बोला, ''देखती जाओ, क्या-क्या डिशेज तैयार करता जाता हूँ। अब बताओ, क्या खाओगी—टमाटर की सैंडविच ? खीरे की चटनी की या तीनों मिक्स्ड ?''

हम दोनों इस तरह ठठाकर हँसने लगे कि बिन्नी किचेन से आकर चौंककर हमें देखने लगी।

देर शाम रीमा भाभी आई।

''अरे आप ? कब आईं ? सब ठीक-ठीक तो ?''

मैं वैसी ही बाँहें फैलाए लपक ली। वह करीने से मुसकराई, ''बैठिए, मैं जरा फ्रेश हो लूँ।''

अपने कस्बाई फूहड़पन पर फिर से झेंप हो आई। आदमजात देखा नहीं कि बाँहों में समेटकर भेंटना चालू। अरे, आदमी सुबह का थका-माँदा आया है घर वापस, उसे जरा धूल-धक्कड़ तो झाड़ लेने दिया जाए।

फ्रेश होकर आई रीमा भाभी, ''सोऽऽऽ बताइए, कैसी हैं आप ? जीजाजी, बच्चे ?'' और बगैर किसी वाजिब जवाब का इंतजार किए चाय के प्याले से तरो-ताजगी खींचने लगी। फिर प्याला रखा, एक भरपूर अँगड़ाई ली और जम्हाई लेती हुई बोलीं, ''थकान-सी लग रही है।''

रतन ने सरोकार जताया, ''फैक्टरी का धुआँ ज्यादा फाँका क्या ? देर भी ज्यादा हुई आज।''

रतन का लहजा आक्रामक कतई नहीं था; पर लगा, रीमा भाभी की प्रतिरक्षा-व्यवस्था ज्यादा ही सन्नद्ध है—"तो, मैंने तो सुबह ही सबको बता दिया था, आज आरोहण में डॉ. मजूमदार की टॉक है। उफ, क्या गजब बोलता है!"

रतन हँसा, "तब तो पौष्टिक आहार भरपूर मिला दिमाग को, फिर भी…।"

"तो दिमाग तो दुरुस्त है ही, थका है सिर्फ शरीर।"

बूआ शायद बाथरूम जाना चाहती थीं। मैंने उठाना चाहा तो रीमा भाभी ने इशारे से मना कर कम्मो को बुला दिया, "उसे हम इन्हें बाथरूम ले जाने का एक्स्ट्रा पे करते हैं।"

रीमा भाभी दोबारा जम्हाई लेकर इठलाई, "एक प्याला चाय और चाहिए थी।"

बिन्नी ने सुना, लेकिन जैसे नहीं सुना। व्यस्त भाव से पैरों में चप्पलें डालती हुई निकल गई, "मुझे छह बजे ही रूना के यहाँ पहुँचना था, सिक्स टेन हो गए। आप ही लोग कहते हो, आदमी को पंक्चुअल होना चाहिए न।"

"मैं क्यों न बना लाऊँ आखिर?" कहते मैं उठने लगी तो रीमा भाभी मुझे वापस इत्मीनान से बिठाती बोली, "आप बैठिए, रतन बना लाते हैं न!" और बड़े करीने से रतन को आँख मार दी।

बूआ लौटीं। उनकी आँखें रतन भैया के लिए टकटोरने लगीं।

"रतन किधर गया?"

"यों ही जरा बाहर…" मैं अचकचाई कि भाभी ठसके के साथ बोली, "नहीं, किचेन में चाय बना रहे हैं।"

बूआ का चेहरा गरमाती हुई भाप में सिंकने-सा लगा।

मैंने महसूसा। इसीलिए जान-बूझकर हँसी-ठिठोली और खासकर रतन भैया के बचपन की बातें करने लगीं। रतन ट्रे लेकर आता हुआ हँस दिया—"लो, अब तक अकेली माँ ही थीं मेरे बचपन की सुमरनी फेरनेवाली, अब जिया भी आ गईं। फिर रीमा को कप पकड़ाता हुआ बूआ से बोला, "माँ, तू भी लेगी?"

"न…न…भैया।"

बूआ की वर्जना सिर्फ शब्दों की नहीं थी।

रीमा भाभी ने पहली चुस्की के साथ एक ताजगी से भरपूर साँस छोड़ी—निश्चिंत, बेफिक्र।

और बूआ ने एक नि:श्वास यथाशक्ति बाहर जाने से रोका।

मैंने अकेली होने पर बूआ को टटोला, "थोड़ा बदलो अपने आपको, बूआ, समय के साथ। ये सब तो आम बातें हैं, दिन भर की थकी आई भाभी को रतन भैया ने ही चाय पिला दी तो क्या?"

बूआ की आँखों में आहत भाव था उन्हें न समझे जाने का, "कुक्की! तू क्या

समझती है, मुझे इतना भी पता नहीं कि रतन से चाय सिर्फ थकान की लाचारी की वजह से बनवाई जा रही है या और किसी वजह से?''

''दूसरी क्या वजह हो सकती है, बूआ?''

समय, स्थितियाँ, बूआ के अतीत का भव्य, गौरवशाली इतिहास। बहुत छोटी पड़ गई मैं उसके सामने।

फिर भी, इन्हें इनके ही इतिहास की खोह से निकालना होगा। बताना होगा कि बंद करो यह अलबम और नई बदली स्थितियों को बदलते नजरिए से देखो। अब पहले की तरह औरत और मर्द के अलग-अलग कामों की श्रेणियाँ नहीं, दोनों की जुटी, मिली, बराबरी की साझेदारी। यही या शायद इस तरह का कुछ कहा था मैंने।

''लेकिन जब जरूरत न हो, तब भी? अगर बहू बीमार हो, मैं अपंग होऊँ और बच्चे स्कूल में हों, कम्मो भी न हो तो रतन बहू को चाय क्या, खाना भी बनाकर खिलाए, सारी तीमारदारी करे, मुझे बहुत अच्छा लगेगा।''

''तो समझो कि कुछ ऐसी ही स्थिति तो थी, बूआ।''

''स्थिति में ऐसा भी तो हो सकता था कि बिन्नी सहेली के यहाँ पाँच मिनट लेट जाती या कम्मो ही चाय बना देती, बहुत कुछ हो सकता था, कुक्की!''

''अब इतना नहीं सोचा जाता बूआ, आजकल।''

''वही तो, अब आजकल के लोग इतनी दूर तक, इतने गहरे तक क्यों नहीं सोच पाते, कुक्की? बड़े-बड़े सिद्धांती पोथे तो मैं नहीं पढ़ पाई, न अपना सोच उस ढंग से रख ही पाऊँगी। पर इतना जानती हूँ कि एक होती है नीयत की भाषा, उसे मैं बखूबी पढ़ सकती हूँ और एक होती है अदब-कायदे की भाषा, जिसकी जरूरत जिंदगी में संतुलन और अनुशासन बनाए रखने के लिए देर-सबेर पड़ती ही है। लेकिन ये लोग इस तरह की बातें क्यों नहीं सोच पाते, कुक्की?''

मुझे जैसे तर्क में जीतना था, ''इसलिए कि आज करने को बहुत ज्यादा है उनके पास। वे कहाँ तक सोचते रहें? स्कूल की नौकरी छोड़कर फैक्टरी में सुबह से शाम तक खटकर ही तो वह घर में कूलर, फ्रिज, वीडियो और कम्मो को रखने की सामर्थ्य जुटा पाई है--अभी कल बिन्नी के लिए डेढ़ सौ की फ्रॉक लाई।''

''और यह नौकरी न करके वह बिन्नी को ज्यादा बहुमूल्य उपहार दे सकती थी, कुक्की! ज्यादा लाड़-दुलार, सार-सँवार और शुभ संस्कारों का उपहार। वह बच्चों को ज्यादा समय दे पाती, ट्यूटर की जगह वह खुद बच्चों की पढ़ाई देखती और बच्चे फेल होकर मुँह चुराते न घूमते। तब बिन्नी मुझे हाथ पकड़ाकर बाथरूम भी ले जाती और माँ को चाय का प्याला भी थमाती।''

"इस सबके लिए सिर्फ रीमा भाभी ही जिम्मेदार नहीं है, बूआ। चारों तरफ का बाहरी माहौल भी···"

"वह माहौल भी ऐसे ही लोगों का बनाया हुआ है, कुक्की! और फिर बाहरी माहौल चाहे जैसा भी हो, घर का माहौल भी अपना हक रखता-ही-रखता है। घर के किसी ने उससे नहीं कहा था पास के स्कूल की छोटी सी नौकरी छोड़कर दिन भर फैक्टरी का धुआँ फाँकने को। घर में सबको उसकी जरूरत थी—किसी चाकरी के लिए नहीं, अपने बच्चों, अपने आदमी, अपने लोगों के साथ रहने, अपने लोगों को कुछ सुख देने के लिए।"

"तो तुम क्या सोचती हो, क्यों पकड़ी भाभी ने फैक्टरी की नौकरी?"

"ज्यादा पैसे···और घर की 'चाकरी' से छुटकारा। यह भी एक लत होती है कुक्की, घर से भागे-भागे फिरते रहने की।"

"लेकिन रीमा भाभी उस किस्म की क्लबबाज औरतों में कहाँ है बूआ, जो सजी-धजी, किटी, पप्लू, रमी-डमी में वक्त बरबाद करती फिरती हैं। वह बड़े-बड़े चिंतकों, फिलॉसफरों और विद्वानों की 'टॉक्स' सुनने जाती हैं। आज की औरत की यह भी एक जरूरत है। उसे शरीर के साथ दिमाग की भी भरपूर खुराक चाहिए।"

"जानती हूँ, लेकिन ये सेमीनार और गोष्ठियाँ सिर्फ दिमाग की खुराक ही क्यों देकर रह जाते हैं, कुक्की। दिल की क्यों नहीं?"

"कैसे नहीं, बूआ? यह तो तुम्हारा अन्याय है। अभी कल की 'टॉक' के विषय में भाभी मुग्ध होकर बता रही थीं कि वे सहज मानवता से ऊँची विश्व मानवता की बातें कर रहे थे। भाभी ने उसका शब्द-शब्द समझा, सिर्फ नाम के लिए, फैशन के लिए, दिखाने नहीं गई थी।"

"पता नहीं, मैं तो अपढ़-मूर्ख ठहरी, कुक्की। पर मुझे लगता है, यह सब पढ़े-लिखे लोगों की चोंचलेबाजियाँ हैं।"

अब मुझे सचमुच नागवार गुजरा; लेकिन संयम तो बरतना ही था, "यह तुम कैसे कह सकती हो, बूआ?"

"पढ़े-लिखे आधुनिक घरों में जो कुछ जैसे घट रहा है, उसे देखकर, महसूस करके।"

बीती दोपहर मैंने भी क्या कुछ महसूस किया था? जब शौनक तेजी से गेंदबाजी के ही अंदाज में दौड़ते हुए अंदर घुसा और मुझसे सामना होते ही अचकचाकर रुक गया।

मैं हुलसी। यह भी सोचा, बच्चे की झेंप, शर्म दूर कर दूँ।

"आप शौनक हैं न! अब बताइए तो जरा मैं कौन हूँ?"

चुप्प, निरुत्साही खड़े शौनक में बूआ उछाह, उत्साह का पंप मारती-सी बोलीं,

"अरे बूआ हैं, बूआ तेरी! काले कोसों से आई हैं अपने भैया, यानी तेरे डैडी को भाई दूज का टीका करने। हम (तुम) सबको तो याद भी नहीं था। अरे, खड़ा-खड़ा मुँह बाए क्या देख रहा है, पैर छू बूआ के।"

"नहीं...हैलो शौनक!" मैंने हँसकर नाटकीयता से हाथ बढ़ा दिए।

मेरी 'हैलो' से शौनक सहज हुआ। अपना दूध का गिलास भरकर मेरे पास बैठकर पीते हुए इत्मीनान से पूछा, "अच्छा, दादी क्या आपकी मम्मी हैं?"

"नहीं, मेरी बूआ।"

"तो आप दादी की बेटी नहीं?"

"बेटी नहीं, बेटी से बढ़कर बेटे।" बूआ जैसे तड़पकर बीचोबीच कूद पड़ीं और अतीत का समूचा पिटारा एकबारगी ही शौनक के सामने पलटकर उसमें से लाड़-प्यार के हजार-हजार रेशमी धागों के लच्छे बनाती समझाने लगीं। भावार्थ वही—सगी बेटी से बढ़कर।

शौनक ने उसमें जरा भी रुचि न लेते हुए दो-टूक निर्णय लिया, "यानी आप डैडी की कजिन हुईं न!"

जैसे किसी तेज गुबार के झोंके ने बूआ के चेहरे पर ढेर सारी राख उड़ा दी हो। अब मैं यत्न से सहेजी हँसी और मनगढ़ंत किस्से-कहानियों की धौंकनी-सी चलाए जा रही थी उस राख की परत को उड़ाने के लिए।

शौनक ने शायद खाना माँगा। रीमा भाभी अगले दिन पहनी जानेवाली अपनी साड़ी अलमारी से निकाल रही थी।

"खुद ले लो!"

"मैं दे दूँ?" मैं ललककर उठी।

"नहीं," भाभी ने वहीं से मुझे रुकने का इशारा किया, "अपना काम खुद करने की आदत पड़ने दीजिए इसे।"

शौनक ने जाने क्या, कितना प्लेट में निकाला, खाया और आधे से ज्यादा छोड़ता दरवाजे से बाहर हो गया।

उसे अधखाई प्लेट छोड़ते देख मेरा मन हुआ कि लपककर उसे बुलाऊँ और फुसला-फुसलाकर चम्मच-चम्मच सारा खाना पेट में उतार दूँ, जैसे बूआ करती थीं, जब हम छोटे थे।

"यहाँ सब अपना-अपना काम खुद करते हैं, एक-दूसरे का कोई नहीं। शुरू से ही ऐसी आदत आत्मनिर्भरता की, अपने पैरों पर आप खड़े होने की, अपने दुःख-सुख आप निपटा लेने की।"

रात खाने के समय मैंने पूछा, "बिन्नी कहाँ गई?"

"कह रही है, रूना के यहाँ कटलेट खा लिये हैं, थोड़ी देर में खा लेगी।"

"तो हम सब ठहर जाते हैं थोड़ी देर—फिर सब साथ···"

"अरे नहीं, वह खुद लेकर आराम से खा लेगी थोड़ी देर बाद। उसने कटलेट खाए तो हम क्यों 'सफर' करें! उसे अपने पेट में खाना, हमें अपने।"

मैंने चौंककर देखा, रीमा भाभी की ओर बढ़ता मेरे हाथ का डोंगा आप-से-आप मेरी प्लेट की ओर बढ़ गया।

भाभी खाती-खाती बड़े गर्व से कह रही थी, "बिन्नी इस उम्र में ही पूरी इंडिपेंडेंट है। मैंने बच्चों को इस तरह ट्रेंड किया है कि मेरी 'ऐबसेंस' में भी मजे से घर 'मैनेज' कर लेते हैं।"

अचानक मेरी आँखों में सुबह की काली चाय और सूखे चिवड़े घूम गए।

रतन सचमुच बड़ा खुश दिख रहा था। मगन मन सुबह ही नहाया-धोया, धुले कुरते-पाजामे और सँवारे बालों में तैयार। जैसे कोई दुर्लभ उत्सव, समारोह होने जा रहा हो। और बूआ तो बुढ़ापे की दहलीज फलाँगकर छोटी बच्ची-सी उछाही पड़ रही थीं। नीम अँधेरे ही बिना किसी की मदद के ठंडे पानी में नहा-धो पूजा, मंत्र, जाप निपटा, खाट पर बैठे-बैठे सोत्साह निर्देश देती जा रही थीं—

"माँडन यहीं माँड ले, कुक्की, मेरी खाट के सामने। मैं देखती रहूँ तुम्हें और बिन्नी को अपने-अपने भाइयों को टीका करते। रोली मिली कि नहीं? मेरी पूजावाली टोकरी में देख ले, अक्षत के चावल भिगो ले, दही अलग जमाया है न?"

बिन्नी, शौनक कभी तटस्थ, कभी हैरान से सारी गतिविधियाँ देख रहे थे। रीमा भाभी एक तटस्थ यांत्रिकता से माँगी हुई चीज की जगह बता देती।

बूआ को अचानक याद आया, "बिन्नी से कहना, कुछ मुँह में न डाल ले, टीका करेगी न शौनक के।" फिर सोचकर, "न हो तो ऐसा करो, उसे थोड़ा दूध दे दो या फिर नीबू की शिकंजी।"

बिन्नी सुनते-सुनते तंग आ गई तो खीझकर बोली, "दादी! फॉर योर इन्फॉरमेशन, मैंने टोस्ट-ऑमलेट खा लिया है, इसलिए मेरे खाने की फिकर तो आप करो नहीं।"

"खा लिया? किसी ने तुझे याद नहीं दिलाई?"

"क्यों, क्यों न खाऊँ? मैं ही क्यों व्रत रखूँ? शौनक क्यों नहीं व्रत रखता मेरे लिए?"

"शौनक इस एवज में जिंदगी भर तेरी साज-सँभार और सुरक्षा का व्रत लेगा।"

"वह पिद्दी जरूर करेगा मेरी रक्षा।"

"क्यों नहीं करेगा, जरूर करेगा। वह नहीं करेगा तो कौन करेगा?"

"मैं खुद कर लूँगी कराटे सीखकर। मुझे किसी बॉडीगार्ड की जरूरत नहीं।"

बालों से पानी झटकती रीमा भाभी रश्क से मुसकरा दी।

बूआ की आवाज जैसे अतीत की अगम गहराई से निकली हो, "यह घमंड तो कोई किसी जमाने में नहीं कर सकता, बेटा¨। और फिर अकेले की जिंदगी भी कोई जिंदगी¨हम सब तो हमेशा एक-दूसरे के लिए ही जिए।" यह एहसास मात्र बूआ का चेहरा जगमगा गया। वह मगन मन एक लुभावना गीत गुनगुनाने लगीं।

शौनक गुजरा, बूआ ललकीं।

"शौनक! इधर आ, जरा मेरे पास बैठ तो।"

शौनक लाड़ का लबादा परे खिसकाता-सा बोला, "कहिए।"

बूआ ने बलैया ली, "अरे, बिन्नी को देने के लिए पैसे जुटा के रखे हैं कि नहीं?"

"कैसे पैसे?"

"ले¨वह टीका करेगी न तुझे आज!" बूआ निहाल।

"सो व्हाट! कौन सा बड़ा अहसान कर देगी? यह सब ट्रिक है ट्रिक, पैसे झटकने की। चम्मच भर दही और चावल चिपकाकर लाओ पैसे। मैं पहले से कहे देता हूँ, एक पैसा नहीं दूँगा, न मम्मी-डैडी को देने दूँगा।"

बूआ को वह निरा अबोध, दया का पात्र लगा, जो जीवन के इतने अमूल्य, इतने पवित्र और रोमांचक मोहबंध से अनभिज्ञ है।

"अरे बुद्धू! नहीं देगा तो उसका दूल्हा तेरे सेहरे की लड़ियाँ कैसे सँवारेगा?"

और बूआ एक भाव भरा विवाह गीत गाने लगीं, जिसका आशय था—भाई बहन को लिवाने गया है। बहन मिन्नतें करती है—भैया! एक रात तो रुक जाओ। भाई कैसे रुके? कल ही तो उसका मंडप छवाना है, कल की रात ही तो उसे सेहरा बँधना है और सेहरा सँवारनेवाली बहन तथा बहनोई को लिये बगैर भला वह कैसे जा सकता है!

गाते-गाते बूआ छल-छल आँखों के आँसू विभोर भाव से पोंछती जाती हैं, दिव्य आनंद से भरी।

शौनक मौका ताककर बाहर भाग निकला। तभी भागते हुए शौनक को एक तरफ बुलाकर रीमा भाभी कुछ फुसफुसाई है। शौनक अनिच्छा से, अहसान जताता-सा स्वीकृति में सिर हिला गया।

फिर वह सब हुआ जो होना चाहिए था और वैसे ही हुआ जैसे बूआ ने और थोड़ा-बहुत मैंने भी कहा। चौक, माँडना, रोली-अक्षत, दही, सुपारी और तश्तरी भर मिठाई, जो मैंने शहर की सबसे बड़ी और मशहूर दुकान से मँगवाई थी।

फिर कसर कहाँ थी? किस चीज की गैर-मौजूदगी सबकुछ को इस कदर बेरौनक,

बेलज्जत बनाए दे रही थी? क्यों एक खोखलेपन का-सा एहसास, जैसे यह उत्सव नहीं उत्सव का नाटक हो, वह भी एकदम बचकाने कलाकारों द्वारा, जहाँ हर किसी को जल्दी है—संवाद बोले और पिंड छूटे।

लेकिन पाटे पर रतन को बिठाकर उसके माथे पर रोली-अक्षत चिपकाया तो कंठ और आँखों में एक साथ इतना कुछ उमड़ आया कि संकोच के बावजूद लगा, पर्व में प्राण-प्रतिष्ठा हो चुकी है।

चौंकी—जब देखा, रतन मेरी हथेलियों के बीच एक नन्हा, सुनहरा सिक्का सहेज रहा था।

मैंने वह सिक्का सचमुच सिर-आँखों से छुआ लिया, ''रतन भैया! मेरे पास बहुत कुछ है; पर आज जो तूने दिया, वह सबसे अनमोल।''

सिक्का देखते ही बिन्नी और शौनक भागे-भागे जाने कब अपनी माँ के पास दौड़ गए थे। रीमा ने उन्हें आँखों के इशारे से चुप किया।

अलस दोपहर को नींद उचटी। रीमा भाभी उद्धत बच्चों को फुसफुसाते हुए समझा रही थीं, ''ऐसा है न कि वह इतनी दूर से आई हैं इतने दिनों बाद। तुम्हारे डैडी, दादी की इन लोगों ने काफी मदद भी की थी। अच्छी तरह अपने घर में रखा। वैसे उसके बदले तो तुम्हारी दादी ने इनके घर की इतनी देखभाल भी की; पर खैर, अब रिश्ते की बहन तो हुईं··· । और वैसे भी उन्हें जाते समय कुछ-न-कुछ पेजेंट और वापसी का किराया तो डैडी देते-ही-देते, तो उसके बदले इस तरह दे दिया। इस तरह का 'गिव ऐंड टेक' तो करना ही पड़ता है। हाँ, यह जरा ज्यादा ही पड़ गया, क्योंकि डैडी ने इनके काफी कुछ अहसान तो पहले ही चुका दिए हैं और आजकल तो 'सोवरेन' (सोने के सिक्के) की कीमत काफी ज्यादा है।''

एक तड़फड़ाहट, बेचैनी-सी, जैसे कोई अंदर का सबकुछ खरोंच-खरोंचकर बाहर फेंके जा रहा हो!

जिस सिक्के को थोड़ी देर पहले सिर-आँखों से छुआया था, उसे सोचते एक सिहरन। पलटकर देखा, बूआ सो रही थीं—बहुत दिनों बाद शांत, स्निग्ध, सुख भरी नींद!

शाम को शौनक आकर बोला, ''आपका रिक्शा आ गया।''

रतन ने खुद मेरा सामान ले जाकर रिक्शे में रखा।

तब जाती हुई मैं अचानक मुड़ी। दोनों बच्चों की हथेली एक-पर-एक जोड़ी और वह सुनहरा सिक्का उनके बीच दबाकर रतन से बोली, ''रतन, बड़ी हूँ तुझसे। उस समय 'चौके' पर लौटाना या 'ना' करना तुम्हारे प्यार की बेकद्री होती। एक बहुत

खूबसूरत क्षण की हत्या और अब भी, सिर्फ इसे लौटा रही हूँ, इसके साथ जितना, जो कुछ तुमने दिया, सब सहेजकर बाँधे लिये जा रही हूँ।''

मैं फिर शौनक और बिन्नी की तरफ मुड़ी, ''बाजार में जो कीमत आजकल सोने के सिक्के की होगी न, उससे कहीं-कहीं ज्यादा कीमती है यह सिक्का, समझे!''

कितना अपना था रतन भैया, जो उसने एक बार भी दोबारा उस सिक्के को लेने की जिद मुझसे नहीं की।

□

रामो गति देहु सुमति...

—ऋता शुक्ल

हवन में पड़ी कसैली लकड़ी के धुएँ से आँखों में कड़वाहट भर आई थी या भीतर उबलते आँसुओं की जलन पुतलियों के लिए असह्य हो रही थी, ठीक-ठीक ज्ञात नहीं हो सका; लेकिन 'देवीस्तोत्र' के सूक्तों के बीच, आवेश से लालभभूका हुआ जो चेहरा पूजा के ध्यान को गहरी अन्यमनस्कता में बदलने के लिए देवी दुर्गा की मूर्ति को पीछे हटाकर बार-बार सामने आ रहा था, उसकी एक मुद्रा मेरी आस्था पर आक्रोश की घनी चोट करती हुई मेरे भीतर आज भी उतनी ही विकलता से करवटें बदल रही है।

तुम्हारा नाम क्या है... ?

....

किस गाँव से आई हो... ?

क्या तकलीफ है तुम्हें... ?

प्रश्न-ही-प्रश्न... ! कोई उत्तर नहीं!

मनोचिकित्सा विभाग के अध्यक्ष डॉ. शर्मा ने धीरे से कहा था—

बड़ा उलझा हुआ केस है बेचारी का। पहले वार्ड से बाहर चलें, मैं आपको सारी बातें विस्तार से बताऊँगा!

फिर नर्स से बोले थे—सिस्टर, इसे भीतर ले जाइए!

मेरे पाँव जैसे किसी अज्ञात बेड़ी से जकड़ दिए गए हों—उस महिला मनोचिकित्सा खंड के लंबे-चौड़े कमरे से निकलते हुए मैंने अनुमान लगाया था—उस रोगिणी की दिपती हुई बड़ी-बड़ी आँखें दूर तक मेरा पीछा कर रही थीं। बरामदे पर पहुँचकर डॉ. शर्मा और मैं सीढ़ियों से नीचे उतरने ही वाले थे कि कमरे से एक चीत्कार सुनाई पड़ा था—

हमरा के मत रोक। हम घरे जाइब!

अपने जनपद की बोली सुनकर मेरे रोम-रोम में एक अव्यक्त उत्कंठा उमग आई थी। डॉ. शर्मा की उदासीनता के बावजूद जमीन में लोटकर बेतहाशा बिलखती उस युवा रोगिणी को मैंने अपनी अँकवार में समेट लिया था।

आप नहीं जानतीं, वाणीजी, इस वक्त यह दौरे की हालत में है। मुझे डर है, आपके सहानुभूति दिखाने से···

डॉ. शर्मा की बातों के जवाब में उसने अपनी लाल-लाल आँखें उनकी ओर उठाई थीं। उन आँखों में नफरत की गहरी छाप थी—

हम मरि जाइब, हम एहिजा ना रहब···।

उसने लपककर मेरे पाँव पकड़ लिये थे और अस्पताल से बाहर ले जाने के लिए मेरी चिरौरी करने लगी थी।

मुख्य द्वार तक उसकी चीखों ने मेरा पीछा किया था।

डॉ. शर्मा से उसकी बाबत सबकुछ सुन लेने के बाद कुछ भी समझना शेष नहीं रह गया था।

चंपावती नाम के अनुरूप चंपे के रंग की कोमल कायावाली एक अबोध बालिका··· तिवारीपुर के सुखदेव साहू की चौथी संतान···।

क्या जन्म से ही असामान्यता के लक्षण थे उसमें···? मैंने सुखदेव साहू की पत्नी से सबकुछ जानने के लिए उन्हें कुरेदा था।

ना बचिया, झूठ न बोलब, हमार चारों लड़किन में सबसे सुन्नर, सबसे अकिलवान इहै बेटी रहे···ठाकुरजी के अइसन कोप भइल कि···

सुखदेव साहू की माँ ने घूरकर मुझे देखा था, फिर पूछाताछी कवना बात के···तू खबर छपवइबू का, केकरा के डामिल-फाँसी दिलवइबू···

मेरा मन हुआ था—कंजी आँखोंवाली उस बूढ़ी औरत को झकझोरकर कहूँ—हाँ, मैं भोजपुरिया गाँवों के उन तमाम अंधे कानूनों की डामिल-फाँसी चाहती हूँ, जिनकी गिरफ्त में फूल से जीवन तहस-नहस हो जाते हैं, मैं उस व्यवस्था के विरोध में धारदार हथियार बनकर खड़ी होना चाहती हूँ, जिसकी भोथरी रेती से न जाने कितनी अबोध बालिकाएँ आए दिन जिबह कर दी जाती हैं।

मेरे शहर की मानसिक आरोग्यशाला में डाल दी गई चंपावती की, उसके पिता ने, उसके घर के दूसरे सदस्यों ने दोबारा खोज-खबर तक नहीं ली। उसका कसूर क्या था?

मेरी अस्सी वर्षीया दादी ने दो टूक निष्कर्ष दिया था—ओकर कसूर बा तिरिया जन्म···दोसर कुच्छ ना।

उनके पोपले गले से भूले-बिसरे गीत की कड़ियाँ, आँसुओं में नहाए नारी जन्म की शाश्वत वेदना को आकार देने के लिए निस्तब्ध कमरे में गूँजने लगी थीं—

माई के कोखिए सुंदर धिया रे जमली

सगरे अजोध्या रे अन्हार··· !

क्यों ? सुंदर पुत्री के जन्म लेने मात्र से सारे नगर में अंधकार क्यों ?

चंपावती ने प्राणपण से विरोध किया था—सरूप भइया को गेहूँ की रोटी, अरवा चावल का भात और हमारे लिए मकई का टिक्कड़···हम ऐसा खाना नहीं खाएँगे अम्मा, कहे देती है। सुरसती दिदिया, तुम भी मत खाना···

हमारी अरज मान ले बचिया, जल्दी से खा ले··· ! दादी सुन लेगी, तो बाबूजी से कहकर···

बाबू, बाबू, देखो न, चंपिया हमारी रोटी छीन रही है।

क्या कहा रोटी चाहिए, मालपुआ नहीं··· ? बड़ी आई है पटरानी बनकर, खेतिहर की बेटी और घमंड सातवें आसमान का···ठहर, अभी तेरा झोंटा पकड़कर···

चंपावती मार खाकर भी रोई नहीं। उलटे उसने एक नया रास्ता अख्तियार किया—हम बाबू का कलेवा दुकान पर नहीं ले जाएँगे !

जा, चल जा हमार रानी बेटी··· ।

नहीं, अम्मा, सरूप और किशन दिन भर बड़का टोले के लड़कों के साथ कंचे खेलते रहते हैं। तुम उनसे कहो न··· !

एह चंपिया के जीभ सिरिपालपुरवाला बढ़वा दरजी के कईंची अस चलता। आवे द सुखदेव के···

चंपावती ने मार खा-खाकर भोथरी हो गई पीठ पर से कपड़ा उलट दिया था—बाबू से पिटवाकर पेट नहीं भरता तो पहले तू ही मार ले दादी, लेकिन कान खोलकर सुन ले, हमने एक बार जो कह दिया, सो कह दिया···

□

उस दिन चंपावती एकदम शांत बैठी थी। सीधे पल्ले के आँचल में चिकित्सालय के जंगली फूलों के गुच्छे तोड़कर उसने मेरे लिए सहेज रखे थे।

अब कैसी तबीयत है, चंपा··· ?

अरे, इतने सुंदर फूल··· !

उसने धीरे से सारे फूल सीढ़ियों पर बिखरा दिए थे··· !

तुम कुछ बोलोगी नहीं ? अच्छा, यह बताओ···क्या सचमुच कभी तुम्हारा मन नहीं होता कि तुम खूब हँसो, खूब गाओ, अपने मन की बात मुझसे मत छिपाओ; बोलो चंपा, कुछ तो बताओ··· !

उस दिन पहली बार घने बादलों की तरह उमड़ती हुई यादों के कतरे चंपावती की उदास आँखों में उमड़ आए थे। एक जीवन अपने असमय चुक जाने की अथाह व्यथा-कथा लिये मेरे सम्मुख था और मैं अपने आपको अभियोगी मानकर निरर्थक निःश्वासों में न जाने कौन सा उपचार ढूँढ़ने चली थी! दरके हुए शीशे की तरह सैकड़ों खंडों में बँटी मेरी पारदर्शी चेतना चंपावती की मनोदशा के सारे अंश सहेजने के लिए प्रतिबद्ध थी।

गाँव की प्राथमिक पाठशाला में छोटे चौकीनुमा आसन पर झबरीली मूँछोंवाले विभीषण पंडित विराजमान हैं और सामने अहाते में टाट के टुकड़ों पर तिवारीपुर के तीनों टोलों से निकलकर आए नवरत्नों की पाँत बिछी है।

रामो गति दू देहू सुमति···

निचले होंठ के दाहिने छोर पर औकात से बाहर तंबाकू की मात्रा दबाए विभीषण पंडितजी कफ की छरछराहट के बीच बालपोथी के पहले पाठ का उच्चारण कर रहे हैं। सरूप, किसना, बालगोविंद, परभू, रमुआ, गुदड़ी, हीरा, सुदामा—सबको एक-एक करके पाठ दोहराना है, जो नहीं याद करके आया है, उसकी पीठ पर बेंत की मार पड़ेगी।

सरूप की आँखों से बहते आँसुओं में काजल की मोटी लकीर भी शामिल है। वह लाख कोशिश करे, संस्कृत के श्लोक का एक भी अक्षर उसके जेहन में नहीं समा सकता। किशना पंडितजी की नजर बचाकर टोपी और थैला समेटता हुआ अहाते से बाहर भाग जाना चाहता है।

चंपा खेतों की मुँडेर पर खड़ी देख लेती है। उसके पैरों में रहरेठे की खूँट चुभ रही है। उसकी ओढ़नी का एक छोर माटी में घिसटता जा रहा है, फिर भी कोई परवाह नहीं। आज वह गुरुजी के सामने साबित करके रहेगी—कौन बेहतर है, वह या···

पंडित विभीषण शास्त्री चंपावती के कंठ से इतना साफ उच्चारण सुनकर विस्मय-विमुग्ध हैं—त्वमेव माता च पिता त्वमेव···

नन्ही चंपा की आँखें मुँदी हैं, उसके हाथ प्रार्थना की मुद्रा में जुड़े हुए हैं।

त्वमेव बंधुश्च सखा त्वमेव···!

गुरुजी की आँखों में अपने लिए प्रशंसा का भाव पाकर वह एक नए उल्लास से भर उठती है—

त्वमेव विद्या द्रविणं त्वमेव
त्वमेव सर्वं मम देव-देव!

अपने झुके हुए माथे पर एक अप्रत्याशित चोट पाकर वह सहम जाती है—

का हो बिभखन, सबसे बेसी सीधा हमरा घर से पावेल आ हमरे छोकरिया के बहकावत बाड! कहाउत बा कि···

विभीषण पंडित हकलाते हुए सफाई देना चाहते हैं—

जनेऊ की सौगंध जजमानिन, हमने चंपिया को कभी पाठशाला के भीतर नहीं घुसने दिया, फिर भी इसने एक पाठ याद करके सुना दिया, तो कौन सी गलती कर दी? शहर में जाकर देखो, इसकी उमिर की लड़कियाँ इस्कूल जाती हैं, पढ़-लिखकर···

आपन गियान अपना झोरी में रखीं पंडिज्जी, बनिया, सहुकार के बेटी इजलास पर चढ़ी कि सूप, दउरा, चलनी, जाँता सम्हारी···!

चल रे चंपिया, घरे चल!

मुझे खुशी हुई थी—चंपावती ने मुझसे सादे कागजवाली कॉपी माँगी थी और रंग-बिरंगी पेंसिलों का एक डिब्बा।

डॉ. शर्मा भी उत्साहित थे—आपकी चंपा का मन बदल रहा है। ये लक्षण बड़े अच्छे हैं। जाइए, जाकर देखिए···उसने आपको भेंट में देने के लिए कोई चीज तैयार की है।

उसने अपने बिस्तर के नीचे से सादे कागज का एक बडा टुकड़ा निकालकर लजाते हुए फैला दिया था। विक्षिप्तता की अंतिम हद तक पहुँच चुके उस कल्पनाशील मन की समस्त अंतरंगता मेरे सामने खुली हुई थी—

गहरे नीले रंग की पेंसिलों से आकाश का उन्मुक्त विस्तार खींचा गया था, बीचोंबीच पंख पसारकर उड़ते हुए लंबी चोंचवाले पक्षियों के अनेक जोड़े···! नीचे दूर-दूर तक फैली घास, हरियाली और उसकी पृष्ठभूमि में घरौंदानुमा एक मकान···खिड़की से झाँकती एक लड़की की उदास मुखाकृति और सामने तालाब में पीले कमल के फूलों का निखरापन···

मैंने उसकी आँखों में झाँककर देखा था—उस चित्र की अधूरी कथा का शेषांश सूखे हुए आँसुओं की लकीर बनकर वहाँ हमेशा के लिए स्थायित्व पा चुका था—

दीदी, मुझे मुक्ति दिलवा दो···! उफ्, एक बंधन से निकलकर यह दूसरा कितना बड़ा बंधन···ऐसा तो मैंने नहीं चाहा था···!

तुम अपने घर कभी नहीं जाना चाहतीं, चंपा?

तुम्हें अपनी अम्मा, अपने बाबूजी या किसी की भी कभी कोई याद नहीं आती···?

....

मौन···निरंतर एक मौन···!

क्या कारण था कि मुझसे इतनी अंतरंगता के बावजूद वह अपने आपको मेरे सामने खोल नहीं पाती थी?

उसी कमरे में रहनेवाली उसकी एक हमउम्र रोगिणी ने बताया था—

आप जो कागज और रंग की डिबिया इसे दे गई हैं, अब तो यह दिन भर उसी में

उलझी रहती है और हाँ, दीदीजी, इसने छोटे-छोटे कागज के टुकड़ों पर जाने क्या-क्या लिखकर रखा है।

फिर चंपावती से बोली—चंपावती, लजाती क्यों है, अपने लिखे हुए कागज लाकर दिखा न···!

डॉ. शर्मा ने भी बताया था कि चंपा धीरे-धीरे सहजता की ओर बढ़ रही थी। उन्होंने आश्वासन दिया था—

यही स्थिति रही तो छह महीनों में वह बहुत कुछ सामान्य हो सकती है।

वार्ड की सेविका ने भी सहमति जताई थी—हाँ, पहले तो यह दिन-दिन भर भूखी-प्यासी बैठी रहती थी, रात में इसे एकदम नींद नहीं आती थी—मुँह में आँचल दबाकर रोने लगती थी तो सारा वार्ड इसकी रुलाई सुनकर जाग जाता था—अब वैसी बात नहीं है। भगवान् करें बेचारी···आप इसकी कोई लगती हैं क्या, दीदीजी···!

मैंने एक दिन चंपा से यूँ ही पूछ लिया था—

तुम अपनी अम्मा को देखना चाहती हो, चंपा। उसने तुम्हारा हाल-चाल जानने की गरज से मेरे पास चिट्ठी लिखी है।

उस दिन उसके मुँह से बहुत दिनों के बाद कुछ शब्द सुनाई पड़े थे—

अम्मा को बुलवा दीजिए···।

......

मेरे पोस्टकार्ड के जवाब में सुखदेव साहू स्वयं आ गए थे—चंपावती की अम्मा इस बख्त कैसे आती—सरूप की बहू के पाँव भारी है। हमने सोचा हमीं चलकर···।

पूरे साल भर बाद चंपावती के घर से कोई उसकी खोज-खबर लेने आया है, यह जानने के बाद उसके कमरे की सभी स्त्रियाँ बाहरी बरामदे पर इकट्ठी हो गई थीं। शिव के गणों सी विविध मुखाकृतियाँ बनाकर वे अपनी उत्कंठा जता रही थीं—चंपा चली जाएगी···

हाँ···अब वह यहाँ नहीं रहेगी···

देखती नहीं···उसका बाप उसे लेने आया है···

घबराती क्यों है, तेरे घर से भी कोई-न-कोई जरूर आएगा!

चल हठ झूठी, खा तो मेरे सिर की कसम···

पकड़ मेरी उँगली···

ढेर सारी असहज भाव-भंगिमाओं के बीच शांत भाव से खड़ी चंपा के चेहरे पर कहीं कोई उद्विग्नता नहीं थी—क्या उसने अपने पिता को सचमुच नहीं पहचाना था? क्या उसकी मनोभूमि ने अतीत के उस कसैले सत्य से और समझौता नहीं करने का संकल्प ले लिया था, या उसका वह आचरण उसके असहज मन की सबसे परिपक्व

सहजता का प्रमाण था?

डॉ. शर्मा ने आगंतुकोंवाले कमरे में चंपा को बुलवा लिया था—

इन्हें पहचानती हो न, चंपा?

□

हम तुम्हारे बाबू हैं, बचिया।

चंपावती की घोर अपरिचय भरी आँखों का भाव समझकर सुखदेव साहू का गला रुँध आया था···।

कुछ बोलेगी नहीं, बचिया?

....

अच्छा, यह ले, तेरी अम्मा ने तेरे लिए नई साड़ी और खाने-पीने की चीज-बतुस भेजी हैं···

....

चंपा के चेहरे की खामोशी एक भयावह पथराएपन में तब्दील होती चली जा रही थी। वह बेहोश होकर गिर पड़ती या उसपर पहलेवाला दौरा पड़ जाता, इसके पहले डॉ. शर्मा और अस्पताल की सेविका ने उसे सँभाल लिया था।

सुखदेव साहू का मलाल डॉ. शर्मा के सामने गहरी शिकायत के रूप में फूटा था—

हमारी चंपिया अच्छी-भली थी, आप लोगों ने बिजली की सेंक देकर उसका दिमाग एकदम सुन्न कर दिया, डागडर साहेब! अब तो अइसा हाल है कि यह हमको भी नहीं पहचानती···

सदैव प्रसन्नचित्त रहनेवाले डॉ. शर्मा को उस दिन पहली बार क्रोध के आवेश में जोर-जोर से बोलते सुनकर जनाने वार्ड के सभी कर्मचारी चौंक गए थे—

आप और आपके परिवार के दकियानूसी व्यवहार ने इस बच्ची का जीवन बरबाद कर दिया और अब उलटे हम पर आरोप लगाते आपको शर्म नहीं आती···?

जिस दिमागी हालत में यह यहाँ लाई गई थी, उससे साफ जाहिर था कि आपका घर इसके लिए एक कैदखाना था। इसकी छोटी-बड़ी हर इच्छा को आप लोगों ने आखिरी सीमा तक कुचला और फिर चलती-फिरती लाश बनाकर यहाँ दाखिल कर दिया—एक बात ध्यान में रहे···सुखदेव साहूजी, हम अपने रोगियों को उनके मनोनुकूल माहौल देने की कोशिश करते हैं, उनकी सोई हुई सुख-शांति को वापस लाने का प्रयत्न भी करते हैं—दिमाग के सारे कल-पुरजे दुरुस्त करके हू-ब-हू पहलेवाली स्थिति प्रदान करना हमारे वश की बात नहीं! आप यंत्रणाएँ देकर किसी अच्छे-भले जीवन को तहस-नहस कर दें और हम मसीहा बनकर उसका कायाकल्प कर दें—हमसे इतनी बड़ी उम्मीद पालने का कोई भी हक आपको नहीं है, समझे आप···!

सुखदेव साहू उसी शाम गाँव लौट गए थे। चंपा पर भयंकर दौरा पड़ा था—चीख-चीखकर उसने सारे कमरे को सिर पर उठा लिया था—

हम कहीं ना जाइब…हम एहिजे रहब… !

नींद की दवा के प्रभाव से किसी तरह रात के पिछले पहर में वह तनिक शांत हो पाई थी!

लगभग एक महीने बाद चंपा की माँ की एक छोटी सी चिट्ठी मुझे मिली थी। किसी स्कूली बच्चे से लिखवाए गए टेढ़े-मेढ़े हरफ…, यकीनन सुखदेव साहू को उस पत्र की कोई जानकारी नहीं होगी, तभी तो…

बचिया को मालूम कि इहाँ चंपिया के लिए किसी को कोई सोग नहीं है। पर हम क्या करें, माई का करेजा ठहरी, कोंहार के आँवे जैसा दिन-रात धधकता रहता है। ठाकुरजी से यही विनती है कि हमारी चंपिया सुधर जाए। हमारी साँस रहते उसका कोई उपाय हो जाए, चंपिया के बाप जब से लौटे हैं—उनके मिजाज का मेल नहीं मिलता। कह रहे थे कि अस्पताल में उसको रखना गोएँठा में घी सुखाने के बराबर है—लेकिन बचिया, हमारी आत्मा कहती है कि वह एक-न-एक दिन जरूर ठीक हो जाएगी!

कुम्हार के आँवे की तरह सुलगती चंपा की माँ के पत्र का कोई भी जवाब देने की मन:स्थिति में मैं नहीं थी।

डॉ. शर्मा ने अफसोस जाहिर करते हुए बताया था—

उस मरीज का दिमाग फिर दो साल पुरानी स्थिति में लौट गया है। दरअसल, बदले हुए माहौल में इतना लंबा वक्त गुजार चुकने के बाद उसकी मानसिकता में एक ठहराव आ गया था। अपने पिता को देखकर अतीत के वे सारे यातनादायी हिस्से फिर से उसके जेहन में जीवित हो गए और वह…

दिखा तो सही, तूने अपनी ओढ़नी के छोर में क्या छिपा रखा है…कुछ भी तो नहीं, बाबू… ! कुछ भी तो नहीं, तो फिर यह क्या है… ?

सगरे गाँव में एकेगो जोगिन मीरा अवतार ले ले बाड़ी सुखदेव, हमार बात मान, जल्दी कवनो लड़िका देखि के एकरा के पार-घाट लगाव, नाहीं त मुँह पर कारिख लागले चाहता…।

हाँ, हाँ…हम मीराबाई बनेंगे, हमने कोई गलत काम नहीं किया है—हम तो छोटे गुरुजी को अपनी लिखी चीज दिखाने जा रहे थे… !

छोटे गुरुजी यानी शहर से आया हुआ मुखियाजी का जवान-जहान छोकरा रामप्रताप…तुझे उससे क्या काम है कलमुँही… ?

वे हमारी कविताओं को दुरुस्त कर देंगे, उन्होंने कहा था—वे हमें ढेर सारी किताबें भी देंगे…।

....

नहीं बाबू, तुम्हारे पाँव पकड़ती हूँ, मेरी पुस्तिका मत फाड़ो···!

....

उन लोगों ने तुम्हारी पुरानी कविताओं को जला दिया? कोई बात नहीं, मैं कल ही बक्सर जा रहा हूँ, तुम्हारे लिए सुंदर जिल्दवाली एक नई पुस्तिका ला दूँगा! तुम फिर से ढेर-सारी नई कविताएँ लिख सकोगी···!

कान खोलकर सुन लो रामप्रताप···! चंपावती को तुमने बहकाने की कोशिश की तो इस गाँव से तुम्हारा बोरिया-बिस्तर हमेशा के लिए बँधवा दिया जाएगा। हमें तुम्हारे बाप की मुखियागिरी का कोई डर नहीं है, समझे!

चंपावती की दादी ने उसके लिए सबसे माकूल सजा तजवीज की थी—

दालान से आगे इह मुँहझौंसी के गोड़ ना उठे पावे···! लाज-लेहात बचावे के बात एकर कवनो इंतिजाम कर, सुखदेव!

चंपावती ने स्वेच्छा से अपने लिए दंड की युक्ति निकाली थी—वह खाएगी नहीं, पानी तक नहीं पिएगी···अपनी कोठरी में बंद होकर अपने प्राण त्याग देगी···!

कच्चे मोतियाबिंद से भरी दादी की आँखों में हर क्षण तैरता शताब्दियों पुराना शंकालु भाव···बाबू की कोड़े जैसी जबान का दर्प और अम्मा की बेपनाह सिसकियाँ—

तू अपना ध्यान पूजा-पाठ में लगा, बचिया···देवी दुर्गा से विनती कर—वही तुझे सुमति देंगी। तेरी सुगति हो, इससे बढ़कर हमारी और क्या चाह···

नवरात्र का वह आखिरी दिन था। आठ दिनों तक भूखी-प्यासी चंपावती के प्रबल हठ ने सहसा एक नया मोड़ लिया था। नहीं, वह हारेगी नहीं, वह किसी के सामने घुटने नहीं टेकेगी···महिषासुरमर्दिनी की तरह अपने हाथों में खप्पर लेकर वह अकेली ही सबसे लड़ेगी···किससे···किन-किन लोगों से···

दादी से···? बाबू से, सरूप और किशन से···?

उसने आँखें फाड़-फाड़कर अपने चारों ओर देखने की कोशिश की थी—

यह क्या—

दादी की कंजी आँखोंवाली लपलपाती शंका शत-सहस्त्र रूपों में विभक्त होती जा रही है—

सुखदेव साहू की पुरुष-वृत्ति का फैलाव सारे गाँव की चेतना को ग्रसित करता जा रहा है—चंपावती अकेली है और सारा गाँव उसके सामने विरोध की मुद्रा में खड़ा है, प्रतिपक्षियों की शक्ति उनकी सदियों पुरानी रूढ़ियाँ हैं और अपनी सही मुक्ति के लिए किसी नई दिशा का संधान करती चंपावती अकेली है, निपट अकेली···!

अपनी सहायता के लिए वह किसे पुकारे···? क्या रामस्वरूप को···?

छोटे गुरुजी, आपने कहा था—किसी भी अन्याय के आगे झुको नहीं—अपने मन के सच को सही पहचान देनी हो तो बुराइयों का डटकर मुकाबला करो···चंपा, कुशल तैराक पानी की सतह पर बिछी गंदगी की परवाह नहीं करते—उनकी बाँहों में इतना दम-खम होता है कि काई अपने-आप फट जाती है, सिवार के रेशे बिखर जाते हैं···इन जकड़े हुए गँवई कानूनों की क्या बिसात कि ये तुम्हारे आगे आएँ··· अपनी पहचान स्थापित करनी हो तो मजबूती से लड़ो, चंपा! इन जर्जर कपाटों की चरमराहट की आवाज सुन रही हो न···इन्हें टूटना ही है···

हाँ, चंपावती ने यातनाओं की अँधेरी कोठरी से मुक्ति की प्राणपण चेष्टा की थी—

छोटे गुरुजी, आपकी शरण हूँ···हमें अपने साथ शहर ले चलिए···न···आपके हाथ जोड़ती हूँ, जनम भर आपकी दासी बनकर···

चंपावती को रास्ता दिखानेवाले पुरुष ने कैसी कायरता का परिचय दिया था—

यह नहीं हो सकता, चंपा, कभी नहीं···! तुम तो जानती हो, मेरे बाबूजी की सारी आशाएँ मुझे लेकर···ही···मैं तुम्हें चाहता हूँ, बेहद चाहता हूँ; लेकिन मैं ऐसा नहीं कर सकता। चंपा, मुझे माफ कर दो···!

लेकिन छोटे गुरुजी, आप नहीं जानते···दादी और बाबू हमारी जिंदगी बरबाद करने पर तुले बैठे हैं। बड़का राजपुर का एक लड़का भी तलाश कर लिया गया है। गुड़ के आढ़तिए हैं वे लोग। लड़का विद्या के नाम पर काला अच्छर भैंस बराबर है। क्या आप बरदाश्त करेंगे, छोटे गुरुजी कि आपकी चंपावती के ब्याह का नहीं, जीते-जी उसके मरने का साज सजाया जाए? चुप क्यों हैं, कुछ तो बोलिए, मुझे रास्ता बताइए न, छोटे गुरुजी···?

माँ भवानी ही तुम्हें राह दिखा सकती हैं, चंपा; अब स्थिति मेरे वश के बाहर की हो गई है।

माँ भवानी ने उसे निर्देश दिया था या उसके भीतर अपने घर के आदिम संस्कारों के विरुद्ध मुष्टिबद्ध होने की शक्ति स्वत: स्फूर्त हुई थी—

अम्मा, बड़का राजपुरवालों को खबर करवा दो, यह ब्याह नहीं होगा।

बचिया, तू अपने होश में तो है न···वरिच्छा हो चुकी है—तिलक की रसम परसों है और बारात आज के नौवें दिन···धीरज धर बेटी, तिरिया के कपाल में सारे लेख विधाता पहले ही लिख देता है, जिनगी भर उसी हिसाब से चलो, इसमें कहीं किसी कतर-ब्योंत की गुंजाइश नहीं!

बड़का राजपुर के आढ़तिए शिवप्रसाद को एक गुमनाम चिट्ठी मिली थी—यह ब्याह आपके लिए दुर्भाग्य का सूचक होगा। बेटा और बहू दोनों आजीवन दुखी रहेंगे···क्या आप पसंद करेंगे कि आपकी बहू अपना मन नैहर के किसी गाछ-बिरिछ को सौंपकर

केवल देह से इस गाँव में आए? वक्त रहते फैसला कर लें, तो दो-दो जिंदगियाँ बच सकती हैं।

शिवप्रसादजी की जोरदार डपट खाकर सिटपिटाए हुए सुखदेव साहू अपने गाँव लौट आए थे···उस गुमनाम चिट्ठी की सुडौल इबारत को पहचानने में उन्हें तनिक भी देर नहीं लगी थी—

काठ की ओखली में पड़े वजनी मूसल से उन्होंने निशाना साधकर चोट की थी···

खून से तर-ब-तर चंपावती की बिखरी हुई देह को अपनी कमजोर बाँहों में समेटती उसकी अम्मा का बिलखना सुनकर सारा गाँव सुखदेव साहू के दालान में इकट्ठा हो गया था—

ऐसा कसाई बाप किसी ने नहीं देखा!

....

मारकर क्या उसकी जान ले लोगे, साहू···

....

तुम जेहल जाओगे सो अलग, सारा गाँव अदालत और गवाही के चक्कर में तबाह हो जाएगा···

देखता हूँ कौन माई का लाल पुलिस को खबर करने जाता है···हमारी जाई है, हम उसे मारें, चाहे रखें···किसी को इससे क्या···?

गाँव का बूढ़ा कंपाउंडर रात के झुटपुटे में मरहम-पट्टी कर गया था—घाव गहरा है चंपिया की अम्मा, सावधानी की जरूरत है। जरा सा जोर पड़ते ही जख्म के खुल जाने का डर होगा···!

माथे के उस घाव को भरने में पूरे दो महीने लगे थे, लेकिन उन दो महीनों में शरीर की अस्वस्थता ने चंपावती को जिस असाध्य मनोरोग की दहलीज पर खड़ा कर दिया था, उसे परखने की जरूरत शायद किसी को भी नहीं थी—

ले···यह गरम दूध पी ले, बचिया···!

चंपावती की करुणा भरी हँसी की भयावहता का मर्म क्या उसकी माँ समझ पाती थीं—

बचपन में एक बार गन्ने के रस से भरी कटोरी मुँह से लगा ली थी, तुम लोगों ने कितनी जली-कटी बातें सुनाई थीं—आज यह दुलार किसलिए अम्मा?

चंपिया, आजी दुर्गा भवानी के बिसरजन होखे के बा, चल आरती ले ले···

चंपावती की अविश्वास भरी आँखों में क्षोभ दहक उठा था—हाँ, मेरे जीवन के विसर्जन में जिसे सच्चा सुख मिला है, वह यही है, यही···उसने दूध से भरा कटोरा दादी के मुँह पर उलट दिया था।

अपने पुरातनपंथी सोच के पैमाने में चंपा की उमगती हुई आकांक्षाओं को जकड़कर रख देनेवाली दादी की हतप्रभता अपने बचाव के लिए कोई नया निदान ढूँढ़ सके, इसके पहले एक अघटनीय घटना घटी थी—चंपावती के दुर्बल शरीर में न जाने किस बलातिरेक का विद्युत् गति से संचार होने लगा था! अंगारों की तरह दहकती आँखों से उसने अपने चारों तरफ की एक-एक चीज को घूरकर देखा था—चारपाई पर बिछी अधमैली चादर, फटे कोनोंवाला चिपटा सा तकिया, ताख पर रखी गौरी-गणेश की मूर्तियाँ—अम्मा ने नसीहत दी थी—भगवान् का ध्यान करो बचिया, तुम्हारा मन वे ही शांत करेंगे···!

चौखट पर खड़ी दादी उसकी दशा देखकर गुहार करने लगी थीं—अरे केहू बा, दउर लोग, चंपिया, होस-हवास में नइखे ए बबुआ···

चंपावती होश-हवास में नहीं रही, वह नीम-पागल हो गई! कानोकान यह खबर पूरे गाँव में बवंडर बनकर फैल गई थी, देवीथान जाने के बदले टोलेवालों का मजमा सुखदेव साहू के अहाते में एकत्र होने लगा था।

दादी की धारणा थी कि चंपिया के माथे पर देवी सवार हो गई है। चिरकूट ओझा को बुलवाकर जबरदस्त ओझाई करवानी होगी, तभी···

डॉ. शर्मा ने बताया था—पहली बार जब इस लड़की को भरती कराने के लिए लाया गया था, तब यह बार-बार उठकर बाहरी दरवाजे की ओर भागती थी—अपनी अम्मा को पुकारकर रोने लगती थी—हम पगली नहीं हैं। हमें कुछ नहीं हुआ है। हमें यहाँ से घर जाने दीजिए···

चिकित्सकों और परिचारिकाओं ने उसे बहलाने की कोशिश की थी—

लेकिन तुमसे किसने कहा कि यह पागलखाना है और यहाँ तुम्हें···

हाँ-हाँ,···हमें सब पता है—सरूप और किशन खूब हँस रहे थे, वे ताली पीट रहे थे···चंपिया पगली हो गई है।···इसको बिजली की टोपी पहनाएँगे···इसे बरफ पर लिटाएँगे···!

बार-बार आश्वासन दिए जाने के बावजूद उस अपरिचित परिवेश में चंपा को अपनी सुरक्षा का कतई भरोसा नहीं था। उन्हीं दिनों···सारी दुनिया के प्रति अविश्वास और आशंका से सतत उद्वेलित उसकी मानसिकता ने जब अपनी नियति के विरुद्ध जेहाद छेड़ा था, तभी घने कोहरे को भेदती एक नई किरण उसके सामने सहसा आ खड़ी हुई थी—

मेरा नाम रामस्वरूप है। मैं भोजपुर जिले के सुखदेव साहू की बेटी कुमारी चंपावती से एक बार मिलना चाहता हूँ—

लेकिन मिलनेवालों की सूची में आपका नाम तो···

मैं आपसे प्रार्थना करता हूँ एक बार, बस, एक बार मुझे उससे मिल लेने दीजिए···।

माफ कीजिए···अस्पताल के उसूलों के खिलाफ मैं किस तरह···

लंबी यात्रा से थके-माँदे उसके चेहरे पर हताशा की गहरी रेखाएँ खिंच गईं थीं— ठीक है, कम-से-कम मेरी यह चिट्‌ठी तो उस तक पहुँचा दें··· ! और जवाब के लिए मेरे पते का यह लिफाफा भी···!

डॉ. शर्मा के हाथों से वह पत्र लेकर उसने उसका एक-एक हरफ गौर से पढ़ा था···

चंपा, मैं अपने आपको सबसे बड़ा अपराधी मान रहा हूँ। सच, यदि उस दिन मैंने तुम्हारा प्रस्ताव मानने का साहस जुटा लिया होता तो इतना बड़ा अनर्थ नहीं घटित होता। उस सड़ी हुई परंपरा का एक हिस्सा बन चुकने के बाद अंततः मेरे लिए प्रायश्चित की कोई दूसरी दिशा दिखाई नहीं देती। तुम्हारी कोमल भावनाओं की सौगंध, चंपा, मैं तुम्हारे लौटने का इंतजार करूँगा। तुम्हारी खोई हुई सहजता तुम्हें फिर वापस मिल जाएगी। उस दिन की विकल प्रतीक्षा में, तुम्हारा ही···

☐

मैंने डॉ. शर्मा से चंपा पर रामस्वरूप के उस पत्र की प्रतिक्रिया जाननी चाही थी—

महिला प्रकोष्ठ की मुख्य परिचारिका ने वह चिट्‌ठी उसे सौंपते हुए पूछा था—तुम रामस्वरूप नाम के आदमी को जानती हो··· ? आकाश का अथाह सूनापन उसकी असहज रूप से स्थिर पुतलियों में उतर आया था।

वह तुमसे मिलने के लिए आया था, उसने यह चिट्‌ठी तुम्हें दी है।

चंपावती ने उस चिट्‌ठी को देखा तक नहीं···वह अपने भीतर की नीम-खामोशी से उलझी हुई धीरे-धीरे अपने कमरे में लौट गई थी···!

☐

आज जब चंपावती के नहीं होने की खबर डॉ. शर्मा ने मुझे दी है, तब मेरी चेतना सहजता से असहजता की अकाट्य दूरी को एक पल में तय करके सहसा निःशेष हो जानेवाली उस भोली-भाली बालिका की करुणा भरी आँखों का अभियोग झेलने में असमर्थ हो रही है। दो महीने पहले मैं उसे देखकर लौटी थी, फिर अचानक यह हादसा किस तरह हुआ ··· ?

सुखदेव साहू के गाँव से आने के बाद मैंने चंपा में एक परिवर्तन का अनुमान लगाया था। मेरे दिए हुए कागज और रंगीन पेंसिलें अछूती पड़ी रहती थीं। करीब-करीब ठीक हो चली उसकी समवयस्का रोगिणी सोनाबाई ने बताया था—

यह रात-रात भर सोती नहीं, न जाने क्या बड़बड़ाती रहती है! पूछने पर कुछ बताती भी नहीं। पहले से ज्यादा गुम-सुम हो गई है।

चंपा ने प्रतिकार का कैसा असहज उपचार ढूँढ़ा था। दो वर्ष पहले अपनी बंद कोठरी में अन्न-जल ग्रहण किए बिना प्राण-त्याग करनेवाली हठधर्मिता एक बार फिर

उसकी असहज मन:स्थिति का सहजक्रम बन बैठी थी··· !

उसके दुर्बल होते चले जाने पर सबको स्वाभाविक चिंता हुई थी। अस्पताल की ओर से सुखदेव साहू को सूचना भिजवाई गई थी, लेकिन वहाँ से कोई नहीं आया।

आखिरी दिन वह आपके दिए हुए कागज और पेंसिलों के साथ बड़ी देर तक खेल करती रही थी। उसके तकिए के नीचे से यह पुस्तिका मिली है, दीदीजी···

चंपावती की असहनीय मानसिक यंत्रणा का प्रमाण मेरे हाथों में है।

विभिन्न मनोरोगियों की अलग-अलग मनोदशाओं का आकलन करके मनोचिकित्सा की व्यापकता पर अपना आलेख पूरा करूँ, इसके पहले चंपा की इबारतों का मर्म समझना मेरे लिए सबसे महत्त्वपूर्ण हो गया है। मोती से सुडौल अक्षरों की कसीदाकारी करनेवाली उसकी उँगलियों में भी विकृति आ गई थी क्या? या उसका शब्द-ज्ञान अंतिम क्षणों में पूरी तरह नि:शेष हो गया था? रंग-बिरंगी लकीरों के बीच छिपाकर यह कौन सा संदेश उसने मुझ तक पहुँचाने की कोशिश की थी?

सोनाबाई ने उसके मौन की भाषा को पहचान लिया था। उसकी आखिरी बार मुँद रही आँखों में मेरे लिए विकलता थी। शायद वह मुझसे कुछ कहना चाहती थी। मुझे लगा—चिर सामान्यता के उस छोर को छूकर एक बार फिर से उसकी दूध सी उजली हँसी को नया जीवन मिल गया है। हलके पीले रंग की जो पुस्तिका मैंने उसे दी थी, उसके सारे पृष्ठ रंग-बिरंगी बेशुमार धारियों से अँटे पड़े थे··· !

यह क्या? पुस्तिका का अंतिम पृष्ठ जैसे उसके जीवन की संपूर्ण यातना-कथा का निचोड़ बना मेरे सामने खुल गया था—

रा···मो···गति···देहु सुमति··· !

दुर्गा शतनाम की तरह उसने समूचे पन्ने पर इसी एक वाक्य की अनेक बार आवृत्तियाँ की थीं! नहीं, कोरा वाक्य नहीं, यह चंपा के विकृत जीवन का सबसे सार्थक सत्य था। राम में गति पाने से पहले कौन जाने, उसने किस-किस के लिए सुमति की प्रार्थना की होगी—क्या अपने लिए भी···? हरगिज नहीं··· !

□

उसका आकाश

—राजी सेठ

उसके हिस्से में उतना ही आकाश था, जितना खिड़की की तरफ मुँह करके चारपाई पर लेटे-लेटे दिखता था और उतनी ही हवा, जितनी उस इमारत की पहली मंजिल पर एक ओर बने कमरे के दरवाजे से आ सकती थी।

यह तो वह भी जानता था कि आकाश इतना ही नहीं है, जितना उसे दिखता है, जैसे जीवन उतना ही नहीं है, जितना सा उसका है—वर्षों से इस छोटे से कमरे में इस खाट पर, दवाइयों की कतारों से घिरा, पसीने की चिपचिपाहट में बार-बार ठंडा-गरम होता।

जीवन कितना है, इसे जानने के लिए जीवन के प्रांगण में जाना होता है। वैसे ही जैसे पूरा आकाश जानने के लिए आकाश के नीचे आना होता है। बाहर—अपने से बाहर, विराट् नीलिमा के अमाप विस्तार को आँखों में, बाँहों में भरना होता है, उसे महसूस करना होता है। वह बाँहों में नहीं भी आ जाता तो भी आँखों में उतरता है—अचूक।

बाँहें ?··· उसने अपने बाएँ हाथ से अपनी दाईं बाँह को छू लिया··· पूरा छू लिया, छूता रहा, परंतु कोई स्पंदन नहीं हुआ।

डॉक्टर कहते हैं, उसका दायाँ भाग मर गया है। क्या ऐसा भी होता है—व्यक्ति आधा मर जाए, आधा जीवित रहे ? आधा अपना हो, आधा पराया ? आधा सुख-दुःख, स्पर्श-संवेदन सह सके आधा जड़ हो जाए ?··· जैसे कुछ खूँटी पर टँगा हो और नीचे चलता संसार उसे देखता हो—कुछ मृत कुछ जीवित···

उसे जोसेफ की याद आई और उस तसवीर की—खूँटी पर टँगे उस लहूलुहान शरीर की। जोसेफ कहता था—ईसा दिव्य हैं, क्योंकि उन्होंने सब के पापों का प्रायश्चित्त किया। किसी को अपने पापों का फल नहीं भोगना, किसी को पाप के निषेध के लिए प्रत्यनशील नहीं होना। पाप करते रहने की पूरी छूट है, क्योंकि पाप निवारण के लिए ईसा-दिव्य ईसा अपना बलिदान देते रहेंगे।

नहीं! नहीं! वह अपने को शहीद मानकर सुखी नहीं हो सकता। बड़ी बहू आती है तो लगता है, उसके मुख पर लिखा है—'यह सब तुम्हारे पापों का फल है···तुम्हारे अपने पापों का और थोड़ा-बहुत हमारे पापों का भी कि तुम्हारा गू-मूत, नाक-थूक समेटना पड़ता है।' उसे अमरो की याद आती है।

कभी बहुत आप्लावित होती तो कहती थी···'आशिष दो···तुमसे पहले जाऊँ, सुहागन मरूँ···तुम्हारे हाथ से ही मेरी चिता जले।'

आशिष तब वह उसे दे देता था, क्योंकि तब वह उसे चार बच्चों की माँ न लगकर एक छोटी अबोध बच्ची लगती थी, जिसे अपने डैनों में छिपा लेना आसान जान पड़ता था···तब यह छाती भी गुब्बारे जैसी फुस्स नहीं थी।···तब क्या मालूम था कि उसकी माँग इतनी अबोध और यह आशिष उतना सस्ता नहीं है। यह बीच रास्ते में अकेला छूट जाने···आधे जीवन, आधी मृत्यु को एक साथ झेलने की अग्नि-परीक्षा है, वह भी उसके बिना···उसके अधिकार, ममत्व, दीप्ति, प्रीति के बिना।

वह होती तो उसे रोज-रोज बहू का सामना न करना पड़ता। रोज एक अनाम से तिरस्कार की पैनी दृष्टि से छिदना न होता।

कितनी मौतें···कितनी अधिक मौतें एक साथ जी सकता है मनुष्य!···फिर जीवन के पूर्ण स्थगन का ही नाम मृत्यु क्यों है?···मृत्यु वह है, जो महसूस होती हो···जो महसूस करते होती हो, जैसे उसकी हो रही है। उसकी मृत्यु हो रही है। उसका आधा भाग मर चुका है। उसका जीवित भाग मरने की प्रक्रिया में है। वह इस प्रक्रिया को स्पष्ट देख पा रहा है।

जिस दिन···जिस किसी दिन वह पूरा मर जाएगा, मिट्टी का ढेर होगा, पूरी तरह स्पंदनहीन। अनुभवहीन, बोधहीन मृत्यु···तब उसमें क्या जानना होगा। वह तो 'होना' होगा···एक अंत का होना।

वरुण—उसका पोता···धड़ाके से कमरे में घुसता है, 'बाबा! माँ कहती है, दूध लाऊँ?'

उसने अपना बायाँ हाथ उठाकर अपनी आँखें पोंछ लीं। दाईं ओर पतली सी धार बहती उसे महसूस ही न हुई, निशान बनाती रही।

'तू दूध पिलाएगा न?'

'हाँ बाबा! मेरे स्कूल जाने से पहले ही पी लो। माँ को सुबह बहुत काम रहता है···'

'हाँ, हाँ,' किसी अबूझ आवेग से फिर उसका गला भर आया। 'हम तुम्हारे रहते ही दूध पिएँगे···तुम्हारे ही हाथ से बेटे!' संकट की एक घड़ी तो टलेगी। आँख के भाले से, आँख के रास्ते ही सारे अस्तित्व को छेद डालना··· दुखियारी बड़ी बहू।

वरुण दूध ले आया। एक स्टूल लेकर पास बैठ गया। एक-एक चम्मच···आधा गिलास खाली हो गया।

'बाबा! तुम कहानी कब सुनाओगे?···बाबा! तुम कब नीचे चलोगे?'

वह कुछ उत्तर नहीं दे पाता। उसे दूध गटकने की जल्दी है। पेट के ठेठ नीचे गुड़गुड़ाता, लहरें लेता जानलेवा खालीपन और वरुण के स्कूल के रिक्शा आ जाने की चिंता।

उत्तर नहीं देता···वरुण को कुछ भी वापस नहीं करता···कहानी नहीं, सैर नहीं, बात नहीं, आमोद नहीं, हँसी नहीं···एक दिन वरुण भी···

वह डरता है। जिस किसी को वह कुछ वापस नहीं दे सकता, वह उसे देना बंद कर देता है···भगवान् भी। मील-मील भर से अच्छे-अच्छे ताजे-ताजे नए-नए फूल लाकर भगवान् पर चढ़ाने की बात याद आती है उसे। यादों में लौटना व्यथा का अथाह सागर बन जाता है, सदा, जिसे तैरकर पार पाने की उसमें शक्ति नहीं···डूबता जाता है, वह सर्वांग डूबता है···

वरुण के रिक्शा का भोंपू भों-भों करने लगता है। एक चौथाई दूध अभी भी गिलास में बचा है। वरुण को धीरज नहीं···उसके पैरों में ताकत पनप रही है। जीवन उसके आगे प्रलोभन भरी चाल से दौड़ रहा है। आवाज सुनकर वह स्टूल पर बैठा नहीं रह सकता। उसका बस चले तो छत से कूदकर सीधा नीचे पहुँच जाए।

'बाबा, जल्दी करो! मेरा रिक्शा···' और बचा हुआ दूध एक साथ उसके मुँह में उलटकर वह भाग निकलता है। दूध होंठों के कोनों से बहकर गले तक चला गया है। एक चिपचिपी सी ऊब उससे चिपक गई है, जो तौलिए से पोंछ लेने पर भी नहीं जाती।

कमल, उसका बेटा—कमरे में आता है, 'कैसे हैं बाबूजी? आज कैसा लग रहा है?'

उत्तर देने को होता है, पर लगता है, सवाल जिसने पूछा है, उत्तर उसे भी अपेक्षित नहीं है, क्योंकि वह तो इतना कहकर···अच्छे होने की चिंता को हवा में उछालकर···गुनगुनाता हुआ जूते कस रहा है। अपनी चीजें बटोर रहा है।···यह तो कमरे में घुसने के लिए मौन-भंग के रूप में दी गई चुंगी है, चुंगी। टोल टैक्स। हर हद में घुसने से पहले देना पड़ता है।

वह उत्तर न भी दे, और दिनों की तरह 'ठीक हूँ' न भी कहे, तो भी क्या फर्क पड़ेगा?···शायद पड़े। उसने उत्तर नहीं दिया, चुप पड़ा रहा।

उत्तर न देने से सचमुच फर्क नहीं पड़ा। उसका बेटा अपनी चीजें उठाकर चलता बना। अपने सही हो जाने का उसे गहरा मलाल हुआ।

इससे तो अच्छा था, वह उत्तर देता।···उसका उत्तर देना उसके अपने लिए अनिवार्य है, एकदम अनिवार्य। संवाद को कायम रखने की जरूरत उसकी है, मात्र उसकी। इन लंबे-लंबे दिनों और काली-काली रातों के अटूट सन्नाटे में आवाज बनाए रखने की गरज भी उसकी है, मात्र उसकी···इतना मान वह किसी से नहीं कर सकता। अमरो की बात और थी। मनाने की ऐसी तरकीब वह किसी से नहीं कर सकता। मनाने को ऐसी-ऐसी तरकीबें करती कि बस···। 'तुम दुष्ट हो' वह यही शब्द कहना चाहती थी। उसका बेटा

होता तो कह डालती, उसको नहीं कह सकती थी···उसकी इस असमर्थता का खूब आनंद लेता था वह, वो निहाल होकर उसकी छाती में मुँह ठूँस लेती थी अपना।

× × ×

साँझ हो गई। दिन कैसे ठिठक-ठिठककर गुजरता है, जैसे उसकी छाती पर कोई पत्थर रखा हो···और रातें हूक-हूककर कुत्तों की रार और चौकीदार के लट्ठों की आवाज से रात का सीना ठकठोरती।

झुटपुटे में वरुण अंदर घुसा है।···'बाबा, बाबा, यह जो साथ वाला मैदान है न, वहाँ मकान बन रहा है···उसे सारा खोद डाला है···अब हम गोलियाँ कहाँ खेलेंगे बाबा?'

'यहाँ, इस कमरे में खेलना।'

'यहाँ?' उसकी आँखें आश्चर्य और अविश्वास से फैल जाती हैं। 'यहाँ कैसे खेलेंगे, इस छोटे से कमरे में?'···फिर पप्पू, सोनू, विक्की—सब यहाँ थोड़ेईऽऽ आ सकेंगे। माँ तो कहती है, बाबा के कमरे में शोर मत मचाओ।'

'नहीं, नहीं, तुम यहाँ खूब शोर मचाओ, खूब खेलो···मैं भी तुम्हारा खेल देखूँगा।'

'सच बाबा?···तुम भी बचपन में गोलियाँ खेलते थे?'

'खेलता था···।' आमोद और आत्मदया कहीं भीतर गड्डमड्ड होने लगी। उसने वरुण को अपने बाएँ हाथ के घेरे में लेना चाहा, परंतु उसकी पीठ···। प्रयत्न छोड़ दिया और धीरे से बोला, 'मैं यहाँ लेटा-लेटा देखूँगा, किसकी गोली किसे लगी है?'

'बहुत अच्छे!' वरुण उछलता और दोनों हाथों से तालियाँ बजाता है। 'अब पप्पू मेरे साथ बेईमानी नहीं कर सकेगा···मेरी ही गोली लगी, तुम हर बार ऐसा ही कहना बाबा···मेरे अच्छे बाबा!' उसके पिचके गालों पर वह रक्त की ताजी गंध वाली नरम हथेलियाँ फिरा देता है।

'अच्छा···अऽऽच्छा!' इस ममत्व से उसकी आँखें छलक आती हैं। बेईमानी करना अच्छा नहीं है, वरुण से कहने का उसका मन नहीं होता···जिन्हें जीना है, वे जीवन में होती अच्छाई-बुराई के विवेक का बोझ खुद सँभालें।

दो दिन···चार दिन, बच्चों ने खूब ऊधम मचाया। उसके पत्थर जैसे दिन हवा के पंखों पर उड़ने लगे। बच्चे तो शाम को ही गोलियाँ खेलने आते हैं, पर शाम की प्रतीक्षा तो होती है···कुछ तो होता है···कुछ न होने का अभिशाप तो टूटता है।

पर चार ही दिन में बच्चे ऊब गए। पप्पू की माँ ने उसे यहाँ आने से बरज दिया। सोनू की गोली दीवार से टकराकर टूट गई। विक्की अपने घर में शेर हो जानेवाली वरुण की बेईमानी से नाराज हो गया और बोला, 'हम तेरे बाबा के कमरे में नहीं खेलेंगे, तेरी-मेरी कुट्टी!' वरुण ने घबराकर अपना नया मैदान ढूँढ़ लिया, दो गली पार। साथ को साथ प्यारा। वह मन मारकर चुप हो गया।

कमरे में पहले से भी गहरा सन्नाटा छा गया।···हवा पहले से ज्यादा ठंडी···पहले से अधिक धूमिल आकाश का टुकड़ा।

× × ×

नीचे ठक्-ठक्-ठक्···शायद नींवें खुद रही हैं। अच्छा हुआ, जब मैदान था, तभी उसने मिनी की शादी कर दी। इस दरवाजे से निकलो, उधर मंडप में घुसो। नहीं तो चौक वाले बारातघर में सब सामान ढोकर ले जाना पड़ता। पड़ता तो क्या, नीति की शादी में ले ही गए,···रामनाथ क्या हुलसकर कहता था, 'तू बड़ा हिम्मती है भाई!'

हिम्मत?···उसने फिर अपने बाएँ हाथ से दायाँ हाथ छू लिया। घबराकर चाहा कि आँखें मूँद लें···पर आँखें मूँद लेने से सबकुछ तो नहीं मुँद जाता···हर दर्द घात लगाए झपटने को बैठा रहता है अंदर।

× × ×

लट्ठों और बल्लियों के मचान चढ़ गए। ठा, ठक्-ठक्-ठक्, धम्म-धड़ाक्, दे-ले की मिली-जुली आवाजें।···सारी चेतना कानों में जमकर ध्यान से, जैसे सत्यनारायण की कथा सुन रही है। कुछ तो हो रहा है कहीं। सुना जा रहा है···आवाजें आ रही हैं। देवकी कमरे में आया तो उसने कहा, 'देवकी, साथ वाला मकान बन रहा है न?'

'जी मालिक! पिरथी बाबू को छोरो अमरीका सो आवत रहा। दुइ मंजिल चड़ाहा चाहत है···'

'कितना बन गया?'

'काफी हुई गवा मालिक! मसीन सो करत रहिन, सीमेंट मिलावत है। आवाज आवत रही न मालिक!···निच्चेवाली तय्यार हुवा चाहत है···'

'देवकी!'

'जी मालिक!'

'मेरी खाट उधर दरवाजे के सामने दीवार से लगा दे!'

खाट इधर आ जाने पर उसे भला सा लगा। कमरे का ऐंगल बदल गया···कुछ चीजें दूसरी तरह दिखने लगीं।···उसे कस्बे के मकतब के उसी लीचड़ से ड्राइंग मास्टर की याद आई। बड़ी सी मेज पर एक बदरंग चौकोर सा गमला रखकर कहता था, 'अपने-अपने ऐंगल से देखकर गमला बनाओ!' ड्राइंग से उसे सख्त नफरत थी। देवीसिंह ने एक बार उसकी ड्राइंग बना दी थी तो मास्टर ने बेंतों से उसे उधेड़ डाला था। कहता था, 'एक का ऐंगल दूसरे का ऐंगल नहीं हो सकता, तुमने जरूर किसी से बनवाई है।' फिर एक-एक लड़के की सीट पर बैठकर उसने उसकी चोरी जाँच ली थी। यह तो अच्छा ही हुआ कि ऐंगल की पढ़ाई जल्दी छूट गई, पर ऐंगल की पढ़ाई कहाँ छूटती है!···साथ लगी रहती है···बदले हुए ऐंगल से अभी भी कमरा नया-नया सा लगता है।

बगल से आती, एक-दूसरे से उलझती आवाजों में एक-एक को पहचान कर, अलग-अलग करके उसे नया सा सुख मिलता है···जैसे इस सारे शोर से बुने जाते मोटे से रस्से का तार-तार उसने अलग कर दिया हो···अपनी ताकत से, अपनी कर्णेंद्रियों की सूक्ष्म संवेद्यता से···।

फेफड़ों में ढेर सी हवा भरकर छाती फुला लेने की उसकी इच्छा हुई, पर साँस नामुराद टूट-टूट गई।···आहत होकर वह चुपचाप लेट गया।···आवाजें तो उसके खाट पर चिपक जाने के पहले भी थीं और रही होंगी, परंतु तब वह आवाज पैदा करनेवालों के अखाड़े में था···जीवन के पिछवाड़े नहीं।

जब से राजमजदूर लगे, एक स्वर-पगी सक्रियता छा जाने से वह कुछ प्रसन्न सा रहने लगा है। जीवन-मृत्यु की इस लुका-छिपी में भी जीवन किसी-न-किसी आवाज से पहचान लिया जाता है···सिरे से पकड़ लिया जाता है···कब नींवें खुदीं। कब मचान बँधे। कब पत्थर कूटे। कब ईंटें टूटीं? कब गारा सना, कब लिंटर डाले गए। कब पाइप से पानी झर-झर झरा। लोहे की कड़ाहियों में कब सीमेंट का खुरपी से संवाद छिड़ा। कब दीवारों पर पुता। कब बढ़ई लगे। दरवाजे-खिड़कियाँ ठुकीं। शटर लगे। बिजली लगी।

सबकुछ वह सुनता-समझता रहा। दूसरी मंजिल चढ़ जाने पर जितना हुआ देखता भी रहा—सामने मजदूरों का आना-जाना, दोपहर में ओट में बैठ पसीना सुखाना, पोटलियाँ खोल-खोल खाना खाना, टीन के डिब्बे में पानी भर-भरकर मुँह में उलटना और लंबी डकार लेकर बीड़ी सुलगाने बैठना।···पृथ्वीसिंह की व्यस्तता से घनी होती जाती भौंहें और छत गुंजाते आदेश···

कुछ-न-कुछ हो रहा है। चल रहा है। छोटे से बड़ा हो रहा है। कहीं निर्माण हो रहा हैं···सबकुछ उसकी तरह मौत के गाले में नहीं डाला जा रहा।

मकान को बढ़ता देख उसे आशा होती है कि उसके बाद भी दुनिया रहेगी। जो मकान आज बन रहे हैं, उनमें लोग रहना शुरू करेंगे और पीढ़ियों तक रहेंगे, जैसे वह अब तक अपने परदादों के मकान में रहता आया है। आज की बड़ी-बड़ी अट्टालिकाएँ जब गिरने को होंगी, उससे पहले नए मकान बन चुके होंगे। उन्हें सामने लेटा, बैठा, झरता हुआ कोई जीवन देखे या न देखे। जीवन को देखे जाने की—साक्षी की—जरूरत कहाँ है! साक्षियाँ उठती जाती हैं, जीवन तब भी चलता रहता है, सतत। इस निरंतर बहती धारा को साक्षी की तरह देखते हुए गुजर जानेवाला वह अकेला ही नहीं है, यह सोचकर उसे कुछ संतोष सा हुआ।

पर यह संतोष कुछ घड़ी ही टिका। वह यह सोचकर अधीर हो आया कि यदि मकान बन गया तो फिर पहले जैसा सन्नाटा छा जाएगा।

अकेले लंबे दिन-रात ठिठक-ठिठककर, कलेजे पर अपना वजन महसूस कराते हुए

गुजरेंगे। बड़ी बहू उसी तरह दौड़ती-दौड़ती आएगी··· वह यह अलमारी खोलेगी, चली जाएगी। कमल आएगा, कुछ औपचारिक आवाजों का टॉल टैक्स देकर चलता बनेगा। वरुण के मित्रों को यहाँ गोलियाँ खेलना नहीं भाएगा, वे तीसरी गली में दौड़े जाएँगे।···हर किसी को दौड़ना है, भागना है, जैसे नीचे हर किसी का कुछ-न-कुछ कहीं इंतजार कर रहा है, होड़ लगी है। पर किसी ने सोचा है कि जाना कहाँ है? लौट-फिर कर, इसी तरह ऐसी ही किसी खाट पर बर्फ होकर पड़ जाना है।

उसे यह सोचकर छटपटाहट होने लगती है कि हर कोई यह जाने बिना कि उसकी दिशा क्या है, भाग-दौड़ कर रहा है। हर किसी की वही एक दिशा है। हर किसी का भविष्य मौत के मुँह में पड़ा हुआ है, फिर भी··· ।

उसे लगता है, वह हर किसी को रोककर, टोककर, बरजकर कहे, 'मुझे देखो, मैं तुम्हारा भविष्य हूँ', परंतु किसी को फुरसत नहीं, क्योंकि भविष्य कभी भविष्य बनकर नहीं दिखता, वर्तमान बनकर ही सामने आता है, अतः लोग भविष्य को साक्षात् देखकर भी नहीं पहचानते। इससे तो अच्छा था वह बाहर, सड़क पर किसी खूँटी पर टँगा होता—थोड़ा जीवित, थोड़ा मृत—और लोग उसे देखकर अपना भविष्य जान लेते, थम जाते। जीवित रहने का ऋण यहीं, इसी जीवन को वापस देते हुए जाते, ताकि आगे···यदि कोई आगे है तो—पापों के फल के लिए कोई किसी को तिरस्कार भरी आँखों से न छेद सके।

उसे लगा कि मुक्ति का रास्ता है, इन सब बातों को जान लेना। पर यहाँ तक पहुँचे बिना कोई जानना नहीं चाहता, नहीं जान पाता। सब अलग-अलग अपनी-अपनी सूली चढ़ते हैं। कोई किसी के काम नहीं आता, कोई किसी का गुरु नहीं बनता, कोई किसी के दुःख नहीं बाँटता।···उसका दिल डूब गया। वह फिर पसीने से तर होने लगा।

× × ×

उसका डर सच निकला। मकान बन जाने से सचमुच सन्नाटा सा छा गया अब?

आगे सोचने से वह डरा, पर डर से रक्षा नहीं होती। डर मन के अंदर है, और मन मनुष्य के अंदर। बाहर होता तो कनखजूरे की तरह उठाकर फेंक दिया जाता।

सामने छत पर कुछ खटर-पटर हुई। उसने आँख फिराई। बचा-खुचा सामान बटोरकर ले जाने की तैयारी हो रही है···अब सफाई होगी, फिर धुलाई, फिर रंग-रोगन, उत्सव, लोग रहने लगेंगे, खटेंगे, बीमार पड़ेंगे···खाटों पर पड़े-पड़े रोग से, जरा से, अकेलेपन से सड़ेंगे, मरेंगे-आधे, चौथाई, पूरे···उसी की तरह मरेंगे।

'उसी की तरह' मरने को उसने फिर महसूस करना चाहा। बाएँ हाथ से दाएँ हाथ को छू लेने की कोशिश की···कुछ भी नहीं हुआ···अपना मरना भी महसूस न हुआ।

क्या मर जाना इतना निःशब्द, इतना सामान्य, इतना साधारण होता है कि शरीर के अर्द्धांग में होता रहे और बोध भी न हो? मृत्यु ऐसी होती है क्या?

मृत्यु किसी दिन आए तो शायद उसे पता ही न चल पाए। शायद वह सामने वाला

मकान देखता हो···बादलों से या धूप से या तारों से भरा आकाश देखता हो, या वह पड़ा सोता ही हो।

उसका जी चाहा कि मौत उसे सोते में न आए। वह उसे देख सके, समझ सके। जिस 'होने' को वह घड़ी-घड़ी, पल-पल देख रहा है, उसके पटाक्षेप-दर्शन का अधिकार उसने छीन न लिया जाए—इस दुनिया में उसका बच रहनेवाला अंतिम अधिकार। उसकी आँखें आकाश में गड़ी रहें और वह डूबता रहें—साँस-दर-साँस।

उसने व्यस्त सा होकर देवकी को आवाज दी—एक बार, दो बार, तीन बार···। कोई नहीं आया तो उसने पास रखा स्टील का गिलास उठाकर टीन की कुरसी से खड़खड़ा दिया। वरुण आया—'क्या है बाबा, क्या बहुत देर से बुला रहे थे?'

'नहीं बेटे! जरा देवकी को भेजना।'

देवकी से उसने कहा कि उसकी खाट वह पहले वाली जगह पर खिसका दे।

देवकी बोला, 'हाथ सने हैं मालिक। अबहिन आउत हैं।'

अब उधर ही जाना ठीक है। इधर सन्नाटा हो गया है। अब यहाँ कुछ नहीं। मकान बन गया है। इस मकान के अंदर जीता जीवन अब मौत के रास्ते चलने लग गया है···ऐसी मौत के किनारे क्या ठहरना! इससे भीषण मौतें वह अपने भीतर रोज जीता है, साथ लिये फिरता है···

'सँभलियो मालिक!' देवकी ने आकर कहा और उसकी खाट यथास्थान कर दी। छह महीने के बाद वह इधर आया। उसे कुछ राहत हुई। तकिए बदलवाए। चिलमची इधर रखवाई। दवाइयों की टेबल इधर वाली दीवार से सधवाई। पानी का गिलास इधर वाले सिरे पर रखवाया।

ऐंगल बदल जाने का नयापन उसे फिर महसूस हुआ, फिर उसे लीचड़ मास्टर की याद आई, फिर हँसी आई, फिर वह सोच आया···और कुछ निश्चिंत सा हुआ, जैसे वह अपने मरने के अंतिम स्थान पर आ गया हो···यहाँ लेटा-लेटा, आकाश देखता वह डूबता रहेगा—साँस-दर-साँस।

उसने अपना एक ही सक्रिय हाथ बारी-बारी से दोनों आँखों पर फिराया, जैसे कुछ जल्दी न हो। मकान बन चुकने के बाद अब तो जो कुछ है, यहीं टिका रहना है···उसे उसकी आँखों में बने रहना है, और मौत की घड़ी तक उसे ही देखते-देखते डूबते रहना है।

लालसा से उसने आँखें खोलीं तो सन्न रह गया। कहाँ है आकाश? सामने दीवार उठ आई थी और उसके हिस्से के आकाश को सीमेंट का एक आयताकार टुकड़ा हड़प चुका था।

इतनी छटपटाहट तो उसे मौत के मुँह में दिया हुआ सारे संसार का भविष्य देखकर भी नहीं हुई थीं···

□

अपनी जमीन

—मेहरुन्निसा परवेज

गोदावरी ने हताश होकर हारी, सूनी और रो-रोकर छिली आँखों की कोर से एक बार फिर अपने मृत बेटे पर नजर डाली और फिर पति के दुःख से जड़ हुए चेहरे को देखा, जो पिछले एक सप्ताह से भागते-भागते थक गया था और इतनी भाग-दौड़ के बाद भी बच्चा बच नहीं पाया था।

चारों लड़कियाँ रो-रोकर थकी सी, सुन्न, दीवार से टिकी बैठी थीं। अस्पताल का वही एक सप्ताह पुराना सन्नाटे से भरा चिरपरिचित वातावरण था। सारी हलचल पहचानी सी थी। दुनिया का सारा काम उसी गति, उसी रफ्तार से चल रहा था, इतने···इतने लोगों में किसी के मर जाने से दुनिया का काम तो नहीं रुकता न!

बरामदे में फिनाइल का पोंछा दिया जा रहा था। सुंदर-सुंदर साड़ियों में डॉक्टरनियों का झुंड इस वार्ड से उस वार्ड आ-जा रहा था। वे सफेद मोजे पहने गंभीर चेहरा लिये, दहशाती सी इधर से उधर तेज-तेज आ-जा रही थीं। मरीजों का भी वही रोज का क्रम था। कष्ट से कराहते रुदन आज भी हवा में रचे-बसे थे। सब ज्यों-का-त्यों था। बस इतना अंतर हो गया था कि कल तक उसकी गोद में खेलता एक बच्चा लेटा रहता था और आज वह चुप, निष्प्राण पड़ा था···बिना हिले-डुले। आज न उसकी आवाज थी, न जिद, न कोई माँग। आज वह शांत सा पड़ा था। उसकी आँखों पर ढकी पलकें पत्थर की तरह ठंडी और भारी हो गई थीं।

वह जब भी बेटे को निहारती, उसका कलेजा मुँह को आता। ऐसा जान पड़ता, कलेजा मुँह के रास्ते बाहर आ जाएगा। वह चाहती थी कि इतनी···इतनी जोर से रोए कि सारी दुनिया को इस छोर से उस छोर तक सुनाई दे। सबको पता चल जाए कि उसका बेटा उससे छिन गया है। पर वह ऐसा कर नहीं सकती थी। उसकी ममता भरी सिसकियाँ कलेजे में घुटकर रह गई थीं।

जब डॉक्टर ने बच्चे की जाँच कर नर्स से कहा था, ''बच्चा मर गया है। लाश उसके घरवालों को सौंप दो।'' तो वह पागलों सी फटी-फटी आँखों से बच्चे को देखती भयानक आवाज में रोई थी।

कहते हैं, माँ जब दुःख से रोती है, तो धरती भी हिल जाती है। पर थोड़ी देर बाद ही मुँह में आँचल ठूँसकर उसे अपनी सिसकी घोंट देनी पड़ी थी। पति ने उसे समझाया था। ''अस्पताल में रोना सख्त मना है।''

''जनक चला गया है, गोदावरी।'' पति ने बच्चे की लाश को दोनों हाथों से पागलों की भाँति समेटते हुए कहा था।

सिसकते-कराहते वे लोग बाहर लॉन में आ बैठे थे। वह ठगी सी सिर पीट रही थी। जब आदमी पर दुःख पड़ता है तो सहसा विश्वास नहीं होता, पर ज्यों-ज्यों क्षण बीतते जाते हैं, सत्य को स्वीकारना पड़ता है। अभी कल ही तो जब जनक को लेकर वे लोग शहर आए थे, तो वह बोला था, ''बाबा, लौटते में लश्कर से नई बुशर्ट ले देना।''

उसे जीना है, वह जीएगा, इसका उसे कितना विश्वास था। कोई सोच भी नहीं सकता था कि हँसती-खेलती एक नन्ही सी जिंदगी दीए की तरह अचानक धप्प से बुझ जाएगी।

□

''बाबा, मैं बड़ा हो जाऊँगा तो भैंस खरीदूँगा, खूब दूध पीऊँगा और बड़ा आदमी बनूँगा।'' अपने बाबा की गोद में लेटा-लेटा वह आसमान में चाँद निहारा करता था। उसकी नन्ही-नन्ही भोली-भोली बातों से सारा घर निहाल हो जाता था।

लगातार एक के बाद एक चार लड़कियों के जन्म के बाद जनक ने जन्म लिया था। उसके जन्म से कितनी प्रसन्नता हुई थी सबको। हमेशा पैर की ठोकर देकर बात करनेवाली सास ने भी पहली बार अच्छे से बोला था। अपने हाथों से असली घी में हरीरा बनाकर खिलाया था। लड़के के जन्म से उसे लगा था, उसके सारे कष्ट समाप्त हो गए हैं, वरना उठते-बैठते सास उसे कोसती रहती थी, उसके बेटे का धन समाप्त करने, खून चूसने कुलच्छनी आई है।

चौथी बेटी के सौर के समय जब दाई ने सास से कहा था, ''कन्या जन्मी है।'' तब उसने अधखुले फाटक से सास का मुँह देखा था, उसके बाद फिर सास की शक्ल नहीं देखी थी। उसे घी, हरीरा कुछ नहीं दिया गया था। वह खाट पर पड़ी-पड़ी किस्मत को कोसती, रोती रहती थी। लड़की के जन्म को बहुत बुरा माना जाता है।

जब तीसरी बेटी हुई थी, तब सास दो दिन तक आँचल के छोर में तंबाकू बाँधे घूमती रही थी कि मौका लगते ही नवजात बच्ची के तालू में तंबाकू रख देगी। तंबाकू रखते ही एक घंटे में बच्ची के प्राण निकल जाते। दाई ने उसे संकेत दे दिया था और वह

अपनी बच्ची को छाती से चिपकाए, निगरानी करती रही थी। एक क्षण भी उसे अपने से अलग नहीं किया। चौकसी में वह सारी-सारी रात बच्ची को गोद में लिये बैठी रहती थी।

हारकर बाद में सास ने अपना इरादा बदल दिया। पर उसका क्रोध गालियों में, कोसने में निकलने लगा। चूल्हे में जलती लकड़ी तक से वह लड़कियों को मार बैठती थी।

दु:खों से भरी ऐसी काली रात के बाद सुख की भोर भी हुई थी। सारे घर में हलचल थी। खुशियों का वातावरण था। ससुर ने बंदूक उठाकर हवा में चलाई थी और सारे गाँव को सूचना दी थी कि उनके घर वारिस पैदा हो गया है। खुशी के मारे स्वयं उसकी आँखों से आँसू बहने लगे थे। इत्ते-इत्ते ढेर दु:ख देखने के बाद, लड़कियों की माँ बनकर लानतें सहने के बाद, उसे बेटे की माँ बनने का मौका मिला था। उसके कमरे के बाहर रात भर गाँव की औरतों ने ढोलक बजाकर बधाइयाँ गाई थीं। खुद सास अपनी शादी का ओढ़ना पहनकर नाची थी, जिसे देखने सारा गाँव जुट गया था। बूढ़े पैरों में यौवन की थिरकन भर गई थी। ससुर ने बिरादरी की पाँत बुलाई थी और स्वयं सिर पर साफा बाँधकर, छाती तानकर, हुक्का गुड़गुड़ाते हुए सबसे बधाई स्वीकारी थी। हमेशा बेटे की माँ बनी रहने पर गर्व करनेवाली सास पहली बार बेटी के लिए रोई थी, ''मेरी बेटी होती तो उसे भतीजे को काजल लगाई में इतना देती कि उसका घर भर जाता, पर मेरे भाग्य खोटे, दो बेटे ही हुए।''

सास ने हर नेग-दस्तूर बड़े मन से किए थे। दिन हफ्तों में, फिर महीनों में, फिर साल में बदल गए और नन्हा जनक सात साल का हो गया। जनक सात बरस का था और सात जगह से उसके ब्याह की बात आ गई थी। ससुर ने मूँछों पर ताव देकर बात लौटा दी थी, ''भर नौ का होगा मौड़ा तब बात लेंगे।'' पर किसे पता था, होनी नाग बनकर डसने बैठी है। जनक को अचानक बुखार आया, गाँव में लोगों ने कहा, ''इस साल आम में ज्यादा बौर आया है, इसी से बच्चों को बुखार आया है।''

धीरे-धीरे बुखार बढ़ता गया। सरकारी अस्पतालों के डॉक्टरों ने देखा तो कहा, ''पीलिया हो गया है।'' दवा-दारू, झाड़-फूँक सब करवाए, पर बुखार नहीं उतरा। आखिर डॉक्टर ने हाथ टेक दिए, ''ग्वालियर के बड़े अस्पताल ले जाओ,'' फिर वे लोग बस में बैठकर शहर की ओर चल पड़े थे।

□

''गोदावरी क्या सोच रही है? अब क्या करें? बच्चे का क्रिया-करम करना पड़ेगा। मैं सुबह चक्कर काट आया, कोई भी टैक्सीवाला लाश ले जाने के लिए तैयार नहीं है, और जो तैयार होता है, वह पूरे पाँच सौ रुपए माँगता है।'' पति ने हताश होकर उसे बताया।

''नहीं, मेरे बेटे को गाँव ले चलो। सबको उसका मुँह दिखा दो। यहाँ परदेश में

किसके सहारे करोगे मेरे बेटे को ? क्या परदेश की मिट्टी ही मेरे बेटे के नसीब में है ?''

''हूँ, आखिर माँ-बाप भी तो देख लें बेटे का मुँह।'' कहकर पति चुप घुटने मोड़कर उदास बैठ गए।

अस्पताल की हलचल वैसी ही थी। लड़कियाँ रोते-रोते निढाल पड़ी-पड़ी ऊँघ रही थीं। वह गोद में जनक को लिये मक्खियाँ आँचल से भगाती बैठी थी, आँसू थे कि रुकना ही नहीं चाहते थे और मन था जो जनक को मरा हुआ स्वीकारना नहीं चाहता था।

''सुन!'' अचानक पति ने उसके कंधे झकझोरे, ''एक काम हो सकता है, इसे बस में ले चलते हैं, पर तू उसे जीवित बच्चे की तरह गोद में समेटे रहना। रास्ते-भर रोना-धोना नहीं। रास्ते-भर आँचल ढाँककर इसे दूध पिलाती रहना। जरा भी शक न होने देना, क्योंकि बस में जिंदा आदमी जाते हैं, मरे हुए नहीं। थोड़ा भी शक हुआ, तो हम सब जेल की हवा खाएँगे।''

''आँ, क्या कहते हो।'' उसने जोर से सिसकी भरी, ''जनक को दूध पिलाऊँ ? मौड़ा तो रूठ गया, मेरी छाती पत्थर कर गया।''

''शांत हो जा, गोदावरी, अकल से काम ले, इस तरह जनक को लेकर गाँव जा सकेंगे क्या ? सोच ले, बिना जनक के लौटना पड़ेगा, और ज्यों-ज्यों देर होगी, समस्या और विकट हो जाएगी। अभी ताजा बात है, मेरी बात मान ले।''

गोदावरी बेवकूफ सी गूँगी बनी पति को निहारती रही। उसकी समझ में कुछ नहीं आ रहा था। अभी कल ही की तो बात है, जनक को हँसाते-खिलाते, बस की खिड़की से बंदर, मंदिर दिखाते लाए थे, और आज छिपाकर ले जाने की बात होने लगी। उसका बेटा जनक अब जनक नहीं रहा ?

''चल, चल गोदावरी, जनक को लेकर उठ।'' पति ने उसे कंधे से उठाकर खड़ा किया। लड़कियों ने बाकी सामान पकड़ लिया। पति उसे सहारा देकर ले जाने लगा। गोदावरी छाती से चिपकाए अपने छौने को ले चलने लगी। उसे धूप न लगे, सो उसने उसे आँचल से ढाँक लिया था। चलते-चलते जनक का पैर हिल-डुल रहा था, तो उसे लगा कि दुनिया झूठ बोलती है, बच्चा जिंदा है और उसकी छाती में मुँह गाड़े शांत नींद सो रहा है, थका सा। लंबी बीमारी ने उसे कितना कमजोर कर दिया है।

बस स्टैंड आते ही पति उससे हटकर चलने लगा, साथ ही हिदायत देने लगा, ''देख, सारे रास्ते रोना मत। गोदावरी, मन को पत्थर कर ले। जनक को गाँव ले जाना है।''

गोदावरी ने कलेजा पत्थर कर लिया। ममता की चीखों को, रुदन को उसने दाँतों से भींचकर भीतर रोक लिया। नहीं, वह नहीं रोएगी। उसे अपने बेटे को अपने घर ले जाना है, वह घर जाएगा। वह माँ है, और माँ होकर बच्चे को परदेश में अजनबियों के हाथ सौंप जाएगी क्या ?

वे लोग बस में बैठ गए। वह पत्थर की मूर्ति बनी बैठी रही। कंडक्टर दो बार आया, ''अजी गोद के बच्चे का भी टिकट लगेगा, दिखाओ कितने वर्ष का है?''

''सो रहा है, बाबू। टिकट तुम ले लो, सात वर्ष का छोरा है।'' पति ने फँसे गले से कहा।

''बड़ी गहरी नींद में है, शोर से जरा भी उठ नहीं रहा।'' कंडक्टर ने टिकट पति को थमाते हुए अपनी दरियादिली दिखाई।

''हाँ बाबू, बड़ी''गहरी नींद में है।'' कहते हुए पति के गले से जोर से सिसकी उठी पर फिर गले में घुटकर रह गई।

सारे रास्ते वह चुप बनी बैठी रही। बच्चे को छाती से चिपकाए वह फटी-फटी आँखों से सामने बिछी डामर की सड़क को निहारती रही। गाँव-पर-गाँव आते रहे, लोग उतरते-चढ़ते रहे। सारे लोग उतरकर नाश्ता-पानी करते रहे, पर वे लोग तो दूसरी दुनिया के वासी थे, जिन्हें कभी भूख-प्यास लगती ही न हो, ठठ बने बैठे रहे।

''अजी बच्चों का मुँह सूख रहा होगा, पानी-वानी तो पिला दो।'' एक यात्री ने हमदर्दी दिखाई।

''नहीं हुजूर, गरीब के बच्चे हैं, इन्हें भूख-प्यास नहीं लगती।''

बस फिर चल पड़ी। यात्रा इतनी कठिन हो सकती है, यह वे कभी सोच भी नहीं सकते थे।

जब बस उनके गाँव में पीपल के पास रुकी तो उसका कलेजा मुँह को आने लगा। बच्चे के भार से उसकी बाँह भारी हो गई थी। भीड़ के पीछे-पीछे वह भी उतरने लगी। पति लड़कियों को बाँह पकड़-पकड़कर उतारने लगा। पति ने उसे उतारने के लिए उसकी गोद से जनक को लिया। जनक को पति की बाँहों में देते हुए उसे लगा कि वह एकदम हलकी सी, तिनके सी हो गई है। जैसे उसका अपना कोई वजन ही न हो। सारा भार तो जनक का था और पहली बार उसे लगा कि उसकी गोद सूनी हो गई है। दुःख से उसकी छाती फटने लगी, वह एकदम नीचे उतरकर रोने लगी। उसके साथ पति, बच्चियाँ सब रोने लगे। बस के तथा आसपास के सारे आदमी चकित रह गए और आश्चर्य से उन्हें देखते रह गए। किसी की समझ में कुछ नहीं आया। पति जनक की लाश को दोनों बाँहों में सँभाले आगे चलने लगा।

उसे लगा कि बेटे को अपनी जमीन देने के सुख से वह निश्चित और हलका हो उठा है।

□

काली बर्फ

—चंद्रकांता

हमारी दादी-नानी जब किसी असंभव अनहोनी की संभावना को समूल उखाड़ना चाहतीं तो एक छोटे से वाक्य का सहारा लेकर सभी संबंधित आशंकाओं को निरस्त कर देतीं, "आह! क्रुहुन शीन छा प्योमुत जाह?" कभी काली बर्फ भी पड़ी है? यानी कि अगर आकाश से काली बर्फ गिरे तो इनसानियत को बचाए रखते सारे विश्वास और सभी उम्मीदें अपनी अर्थवत्ता न खो देंगे?

उन्हें विश्वास था कि काली बर्फ कभी नहीं पड़ेगी, क्योंकि उन्होंने कड़ाके की ठंड में भी वादी में सफेद बर्फ के मुलायम फाहे ही गिरते देखे थे। बर्फ भले ही माघ मास में शिशिरगाँठों और तुलकतुर में जमकर बेइंतहा तकलीफें देतीं, वह तो खैर स्वभाव है बर्फ का, पर काली बर्फ··· ? और उसके साथ जुड़े सृष्टि के आतंक? जो उन्होंने नहीं देखा, उसे मानकर वे अच्छी-भली सुकून भरी जिंदगी मुहाल क्यों कर लेतीं?

तब की बात तब, इधर उन विश्वासी बुजुर्गों के कूच करने के बाद, कुछ ही समय पहले, एक दिन यह अनहोनी होकर रह गई। आश्चर्य? जी नहीं, इस बीच वक्त कई आश्चर्यों के दौर से गुजर चुका था।

हुआ यों कि जाड़ों की एक सुबह, सोनमर्ग की पहाड़ियाँ चढ़ते कुछ पहाड़ी गड़रियों ने रात गिरी बर्फ पर पैर रखा तो डर और वहम से पत्थर हो गए। आँखें फाड़कर चौतरफ नजरें दौड़ाईं, पहाड़-तो-पहाड़, चीड़, देवदार और चिनार की ठूँठ डालियाँ भी स्याह बर्फ की परत से ढक गई थीं। जी हाँ! अनहोनी होकर रह गई थी। काली बर्फ ने पूरी वादी को अपनी लपेट में ले लिया था। प्रलय की संभावना सूँघ लोग बदहवास हो गए, "हे शंभो, रक्षा कर! या अल्लाह, खैर कर!"

बाद में विशेषज्ञ आए। प्रयोगशालाओं में बर्फ की जाँच हुई। निष्कर्ष निकला—दूषित वातावरण। उधर युद्ध के दौरान कुवैत में सद्दाम हुसैन ने तेल के कुओं में आग

लगा दी थी। दमघोंट धुआँ दूर-दूर तक फैलकर शफ्फाक बर्फ पर भी कालिख पोत गया था। लोग सोचों में अटकलें लगाने लगे। थोड़ी राहत जरूर हुई कि चलो दैवी प्रकोप तो नहीं है।

उसी वादी के किसी गड्ढे में लेटी एक जवान लड़की भी ठंडी बेलौस आँखों से आसमान के खोखे से झरते काले कहर को एकटक देख रही थी। वह सोच की किन गुफाओं से गुजर रही थी, जानना चाहेंगे?

गड्ढा सा था, या कोई गहरी खाई थी शायद—सख्त यख पहाड़ों के बीच दर्रा सा! नुकीले पत्थरों से लड़की का जिस्म जगह-जगह छिलकर कट गया था। दीनेश्वर की गुफा का गर्भगृह तो नहीं लगता! लड़की गई थी माँ के साथ एक बार वहाँ। श्रावण पूर्णिमा को शिव के दर्शन होते हैं वहाँ। काकनी ने बेटी को चेताया था, ''गर्भयात्रा से गुजरना है।'' गुफा के भीतर ऊपर-नीचे, दाएँ-बाएँ नोकदार पत्थरोंवाले तंग रास्ते से खुद को सिकोड़कर बचाना पड़ा था। गर्भयात्रा! अँधेरी कोख से छिलते-छिलते प्रकाश में निकल आना! वैसे ही राहत की साँस ली थी उसने। नीचे घुटनों तक बर्फीले पानी की धार तीखी बर्छियाँ चुभाती जा रही थी। लेकिन यहाँ तो बर्फीली नदी के सिहराते पानी में आधा शरीर डूबा हुआ है। सुन्न, बेजान, बेहरकत—धुलकर खूब साफ हो गया है। धब्बा भर खून भी नहीं दिखाई पड़ता। खुली आँखों के सामने बादलों की मैली परत के नीचे उदास आसमान मुँह ढाँपे सो रहा है। क्या इस पर अब सूरज कभी नहीं उगेगा? प्रलय! शायद प्रलय ही है। पानी, हवा और काला कहर! इतना मैला आसमान कभी देखा हो, लड़की को याद नहीं आता। मस्तिष्क बेजान मांस का लोथड़ा सा है। वह कुछ नहीं सोच पाती। कैसे पहुँची वह इस गहरी खंदक में?

लड़की पर नींद की खुमारी सी छाई है। नींद में ही कुछ चित्र दिखाई पड़ रहे हैं। बेतरतीब...रील-दर-रील! एक ऊँचा पहाड़, हरा या नीला, लंबे चीड़ों से ढका। हरी पोशाकवाले उस पहाड़ के दामन में दूर-दूर तक फैले मक्का के खेत! वह शमा के साथ वहाँ जा रही है। ढेर सारे भुट्टे तोड़कर लाती है। शमा टोकरी के ऊपर जरा सी लकड़ियाँ रखकर भुट्टे छिपा देती है। उसे तो बस भुट्टे चाहिए। लेकिन लड़की बावली सी ऊँचे उठते पहाड़ों को देखती रह जाती है—'क्या होगा वहाँ? उस जंगल की गहराइयों के बीच?'

उसने बबा से एक बार पूछा तो बेबात डाँट खाई—'उधर न जाया कर परमी! उस घने जंगल में बाघ रहता है। खा जाएगा कभी।'

'बाघ!' बबा डराते। पर डर शब्द तो परमी के शब्दकोश में था ही नहीं। वह उत्सुक हो उठती। क्या वह बाघ देख पाएगी कभी? सचमुच का? जंगल में बेधड़क घूमता

हुआ? पिंजरें में बंद बाघ तो उसे जंजीर में बँधा कुत्ता जैसा बेबस लगता है।

एक शाम उसने शमा से पूछा था, 'तूने देखा है बाघ कभी?'

'मैंने··· ? बाघ! नाम न ले परमी! हम तो शाम को न साँप का नाम लेते हैं, न बाघ का।'

'अच्छा, नहीं लेती नाम? मेरी काकनी भी यही करती है, अपशकुन होता है। पर तूने भी जंगल में देखा है उसे? बता तो!'

परमी की उत्सुकता का कोई ओर-छोर नहीं। 'ना बी, मैंने नहीं देखा। देख लेती तो आज जिंदा होती? वह मुझे चीरकर मेरा खून पी न गया होता?'

'तू बड़ी डरपोक है।' परमी हँस देती। 'मेरा मन करता है, एक दिन रात को खूब सा अलाव जलाकर बैठूँ उस जंगल के बीच। बाघ आएगा भी तो आग के डर से झपटने की हिम्मत नहीं करेगा। कैसा बेचारा लगेगा! बाघ को चिढ़ाने में कितना मजा आएगा··· !'

'तू चिढ़ाएगी बाघ को? अह! बाघ न हुआ खरगोश हो गया! दिमाग चल गया है तेरा। अलाव जलाकर जंगल में बैठेगी? तेरे बबा सुनेंगे तो तेरा घर से बाहर निकलना बंद कर देंगे!'

पर बबा जल्दी ही उसे छोड़कर दूसरी दुनिया के लिए प्रस्थान कर गए। उसका घर से निकलना बंद नहीं हुआ।

लेकिन उसने बाघ देखे थे। उनके लंबे-लंबे नख और तीखे दाँत अपने जिस्म में खुभते महसूस किए थे। उसने भी कम नोच-खसोट नहीं की उनकी। पूरा मुँह छील दिया था एक का। उस वक्त उसके भीतर से लावा फूट पड़ा था, नीला-लाल उबलता लावा। जब तक उसके हाथ लटककर बेजान न हो गए और सिर पत्थर से टकराकर बेहोशी न छा गई, उसने अपने सभी हथियारों का इस्तेमाल किया। वह हारना सीखी ही कहाँ थी? लेकिन···वह अकेली थी और बाघ झुंड में आ गए थे। उसे कुछ-कुछ याद आ रहा है, धुँधला-सा। वह चक्रेश्वर जाना चाहती थी। मनौती के धागे की गाँठ खोलनी थी।

इधर काकनी को वहम हो गया था। वह बार-बार कहती, 'पता नहीं, कहाँ मनौती की गाँठ खोलना भूल गईं। नहीं तो इतना दुःख सहना पड़ता! इतना कोप झेलना पड़ता! पीर, पंडित बादशाह से लड़कर लाई हूँ तुझे। भैरव के थान पर बकरा भी चढ़ाया। मालूम नहीं, कहीं। कहाँ क्या गलत हो गया, शायद चक्रेश्वर में मनौती की गाँठ खोलना भूल गई।'

माँ ने सचमुच परमी को अतलस की तह में लपेट-सँजोकर पाला। उसकी हर इच्छा—हर ज़िद पूरी कर दी। गाँव से शहर आकर बस गई। परमी तो पढ़ाई करना चाहती थी। पढ़कर डॉक्टर बनना चाहती थी, पर पिता बीच राह पर छोड़कर गुजर गए। माँ ने दिलासा दिया। नर्स की ट्रेनिंग करवाई। डॉक्टरी की पढ़ाई के लिए बड़े खर्चे करने की

कूव्वत उसमें न थी, यह तो परमी भी जानती थी।

परमी नर्स बन गई, लेकिन क्या डॉक्टरों से कम इज्जत पाई? मान, प्रसिद्धि और स्पर्श में गजब की राहत—हीलिंग टच! नरेंद्र कहता था, 'तेरे हाथों में कोई जादू है परमी! जरा सा छू दे तो जले पर बर्फ का सा सुकूनदेह अहसास होता है।'

सर्जन डॉ. सलमा ऑपरेशन के वक्त उसे हमेशा अपने साथ रखतीं, 'तुम्हारे बिना मेरा काम चलनेवाला नहीं परमी।'

परमी उनके साथ रहकर छोटे-छोटे ऑपरेशन करना सीख गई। औरतें बच्चे जनने आतीं तो उनकी माँएँ परमी की मनुहार करतीं, 'हमारी बच्ची के साथ रहना सिस्टर। तुम्हारे हाथ में शफा है। अल्लाहताला की मेहर है तुम पर! बेटी को तुम्हें देख राहत मिलेगी।'

माँ बनने के नए-नकोर अनुभव से गुजरती बहू-बेटियाँ जिस्म के कोरेपन की दर्दनाक छीछालेदर से त्रस्त, चीखती-छटपटाती उससे लिपट जातीं। 'मोज्य हय छख' कहकर बार-बार उसे माँ की जगह देतीं। पहले-पहल उसे अजीब सा लगता। बीसेक साल की कुँआरी परमी तीस-पैंतीस साल की औरतों की माँ! उलझन से कपोल दहक उठते। पर धीरे-धीरे वह अपने पेशे से एकात्म होती गई। अपनी लंबी पतली उँगलियों से दर्द झेलती नवेलियों के पसीने पोंछती यह सचमुच उनकी माँ बनकर उन्हें तसल्ली देती, पीठ-पैर मलती। नन्हे बच्चों के होंठ माँओं की कोरी छातियों से छुआती, दूध पिलाने के सही ढंग सिखाती। वह शायद नानी, दादी की जगह पर भी बैठ जाती। इस तरह, ऐसे बच्चे का सिर थोड़ा ऊँचा, कहीं धसका न लग जाए।

सब ठीक चल रहा था। परमी को भी किसी से कोई शिकायत न थी। जल्दी ही नरेंद्र से उसकी शादी भी होनेवाली थी, पर इसी बीच हालात बदल गए। वादी के आसमान पर जो काले बादल काफी दिनों से इकट्ठा हो रहे थे, अचानक कहर बनकर बरस पड़े। किसी ने काले मेघ के छितरे टुकड़ों पर कभी गौर ही नहीं किया। सोचा भी नहीं कि इकट्ठा होकर वे सदियों की मजबूत इमारतों को पलक झपकते तहस-नहस कर देंगे। पर हुआ कुछ वैसा ही। राजाओं के जोड़-घटाव भी गलत साबित हो गए। प्रजा को बाढ़ में बहना ही था। तूफान में दोस्त-दुश्मनों के चेहरे यकसाँ हो गए। लोगों ने सैलाब में छटपटाकर उबरने की कोशिश की और किनारों की कच्ची-पक्की मेंड़ें, पेड़ों के ठूँठ जकड़ लिये। कुछ बह गए और कुछ उबरे। परमी के चाचे-ताए लोगों के हुजूम के पीछे घर-द्वार छोड़कर पहाड़ों के पार, मैदानी इलाकों में आसरा ढूँढ़ने चले गए।

चारों ओर आँधी उठी कि सदियों पाले विश्वास चरमराकर ढह गए। माँ, बहन, बेटी महज एक लावारिस औरत रह गईं, एक भोग्या! दीन-धर्म की आड़ में इनसानियत का खून हो गया। कुछ कठपुतलियों को हथियारों से लैस कर दुश्मन सियासत ने दो भाइयों

के बीच दरार डाल दी। माँ ने परमी से कहा, 'अब यहाँ से चलो, कहीं देर न हो जाए...'

परमी ने माँ के डर को नाक पर बैठी मक्खी सी हटा दिया, 'कहीं नहीं जाएँगे हम, तू डरा मत कर। सभी हमारे अपने हैं यहाँ। शमा, अज़हर के रहते हम बेघर कैसे हो सकते हैं? फिर हमने किसी का कुछ बिगाड़ा तो नहीं है...।'

माँ ने दलीलें दीं, 'लीला, रैना का क्या हुआ? अवतार कौल की रजनी तो कॉलेज से घर लौट रही थी, उसने किसी का क्या बिगाड़ा था? सर्वानंद की बहू जया तो पड़ोस में सब्जी लेने निकली थी...उनका हश्र तुमसे छिपा है! हमारे घर में तो कोई मर्द भी नहीं है...।'

लेकिन परमी को विश्वास था खुद पर। परमी एक नर्स है। रात को भी पेशेंट घर आए या बीमार के घर जाना पड़े तो किसी को निराश नहीं करती। तभी तो दहशत के दिनों में भी वह अकेली नहीं रही। हथियारों की भाषा में बात करनेवालों ने उसे अभयदान दे दिया, 'हमारे रहते तुम्हें क्या डर आपा? तुम हमारे लड़कों की जान बचाओ, हम तुम्हारी जान बचाएँगे। मजाल है, कोई तुम्हें मैली नजर से देखे...।'

परमी को आत्मीयता की डोर से बँधे उन गैरों पर भी तो भरोसा था, जो पिता के गुजरने पर उसके चाचे और भाई बन गए थे। घर में मर्द की कमी तो उसने महसूस ही नहीं की।

लेकिन माँ की आत्मा में डर बैठ गया था, कुंडली मारे! बेटी उसे निकाल न सकी। माँ ने बेटी की ज़िद पर माथा पीटा। इतना हठ? तभी उसे लगा कि कहीं कुछ गलत हुआ है। मनौती की गाँठ कहीं अभी भी बँधी पड़ी है। इसी से लड़की चौतरफा के हालात देखकर भी ज़िद ठाने बैठी है...।

परमी माँ जैसी सहज विश्वासी नहीं है, पर वह माँ के विश्वासों को चुनौती नहीं देती। माँ का मन रखने के लिए ही उसने कहा था, 'कल शमा जाएगी दरगाह अजहर के साथ। मैं भी उनके साथ चली जाऊँगी। चक्रेश्वर मंदिर में माथा नवाऊँगी। तेरी मनौती की गाँठ भी ढूँढूँगी। तू मुझे बता, किधर बाँधी थी? रंग-रूप, जगह सब बता! कुछ याद तो होगा तुझे?'

लेकिन माँ आश्वस्त नहीं हुई थी। हस्पताल तक जाना तो मजबूरी थी, पर उससे बाहर जाना तो मौत के मुँह में कदम रखना था। माँ के विश्वास भी तो ढह गए थे। जिस दिन नरेंद्र के दरवाजे पर दूसरी बार घर छोड़ने का रुक्का चिपका मिला, उसका धैर्य जवाब दे गया था। उस दिन पहली बार माँ ने अजहर के सामने दामन फैलाया, 'बेटा, तू कुछ कर। कह दे उनसे, नरेंद्र को तंग न करें। वह चला जाएगा तो हमारा क्या होगा? अगले माह तो परमी की शादी होनी है। नरेंद्र जाएगा तो सब बिखर जाएगा...' एक ही आसरा तो बचा था माँ के पास!

अजहर ने दिलासा दिया था। सरदार गुलमुहम्मद से बात भी की नरेंद्र के बारे में। गुलमुहम्मद आभारी था परमी का। वह उसके जख्मी जंगजुओं को बिना सवाल पूछे मरहम-पट्टी करती थी। घर पर भी देखा करती। हस्पताल में तो सी.आर.पी. और बी.एस.एफ. के जवान शिकार की तलाश में घूमते रहते। परमी लड़कों का पूरा ध्यान रखती, अपने पेशे को उसने सियासत से दूर रखा था।

चार-चार मास का भ्रूण लिये कुँआरी लड़कियों को माँ की तरह दिलासे देती उन्हें अपमान की जिल्लत से मुक्त कर देती, 'इसमें तुम्हारा क्या कसूर सलमा? समझो, एक खौफनाक हादसा होकर गुजर गया¨। नूरी! रोने से हालात बदल नहीं जाएँगे, हौसला रखो। पाकीजगी तो मन की होती है। वक्त के कहर पर हमारा क्या जोर?' जया, बीना, लता¨कितनी मासूम लड़कियों की जिंदगी मौत का स्यापा बन गई, लेकिन परमी साएदार चिनार बनकर उनके दहकते तन-मन को थपकाती रही। उसका काम तो जख्मों पर मरहम लगाना था।

लेकिन दुश्मन कई गुटों में बँट गए थे। अगली बार दूसरे गुट ने नरेंद्र को धमकी दी, 'जान प्यारी है तो यहाँ से चले जाओ और अपनी महबूबा को हमारे लिए छोड़ दो।' तब नरेंद्र ने परमी और काकनी से भी साथ चलने के लिए मिन्नतें कीं, पर वे लोग जा नहीं पाईं। गुलमुहम्मद के लड़के घर के बाहर पहरा दिए बैठे थे। वे लोग उसे खोना नहीं चाहते थे। परमी ने नरेंद्र का डरा हुआ स्याह चेहरा देखा। उसकी कातर आँखें परमी का कलेजा चीर गईं, पर वह सिर्फ कुछ शब्द कह पाई, 'तुम चिंता मत करना, हम यहाँ सुरक्षित हैं। सब ठीक हो जाएगा¨तुम जल्दी अपने घर लौट आओगे¨।'

तब से काकनी सभी प्रार्थनाएँ भूल गई। उसके मन में वहम घर कर गया है कि उसके सभी देवी-देवता सो गए हैं, उन्हें वह कभी जगा न पाएगी। वह बौराई-सी बेटी के सायों की रखवाली करती। चारों ओर कलिश निकोव और ए.के. 47 के धमाके और बम फटने की आवाजें सुनाई पड़ती हैं। इन सदाओं से उसके कान बहरे हो गए हैं। घर के पेड़ों के पाँखी भी इन आवाजों के डर से किसी खोह में छिपे बैठे हैं। घर की 'काकपट्टी' पर सुबह का रखा भात शाम तक अकड़ जाता है। कोई कौआ भी उसे खाने नहीं निकलता।

सुन्न होती परमी आकाश में किसी पाँखी को ढूँढ़ रही है—कोई भी पंछी! कुकिल, पोशनूल न सही, कोई भटकी हुई मैना, कोई थकी-हारी चिड़िया। लेकिन वहाँ सिर्फ कुहासा है। झर-झर झरता कुहासा! आह! अधमरी काकनी इस कुहासे को देखकर पूरी मर जाएगी। वह तो मानकर चली थी कि काली बर्फ कभी नहीं पड़ती।

उसने बंद आँखों से माँ को देखा। घने कुहरे को देखती, अंधी हो रही काकनी! लोहे के जंगले पर सिर पटकती, लहूलुहान, किसे ढूँढ़ती है काकनी? तेरे आँगन की चिड़िया तो आसमान के खोखे में समा गई। काली खोह में बंद हो गई। उसने तेरी बात नहीं मानी।

तूने कहा था, 'टेंटों में रहेंगे, पर आबरू तो बचा लेंगे···!' लेकिन उसे बेघर होकर जीना मंजूर नहीं था। उसे भरोसा था, हालात ठीक हो जाएँगे। फिर सभी तो उसके अपने थे।

काकनी का स्यापा खत्म नहीं होता। एक-एक कर घर छोड़कर चले जाते नाते-रिश्तेदारों को वह छाती पीट-पीटकर विदा देती है।

'गए तुम भी? कब देखूँगी तुम्हें, आँखें पथरा जाएँगी। प्राण निकल जाएँगे,···इस देह को आग कौन देगा?'

'आग! आग के लिए इतना स्यापा? मरके भी तुझे देह की सद्‌गति की चिंता रहेगी काकनी? मरे को तो चील-कौए खाकर तृप्त होंगे। लाशों के लिए क्या चिंता?'

'तू नहीं जानती परमी! मरी देह का भी एक धर्म होता है। माँ शारिका, मेरा धर्म बचाना।'

लेकिन माँ शारिका अपना थान छोड़कर चली गई है, देवद्वार सूने पड़े हैं। खीर भवानी के कुंड का रंग काला स्याह हो गया है।

'तुम किसलिए रुकी हो परमी?' माँ की आँखों में एक ही सवाल ठहर गया है! 'किसलिए? अब और क्या देखना बाकी है?'

'सब हमारे अपने हैं माँ! देखती नहीं, आए दिन कर्फ्यू में तुझे कभी राशन-सब्जी की तंगी हुई अजहर के रहते? तेरा अपना कोई बेटा होता तो इससे ज्यादा तेरी चिंता करता?'

'हुम्म!' भात का कौर माँ के गले में अटकता है। धसका लगा है शायद! सामने सूने घर कपाट बंद किए सहमे-सहमे खड़े हैं। माँ नजर हटा लेती है।

धड़ाम···धम्म···ठ ठ ठ क···ठ ठा क···।

बाहर कोई बम फटा है, गोलियाँ भी चली हैं। सहमे घर काँप गए हैं।

'कौ···न है? परमी, आ रहे हैं वे, उठ मत। खिड़की मत खोल। किसने अँधेरे की छाती छलनी कर दी?' परमी माँ को पानी का गिलास थमाती है। हाथ हल्के से काँप जाता है, 'सो जाओ माँ, इधर कोई नहीं आएगा। हमने किसी का क्या बिगाड़ा है?'

वह अपने-आपसे प्रश्न करती है या भीतर उगते भय को प्रश्नों की चुनौती देती है। जानती है, कोई कानून नहीं रहा। जो भी है, बंदूक की नोंक पर टिका है, व्यवस्था, कानून, रोजमर्रा के दंद-फंद, साँसों को बरकरार रखने की शर्तें···।

बदलते हालात में परमी की ड्यूटी मैटरनिटी वार्ड के अलावा आपातकालीन विंग में भी लग गई। तब से जख्म धोते, मरहम-पट्टियाँ करते अकसर वह ओवरटाइम काम करती रही है। गुमराह जवानों के खून और पसीने से विकृत चेहरों को साफ करती कराहती नसों पर शफा का हाथ फेरती···। कुछ वैसा ही स्पर्श उसने भी चाहा था, शफ की छुअन···जब खून और मैल से लिथड़ी वह युद्ध-क्षेत्र में बिखरी पड़ी थी, थकी हारी,

जहाँ न कोई आदमी था, न आदमजात। सिर्फ बाघों का झुंड। लहलहाती फसलों को रौंदते जानवर, आखिरी लोथ पर झपटने को आतुर··· । कैसा लगा होगा लड़की को तब?

क्या पता, लड़की तब अपने शरीर के अहसास से मुक्त हो गई हो और योगमाया से अपने से बाहर आकर खुद को दूर से देखने लगी हो? हारी पर्वत के दामन में··· दरगाह से कुछ कदम दूर··सेबों के बाग के पास··बदरंग आसमान के नीचे उजाड़ धरती की तरह फैली।

मनौती! माँ ने मनौती माँगी थी। राज्ञा के आँगन में, पीर के अस्तान में। परमी ने भी शायद कोई मनौती माँगी हो, पानी के सैलाब में छटपटाते, किनारे कोई खूँटा, कोई कटे पेड़ का ठूँठ, कोई नरकुल शैवाल··पकड़ने की कोशिश की हो। किसी खुदा, किसी भगवान् को पुकारा हो·· ।

उसने एक चेहरा पहचान लिया था, उस पर झुका एक खूँखार चेहरा, जिसके जख्म साफ करते उसने कहा था, 'ठीक हो जाओ तो पीर बाबा को नियाज ले जाना। उसने तुम्हारी जान बख्श दी है।'

'हाँ··!' शायद! हलकी भूरी आँखें, फ्रेंचकट दाढ़ी, नाक के ऊपर किसी ताजा घाव का निशान·· परमी ने उस चेहरे की पीड़ा की ऐंठन को अपनी चुन्नी के छोर से सहलाया था। वही अफजल! जिसे दूरदर्शन पर लाखों लोगों ने सवालों के जवाब देते सुना था।

'जिस दुनिया में हम जी रहे हैं, वहाँ कोई माँ नहीं, कोई बाप नहीं। सिर्फ हुकुम की तामील है, वही दीन, वही धर्म है। आँख उठाकर सवाल करने की इजाजत नहीं।'

परमी का धर्म··? दोस्त, दुश्मन दोनों को राहत देना।

वही, परमी के राहत देते हाथ मरोड़ रहा था, 'क्या कहा था तूने? बेदीन हैं हम? और क्या कहा था जेबा से?··तू किस पुलिस से पकड़वाती हमें?·· बुला तो अब अपनी पुलिस को··? अपने यार को··, हम रचा देंगे तेरी शादी..।'

उस दिन अस्पताल इमरजेंसी केसों से अटा पड़ा था। सोलह साला लड़की का भ्रूण साफ करते उसने नर्स जेबा से गुस्से में भरकर कहा था, 'बहुत गलत काम कर रहे हैं लड़के, सिर फिर गया है। क्या दीन यही सिखाता है?' परमी खुद पर काबू नहीं पा सकी थी उस दिन। पहली बार मुँह खोलकर गलत को गलत कहा था।

जेबा जलती थी परमी से। नहीं, परमी की ताकत से—उसके हाथ में जो शफा थी। जेबा ने बात अफजल तक पहुँचाई।

शमा ने सुना तो परमी को डाँटा, 'तू इतनी सीधी क्यों है परमी? वक्त पर अब ऐतबार नहीं। जेबा पर तो बिलकुल नहीं। अपनी सलामती की कुछ फिक्र किया कर!'

परमी हँसकर टाल गई। उसने खरी बात कही है। उसे क्या डर? शमा हमेशा से डरपोक लड़की रही है।

'नहीं परमी, आजकल अजहर बहुत परेशान है। उसके कई दोस्त अलग-अलग गुटों में शामिल हो गए हैं। वह कब तक बचा रहेगा? उसे कोई बचने देगा भी नहीं।'

'सब ठीक हो जाएगा।' परमी ने सहेली को तसल्ली दी। उम्मीद···। परमी के पेशे ने उम्मीद देना ही सीखा है—साँस की आखिरी उठान तक। 'हम लोग दरगाह जाएँगे। मस्जिद की चौखट पर माथा नवाएँगे। मैं भी बड़े दिनों से हारी पर्वत नहीं गई—बड़ा मन है।'

उस वक्त नरेंद्र का उदास चेहरा जेहन में कौंधा था। कैसा होगा? सुना, नगरोटा के पास शिविर में रहता है—बेघर, अकेला। मन तो परमी के पास ही छोड़ गया था, यहीं, अपनी पुरखों की माटी के पास!

काकनी ने सहम भरी नजर से बेटी को देखा था। अजहर ने जीप स्टार्ट करते कहा, 'फिक्र मत कर काकनी, हम हैं न?'

जीप की रफ्तार में तीखी हवा दम घुटा रही थी। तीखी बर्छियों-सी ठंड फिरन के भीतर घुसी जा रही थी। दोनों लड़कियों ने दुपट्टों से सिर कसकर ढक दिए थे। कान, माथा, मुँह सब। सिर्फ आँखों के जोड़े और नाक की नोक दुपट्टे के बीच से बाहर झाँक रहे थे। शहर खामोश था। जगह-जगह पुलिस और रेत के बोरे···!

हारी पर्वत की पहाड़ी पर चक्रेश्वर का मंदिर दूर से दिखाई दे रहा था। मंदिर के शिखर पर फहराता ध्वज, और नीचे दामन में मस्जिद की ऊँची उठी नक्काशीदार इमारत! अकबर बादशाह के सर्वधर्म समभाव का अद्‌भुत नमूना! मंदिर-मस्जिद एक साथ। क्या सोचकर बनाया होगा? जब धर्म के नाम पर सिर फुटौव्वलें होंगी तो सभी अपने-अपने अल्लाह-ईश्वर को एक जगह याद कर अपनी भूलों का प्रायश्चित करेंगे? अकबर बादशाह! आकर देख लो। हालात के मोड़ ने तुझे गलत साबित कर दिया।

अचानक भूचाल का झटका सा लगा। जीप के आगे, बीच रास्ते रायफल-पिस्तौलों से लैस चार युवकों ने अजहर को रोक लिया। अजहर ने किनारे के खेतों से जीप निकालने के लिए स्टेयरिंग मोड़ दिया। पर तभी धमाका सा हुआ। जीप घिसटकर एक तरफ रुक गई। शायद उन्होंने टायर पंक्चर कर दिया था।

फिर आसमान से कहर बरस गया, धरती डोलने लगी। जगह-जगह दरारों, खाइयों और खंदकों के बीच वे घिसटते रहे। किसी ने अजहर के सिर पर रायफल के कुंदे से वार किया। वह चीख मार वहीं जीप के पास ही लुढ़क गया। दोनों लड़कियाँ, जो आखिरी उम्मीद की तरह उससे चिपट गई थीं, उन्हें खींचकर अलग कर दिया गया।

वे अलग-अलग दिशाओं में घसीटी गईं। एक को दूसरे की खबर नहीं रही। सिर्फ चीखें हवाओं को चीरती गईं।

'शमाऽऽऽ।'

'परमीऽऽऽ।'

आर्तध्वनियाँ कुछ देर हवा में गूँजीं, फिर विलीन हो गईं। पता नहीं पुलिस के कानों तक पहुँचीं कि नहीं।

परमी ने बाघ देखे, एक साथ कई बाघ। शिकार नोचते। वह लड़ती रही, जब तक कि पंजों और लातों के हथियार भोंथरे न हो गए। टूटती हड्डियों और चटखती नसों की दहशत देखती रही, खुद से अलग होकर। तब उसने देखा, चक्रेश्वर मंदिर का पुजारी रस्सों से बँधा पड़ा है और देवी थान से गायब है। परमी ने धरती को फटते देखा। जहाँ ठंडे पानी के सोते ने उस पर शफा का हाथ फेरा। आह! हब्बाखातून का ठंडा चश्मा। पाक, पवित्र, थान! नापाक लहू धुल-पुँछ गया। हवाओं ने माथे पर पसीना पोंछ दिया, उसी तरह, जिस तरह वह जख्मियों की पीड़ा पोंछ देती थी। परमी को लगा, किसी ने उसकी अनावृत्त देह को सफेद चादर से ढककर इज्जत दी। क्या अजहर उस तक पहुँच गया? अचानक उसे मस्जिद की अजान के साथ सूने चक्रेश्वर की घंटियाँ बजती सुनाई पड़ीं''अरे! नरेंद्र वापस घर लौट रहा है? ढेर सारे नाते-रिश्तेदार जवाहर टनल के भीतर से वादी में अपने घरों की तरफ लौट रहे हैं। परमी जानती थी, सब ठीक हो जाएगा।

परमी हवा में रुई के फाहे सी उड़ने लगी है, हलकी, बेहद।

परमी की आँखों में दीये की आखिरी लौ काँपी। शायद अजहर और शमा को उन्होंने छोड़ दिया हो, दीन का लिहाज करके। आखिर वे लोग दीन के लिए जिहाद कर रहे थे। कम-से-कम जिंदा काकनी को तो कोई अंधी कब्र से बाहर निकाल लेगा। लेकिन परमी नहीं जानती थी कि कुछ ही दूर पर मनौतीवाले पत्थर की ओट, शमा भी उसी की तरह लहूलुहान पड़ी है। उसने भी आखिरी चीख से पहले यह उम्मीद की है कि उन्होंने परमी को छोड़ दिया होगा। वह जो उनके जख्मों का इलाज करती थी''उन्हें उसकी जरूरत थी।

लेकिन सभी सोच गलत हो गए थे। क्योंकि काली बर्फ ने सभी उम्मीदों, सभी विश्वासों को स्याह लबादे से ढक दिया था।

□

बा

—ज्योत्स्ना मिलन

"नानी बा, आज तो असो मन करे के क्याँई चली जाऊँ...दूर..."

"दूर, यानी कलकत्ता? मासी के यहाँ ?"

"नहीं, किसी के यहाँ नहीं !"

"फिर ?"

"कहीं दूर..."

उनके लिए कलकत्ता भी उतनी दूर नहीं था, जितनी दूर वे जाना चाहती थीं। जाने को तो वे कलकत्ता भी कभी नहीं गईं और उन्हें ठीक-ठीक पता भी नहीं था कि कलकत्ता है कितनी दूर? उनके लिए दूरी महत्त्व की तो थी, मगर बात सिर्फ दूरी की नहीं थी। एक घर से दूसरे घर जाना, फिर वो एक हजार किलोमीटर दूर ही क्यों न हो। बा के हिसाब से उस तरह दूर जाना नहीं था।

उसने बा को देखा। वे चार फुट की थीं और एक बार में पूरी दिखती थीं, चाहे ऊपर से नीचे देखो, चाहे नीचे से ऊपर। उस दिन मगर बा को जैसे उसने पहली बार देखा था।

ऐसा आज तक कभी नहीं हुआ कि वह बा के यहाँ गई हो और बा उसे घर पर न मिली हों। घर से बाहर वे दिन में एक बार नियम से जाती। सवेरे की शुरुआत घर का हर सदस्य मंदिर जाने से करता। मामा घर से निकलते लगभग रोज, झोला लेकर। पहले वे मंदिर जाते और लौटते हुए लगे हाथ सब्जी भी डलवा लाते। बापू मंदिर से सीधे धंधे के लिए निकल लेते। बा मंदिर जातीं, बिना किसी दूसरे काम के।

मंदिर कई थे। एक पूरब में था, एक पश्चिम में और एक उत्तर में। उत्तर दिशा वाला जरा दूर था। दक्षिण में यानी घर के दक्षिण में कोई मंदिर नहीं था, जबकि बा की जानकारी के मुताबिक कलियुग में जब सभी दिशाओं से धर्म धीरे-धीरे अलोप हो जाएगा, तब सिर्फ दक्षिण दिशा में देश के? पृथ्वी के? दक्षिणी हिस्से में ही वह बचा रहेगा।

बा घर के सबसे पासवाले मंदिर जातीं। इसके कई फायदे थे। एक तो आने-जाने में अधिक समय खर्च नहीं होता, दूसरे वहाँ वे अकेली भी जा सकती थीं। हालाँकि ऐसी नौबत शायद ही कभी आई हो, और तीसरे, अनगिनती केवलियों और गिनती के तीर्थंकरों में उनके प्रिय आदिनाथ भगवान् वहाँ विराजते थे।

सोना काकी के घर की तरह उनके घर में भी अगर मंदिर होता तो उन्हें घर से बाहर दिन में एक बार भी जाने को नहीं मिलता। सुबह का काम निपटाने में देर हो जाने पर कभी-कभी वे सोना काकी के घरवाले मंदिर चली जातीं, यानी मकान की पाँचवीं मंजिल पर। सोना काकी के घर के बाहर खुली अगासी थी, पर वो छोटी थी, उनके घर के ऊपर थोड़ी बड़ी अगासी थी। कभी जब उनके घर के बाहर साँकल लगी मिलती तो बा सोना काकी की खोज में ऊपर वाली छत पर चली जाती। वहाँ आसमान एकदम पास आ जाता, जो उनके कमरे की खिड़की से जितना भी दिखता था, बहुत दूर दिखाई देता था। खुला और ढेर सारा आसमान उन्हें चारों ओर से घेर लेता। वे वहाँ ज्यादा देर तक खड़ी ही नहीं रह पाती थीं। इतने खुलेपन में उन्हें खो या गिर जाने का डर लगता। वे जल्दी-जल्दी सीढ़ियाँ उतर आतीं, और साँकल खोलकर उस कुठरिया में घुस जातीं, जो भगवान् का घर था। चार फुट की बा को भी झुककर मंदिर में प्रवेश करना पड़ता था और तब उन्हें लगता था कि उनका कद उतना छोटा तो नहीं हो सकता। उस कुठरिया में खड़े होकर वे अपने को कद्दावर महसूस करतीं। सिर के ऊपर की छत को हाथ बढ़ाकर हर बार छू लेतीं।

पाँच बड़े-बड़े कमरोंवाले घर में सबसे छोटा कमरा भगवान् के हिस्से आया था। वह कमरा बा को एकदम सुरक्षित लगता। न गिरने की, न खोने की ही कोई गुंजाइश। उनके आसपास दीवारें और छोटी सी खिड़की थी। परिक्रमा के लिए भी कमरे में कोई जगह नहीं थी।

मंदिर गई हुई बा अधिक-से-अधिक घंटे भर में तो लौट ही आतीं। वो घर और बा एक-दूसरे के पर्याय थे। बा को अगर ले जाकर शहर के बाहर छोड़ दिया जाए तो वे खुद अपने घर को शहर में नहीं खोज सकतीं। किसी से पूछने में भी कई दिक्कतें थीं। बापू का नाम मालूम था, पर बोलना असंभव था। लिखना वे जानती नहीं। हाँ, बापू के पिता का नाम बता सकती थीं। दूसरे, पूछें तो किससे पूछें, सड़कों पर मर्द-ही-मर्द थे और वे सारे मर्दों का घूँघट करती थीं। औरतें जिन्हें वे जानती थीं, कमोबेश उन्हीं जैसी थीं। बाहर की दुनिया के साथ उनका कोई लेना-देना नहीं था।

उनकी पहचानी औरतों में सिर्फ सोना काकी ही ऐसी थीं, जो बाजार जाकर खुद सामान खरीद लाती थीं। अपने कपड़े-लत्ते, चूड़ियाँ, यहाँ तक कि जेवर भी वे अपनी पसंद से लातीं। बा के कपड़े ही नहीं, सबकुछ बापू ही लाते। बढ़िया-से-बढ़िया कपड़ा

और नई चाल के जेवर। उनका मानना था कि कपड़े तो सदा दूसरे की ही पसंद के पहनने चाहिए। देखने तो आखिर दूसरों को ही पड़ते हैं। इस तर्क से तो बापू के कपड़े बा को या घर के किसी दूसरे सदस्य को खरीदने चाहिए। मगर ऐसा होता नहीं था।

बा के पास पाँच-सात साड़ियाँ ही ऐसी थीं, जिनके रंग और छापे स्थायी थे। बाकी तीन-चार ऐसी थीं, जो धोने की नौबत आने पर हर बार धुलकर किसी दूसरे रंग में रँग जातीं। मौसम के मुताबिक जाड़ों में गहरे रंगों में, चटक गुलेनार, नीला, हरा और गरमियों में अंगूरी, मोतिया, सजनसई। चार साड़ियों से हर बार नई और कई साड़ियाँ पहनने का उनका सुख कब का छिन चुका था। उस वक्त बा हरे-लाल छापे की साड़ी पहने थीं, जब उसने यह बात कही थी।

"नानी बा, आज तो असो मन करे के क्याँई चली जाऊँ, दूर..."

उसने बा के वाक्य को मन-ही-मन बोला और फिर उसे देखा, जैसे वह ब्लैक बोर्ड पर लिखा हो। उसमें एक शब्द था 'मन'। क्या यह वाक्य बा ने ही बोला था? कहीं यह शब्द उसने अपनी तरफ से तो नहीं जोड़ दिया? बा के मन होने का कोई प्रमाण उसे आज तक नहीं मिला था। उसने सुना था, कई कोषों से बना है मनुष्य। जैसे—अन्नमय कोष, प्राणमय कोष, मनोमय कोष, ज्ञानमय कोष और आनंदमय कोष। बा मनुष्य है, इसलिए वह भी सभी मनुष्यों की तरह इन्हीं कोषों से बनी होगी और इसीलिए मान लेना चाहिए कि उनका भी मन तो होगा ही। मगर बा के मन होने का पता उसे तो कम-से-कम अभी-अभी और पहली ही बार चला था।

पहली बार बा का मन भी किया तो क्या किया कि 'क्याँई चली जाऊँ...दूर' और यह इच्छा बा के मन में ऐन उस वक्त पैदा हुई थी, जब बापू घर में उनकी तबीयत पूछने आए या किसी भी काम से आए किसी ऐरे-गैरे को भी, घर से तो घर से, कमरे से भी बाहर जाने देने को तैयार नहीं थे। वे चिल्लाकर बोले थे, "खबरदार, इस वक्त कोई भी घर से बाहर नहीं जाएगा। कभी भी आदमी की जरूरत पड़ सकती है।" मौका पेशाब करने का था, पाखाना जाने का भी हो सकता था। दिन में कई बार ये मौके उपस्थित होते और हर बार उस समय कमरे से बाहर निकलनेवाले को पहले तो वे घूरते, आदमी जहाँ-का-तहाँ खड़ा हो जाता। फिर दहाड़ते, "कहाँ जा रहे हो, आदमी चाहिए मुझे। इस वक्त कोई नहीं हिलेगा यहाँ से..." उन्हें डर है कि कभी पेशाब करते-करते ही कहीं...। उन्हें उम्मीद है कि उस वक्त लोग काम आएँगे, उन्हें बचा लेंगे ऐन मौके पर, उनकी हर नाड़ी पर हाथ धर देंगे।

उसे यकीन नहीं आया कि ये वही बापू थे, जो आदमी तो आदमी खुद होकर भूत-प्रेतों तक से झगड़ा मोल लेते। और बकौल बा के, किसी को मारने-पीटने या कुछ भी करने से बापू को रोकने की कोशिश करनेवाले को अपने हाथ-पैर तुड़ाने या सिर

फुड़ाने के लिए तैयार रहना पड़ता था। दप्-दप् करता चौड़ा माथा, एकदम नुकीली नाक और हर पल घोड़े की-सी त्वरा और ऊर्जा बिखेरती सुतवाँ देह। घर में उनके होने भर से किसी के भी लिए खुद अपनी आवाज में बोल पाना संभव न रह जाता।

'इस वक्त कोई नहीं हिलेगा यहाँ से…।' बा जहाँ खड़ी थीं, वहीं-की-वहीं खीले की तरह गड़ गई, जैसे बापू को उनकी इच्छा का पता चल गया हो, जैसे वे पारदर्शी काँच की बनी हों और बापू को उनके भीतर की हर हरकत दिखाई दे रही हो। बापू मगर विट्ठल को घूर रहे थे, जाने के लिए जो अभी आधा ही उठ पाया था। बा ने डरते-डरते अपनी देह को देखा, वह उसी तरह ठोस थी और उसके पीछे वे अपनी इच्छा समेत अभी भी बची हुई थीं।

उसे हैरानी इस बात को लेकर थी कि बा के मन में घर से दूर जाने की इच्छा ही आखिर क्यों जागी होगी? ऐसी क्या गुजरी इस बीच कि जिस घर से आई थी, उस घर में भी लौटकर दुबारा कदम न रखनेवाली बा, पैंसठ साल की उम्र में यानी इस घर में पचपन साल गुजार देने के बाद यहाँ से चली जाना चाहती हैं? मायके जाने के विचार के लिए तो आने के दिन से ही कोई गुंजाइश नहीं बची थी। इस घर को छोड़ पृथ्वी तल पर एक भी जगह ऐसी नहीं थी, जहाँ वे एक दिन भी रही हों। हाँ, अस्पताल में वे जरूर रही थीं, जचकी के या ऑपरेशन के मौकों पर। जाने के लिए एक भी जगह के न होने के बावजूद उन्होंने घर से जाना ही चुना। वैसे वे जल मरने की, समुद्र में डूब जाने की या जहर पी लेने की इच्छा भी कर सकती थीं। जलकर या जहर पीकर तो घर में भी मरा जा सकता था। समुद्र में डूबने के लिए घर से बाहर जाना जरूरी होता।

समुद्र किनारे बा एक ही बार बापू के साथ गई थीं और सारे समय बापू का हाथ थामे रही थीं, जो उन्होंने फेरों के समय को छोड़ शायद ही कभी थामा हो। किनारे पर खड़े होकर दूर तक समुद्र को देखते हुए उन्हें लगा था कि पैरों के नीचे की रेत धँसती जा रही है और वे डूबती जा रही हैं। इतना सारा पानी तो उन्होंने कभी देखा ही नहीं था। गाँव की नदी तो बारिश में ही भर नदी बनती और बाकी साल तो एकाध लकीर भर बची रह जाए नदी के नाम पर, तो भी गनीमत थी। सोना काकी की छत से आसमान को देखकर जैसा लगता था, ठीक वैसा ही खो या डूब जाने का डर सारे समय समुद्र के सामने बा को लगता रहा, जितनी देर वे वहाँ रहीं। वहाँ तो कोई कोठरी भी नहीं थी, सिर्फ बापू थे। वे उनके हाथ से हिलगी रहीं, जैसे उन्हीं के हाथ का विस्तार हों और अपने आप में कुछ न हों।

जलने के लिए घर में उनका अकेले होना जरूरी था। शुरू दिन से अभी तक के पूरे वक्त में बा के जीवन में एक भी मौका ऐसा नहीं आया जब वे अकेली रही हों, घर में या बाहर। यानी हर क्षण उनके साथ कोई-न-कोई तो बना ही रहा। कभी पति, कभी

ननद, कभी देवर, कभी बच्चे। उन्होंने जो कुछ भी किया, किसी–न–किसी की उपस्थिति के दबाव में ही किया, खाने से लगाकर सोने तक सबकुछ। सोचकर उसे झुरझुरी–सी आ गई, जैसे केंचुओं पर पैर रखा गया हो।

छोटी सी बा का गद्दा नीचे, अगल–बगल खाली–सा रहता। उन्हें कभी उसने पूरी लंबान में, जितनी सी उनकी थी, सोते नहीं देखा। हमेशा हाथ–पैर सिकोड़कर, गुड़ी–मुड़ी सोतीं वे। दिन गरमी के हुए तो चोली भले ही गीली करके पहन लें, मगर सोएँगी तो ढाक–छोपकर ही। बकौल बा का लंबान में फैलकर सोना, यानी बेहोश सोना। और एक औरत को तो एक पल के लिए भी होश नहीं खोना चाहिए। चाहे वह सो रही हो, चाहे जाग रही हो। पल में तो प्रलय भी आ सकता है और प्रेमी भी। 'गाफिल नहीं रहेना, नहीं रहेना···' यानी बा सारी उम्र न केवल किसी–न–किसी के साथ रहीं, बल्कि हर पल होश में रहीं।

अगर उनमें मरने की इच्छा जागती तो उनके लिए जहर खाकर मरना ही एकमात्र संभव और आसान तरीका होता। सबसे दिलचस्प बात तो यही है कि बा के मन में ऐसी कोई इच्छा, यानी मरने–मराने की कभी नहीं जागी। अगर कभी जागी भी तो उन्होंने उसे अपनी दूसरी इच्छाओं की तरह असंभव ही माना। हालाँकि मरने की इच्छा तो तब भी नहीं जागी, जब वे दस साल की उम्र में ब्याहकर आई थीं। उस दिन से लगाकर लगभग बाइस साल की होने तक, यानी उनकी खुद की दोनों बेटियों के छह और सात साल की होने तक बिला नागा हर रात, बिना कपड़ों के पिटतीं रहीं। मगर इतने सालों में भी कभी कुबूल नहीं कर पाईं कि उनका भाई उनके साथ मुँह काला करता था।

बरसों कुलबुलाने वाला यह कीड़ा बापू के दिमाग में उनके दूर के किसी भाई ने यों ही खेल–खेल में डाल दिया था और बापू ने उसे हर कीमत पर जिलाया और पाला। जैसे वह संसार का एकमात्र बचाने लायक सच हो।

बा मगर तब तक सिर्फ इतना ही जान पाई थीं कि वे माँ की तरह हैं, बिट्टो दाई की तरह हैं, पिता या भाइयों की तरह नहीं, और दूसरे ये कि वो घर उनका नहीं है, एक दिन वे अपने घर जाएँगी और वही उनके माँ–बाप के लिए असली मोक्ष का दिन होगा।

और सचमुच दस साल की होते–न–होते तो वे अपने घर जाने के लिए निकल पड़ीं। एक बार वे घर से निकलीं तो उन्होंने छूटे हुए घर को पलटकर, एक नजर देखा तक नहीं। देखतीं तो क्या पता, उन्हें वापस लौटना पड़ जाता और सारी उम्र पराए लोगों के बीच, पराए घर में गुजारनी पड़ जाती। पर ऐसा कुछ नहीं हुआ, वे सकुशल अपने घर पहुँच गई थीं।

घर में सास–ससुर नहीं थे, जेठ–जेठानी, ननद–देवर थे। मगर उसी मकान की किसी दूसरी मंजिल के किसी दूसरे कमरे में रहते थे। एक कमरे के घर का दरवाजा लगभग

दिनभर खुला रहता कि कोई भी कभी भी आ और जा सके। उनका घर पहले एक कमरे का था। लंबी सी गली के भीतर की ओर बनी पाँच मंजिला इमारत के पहले माले का आखिरी कमरा। बाद में, पास का ही दूसरा एक कमरा भी मिल गया था। हर कमरे में छोटा सा चौका बना लेने की गुंजाइश, पाणियारे और मोरी के चलते निकल ही आती थी।

घर जब दो कमरों में फैल गया तो चौका एक में सिमट गया, दूसरा सिर्फ सोने-बैठने के काम आता। इन दो कमरों के घर में वे पचपन साल रहीं। पहले वाले कमरे की दो खिड़कियों में से एक, हर मंजिल पर तीन दीवारों और एक जंगले से घिरे मगर ऊपर से खुले सार्वजनिक कूड़ेदानवाली दिशा में खुलती थी, इसलिए अकसर बंद रहने को अभिशप्त थी। दूसरी खिड़की के सामने, सात फुट की दूरी पर दूसरा मकान लगभग उसी मकान की कद-काठी का, खड़ा था। खिड़की के दाएँ कोने से सामनेवाले मकान की खिड़की का पल्ला दिखता और बाएँ कोने से आसमान का छोटा सा एक चकत्ता। दस मिनट से अधिक देर के लिए सूरज या चाँद उतने से आसमान में नहीं रह पाते थे। इसलिए दिनभर में दस मिनट के लिए चौके में धूप आती थी, वो भी गरमियों में, जाड़ों में तो उतनी भी नहीं। दूसरे कमरे में खिड़कियाँ तो तीन थीं, पर एक उसी तरह कूड़ेदान की दिशा में और बाकी दो मकानों के सामने। सँकरी-सी उस गली के दोनों तरफ ऊँचे-ऊँचे मकानों की कतारें थीं। दो दीवारें मेरी, दो तुम्हारी। चारों मेरी या चारों तुम्हारी नहीं। अपनी चारों दीवारों वाले घर उन दिनों कम ही होते थे। एक-दूसरे से सटे, जुड़े-जुड़े, जैसे मकानों को भी अकेले खड़े होने का हौसला न हो। इन खिड़कियों के सामनेवाले घर थोड़े दूर थे, बीस-तीस फुट दूर। खिड़की की बाहरवाली कार्निस पर थोड़ी देर के लिए कभी चाँदनी गिरती थी और बा हर पूनम को जंगले से हाथ बाहर निकालकर चाँदनी के उजाले में सुई पिरकर अपनी आँखों की रोशनी को परखती थीं।

बापू शुरू से आखिर तक उसी एक घर में रहे। न वे खुद वहाँ से जाना चाहते थे, न किसी और को जाने देना। मगर इस दफे बा जाना चाहती थीं। घर का एक ही दरवाजा था और वह ठीक सामने खुलता था। ऐन दरवाजे वाली दीवार से ही सटा था बापू का बिस्तर। घर से बाहर जाने के लिए बा को उसी दरवाजे से बाहर निकलना पड़ता। वे जब भी कमरे से बाहर निकलने को होतीं, चाहे पाखाने के लिए ही क्यों न निकलें, बापू हर बार पूछते, "कहाँ जा रही है ?" जबकि वे अच्छी तरह जानते थे कि मंदिर के अलावा कोई ऐसी जगह नहीं थी, जहाँ बा जा सकें। जाकर रह सकने लायक तो एक भी जगह कहीं थी ही नहीं।

उसने बा को फिर से एक बार देखा, जैसे पहली ही बार देखा हो।

"बा, तुम्हारा कोई भाई या बहन नहीं है ?"

"क्या जाने हो, न हो। एक भाई बड़े थे। एक बहन छोटी थी। मुझसे एक साल

छोटी। मैं दस की वो नौ की। दोनों की शादी एक ही मंडप से हुई थी।''

''तुम अपने भाई को पहचान सकती हो?''

''कहाँ से पहचानूँगी? कभी देखा हो जब तो। मेरी शादी हुई तब वो बारह के थे और अब होंगे सत्तर-पचहत्तर के।''

''यानी तुम लौटकर कभी मायके गई ही नहीं?''

''आं हाँ। जाने ही कब दिया? कहते थे जाना हो तो जा, बस फिर लौटना मत। ऐसे में जाती कैसे? लोग बताते हैं कि मेरा वह भाई पैंतालीस साल का होकर मर गया। जो मेरी शादी के बाद पैदा हुआ था।''

''माँ-बाप को भी फिर कभी देखा ही नहीं?''

''किसी को भी नहीं। एक बार इसी भाई के मरने की उड़ती-उड़ती खबर आई थी। तब ये जरी गोटे की साड़ी पहनाकर मुझे उनके घर के सामने से घुमाने ले गए थे। हो सकता है, तब उनमें से किसी ने मुझे देखा हो, मैंने किसी को नहीं देखा। बचपन के अपने घर को भी नहीं।''

उन दिनों साल भर से बापू बिस्तर पर थे। ऊँचे-ऊँचे मकानों के बीच ठुँसे उस मकान की खिड़की से कुदरती प्रकाश तो किसी तरह थोड़ा न थाड़ा आ ही जाता था, मगर कुदरती हवा का घर में प्रवेश कर पाना लगभग असंभव ही था। पेड़-पौधों के नाम पर किसी-किसी मुँड़ेर पर रखे दो-चार गमले या दीवारों को फोड़कर उग आए पीपल के सिवा दूर-दूर तक कहीं कुछ नहीं था।

घर में कुदरती हवा न सही पंखे की हवा तब भी थी, मगर वो बापू को सहन नहीं थी। इसलिए बा का हाथपंखा झलना लाजिमी था, खासतौर पर तब और भी, जब वे सो रहे हों। फिर वक्त कोई सा भी हो, दिन का या रात का। सुबह और शाम को दिन का हिस्सा माना जाना चाहिए कि रात का, वह कभी तय नहीं कर पाती थी। खुदा-न-खास्ता वक्त रात का हुआ और बा को झपकी लगने तथा बापू की नींद उचटने का मौका एक ही हुआ तो बापू की रोज की उसी-उसी तोतारटंत से बा का कोई बचाव नहीं था। ''दिनभर धंधा करती है नालायक और रातभर तानती है। मेरी अब इसे क्या जरूरत?''

बापू की नींद उचटने पर जब कभी बा सोई न मिलती तो पंखा गोद में धरे बैठी मिलतीं, खिड़की से बाहर के अँधेरे को ताकतीं।

बापू को अचानक डर लग जाता, जैसे वहाँ बा की मूरत विराजमान हो और बा कहीं चली गई हों। वे हड़बड़ाकर दोनों हाथ से उन्हें झकझोर डालते 'कुंथी...कुंथी...!'

बा अँधेरे को ताकने की तरह ही उनको ताकतीं और गोद से पंखा उठाकर फिर से झलने लग जातीं।

□

हमवतन

—पद्मा सचदेव

कोलाबा जानेवाले बस स्टैंड पर मैं अकेली खड़ी थी। वर्ली सी फेस के सामने बंबई का समुद्र हाथ-मुँह धोकर सुबह के पूरी तरह खिलने का इंतजार कर रहा था। उसकी छाती पर अठखेलियाँ करते समुद्र-पाखी लहरों के साथ ऊपर-नीचे जा रहे थे। दूर तक फैले समुद्र पर जहाँ मटियाला सा नजर आता था, वहाँ खड़े दो-तीन जहाज चित्र की तरह मढ़े लग रहे थे। तभी सुबह के साथ अठखेलियाँ करती हवा ने मेरे कान में आकर कहा, ''कोलाबा जानेवाली बस आ रही हैऽऽऽ।''

बस घूँऽऽ करके झटके के साथ आकर रुकी। मैं बस पर चढ़कर बिना रुके सीढ़ियों से ऊपर की मंजिल पर दौड़कर चढ़ गई और आगे की सीट पर बैठ गई। समुद्र की लहरों ने मुझे पकड़ना चाहा। ज्योंही खूब ऊँची छलाँग उन्होंने लगाई तो मैं पूरी उसमें भीग गई। बस दौड़ने लगी तो मुझे लगा, मैं हिंडोले पर झूल रही हूँ। बस बाएँ मुड़ती तो मैं पूरी-की-पूरी पीतल की गगरी की तरह बाएँ झुक जाती और दाएँ मुड़ती तो दाएँ लुढ़क जाती। सीट की लोहे की डंडी को जोर से थामे हाजी अली के आगे से निकली तो मैंने हाजी अली पीर को झुककर आदाब करके सैनिकों की लंबी उम्र की भीख माँगी। हाजी अली का सुंदर चौराहा पार करके मैं पेडर रोड में दाखिल हुई तो मुझे होश आया और 1971 की जंग में जख्मी हुए जवानों की सूरतें आँखों में घूमने लगीं।

भारत-पाक में छिड़ा युद्ध खत्म हो गया था। बच गई थीं कुछ साँसें, जिन्हें जंग के मैदान से उठाकर लाना पड़ा था। मुझे खयाल आया, इसी तरह कई जख्मी पाकिस्तान में भी होंगे। मैं कोलाबा के मिलिटरी अस्पताल में आए घायल सैनिकों को देखने जाती थी। वहाँ के सभी डॉक्टर व नर्सें मुझे जानते थे। वही बता देते थे, आज इस मरीज के पास जाकर बैठो, आज उस सिपाही से बातें करो। मैं उनकी दवाई का भी पूरा ध्यान रखती और उनसे बातें करती रहती। बड़ा सुकून मिलता। यूँ लगता, इस जंग में मेरा भी

योगदान है। मैं इनकी सेवा करके देश की सेवा कर रही हूँ। रास्ते में मैंने अपनी हैसियत के मुताबिक एक दर्जन केले, एक दर्जन संतरे और कुछ गुलाब के फूल खरीदे। सीढ़ियाँ चढ़कर मैं अस्पताल के पहले माले पर पहुँची, तो व्हील चेयर पर उकड़ूँ बैठा एक सिपाही आँखों पर हाथ रखे कराह रहा था, ''हाये माये, के कराँ (हे माँ, क्या करूँ?) ?''

मैं चौंकी, यह डोगरा जवान है। मैंने वहीं से व्हील चेयर पर हाथ रखा और खिदमतगार की तरफ मुसकराकर देखा और साथ-साथ चल पड़ी। कमरे में जब उसे बिस्तर पर लिटाया गया तो फिर वह एक बार बोला, ''हाये माये, बड़ी पीड़ ए (हे माँ, बड़ी पीड़ा है।)।''

मेरा कलेजा बाहर आ गया। उसकी आवाज में पता नहीं कितने दर्द भरे थे। 'माँ' कहते वक्त जब उसके होंठ मिले तो उसके सूजे हुए होंठों पर खून का एक कतरा निकल आया। डॉक्टर ने आकर उसे एक इंजेक्शन दिया। उसका मुँह-सिर ढका ही था। मैंने उसके कंधे पर हाथ रखा और धीरे, बहुत धीरे जैसे माँ अपने सोए बच्चे की बगल में जाकर लेटती है, डोगरी की लोरी गानी शुरू कर दी :

''तूँ मल्ला तूँ लोक भन्नन, ठीकरियाँ बदाम भन्ने तूँ,
तूँ मल्ला दूँ लोक ब्हौन, मंडियाँ नेयाँ करें तूँ।''

(मेरे बच्चे, लोग ठीकरे तोड़ें तो तू बादाम तोड़ें, लोग अदालत में बैठें तो तू उनका न्याय करे। यही मेरी दुआ है।)

उसकी साँस हलकी होती गई। उसने बड़ी कोशिश करके एक आँख जरा सी खोली और इत्मीनान से मुझे देखा। उसके गाल मुसकराहट में खिंचे। उसके होंठों पर खून का कतरा एक विद्रोही की तरह आ निकला। उसने गरदन को जरा सी जुंबिश देकर कहा, ''गाओ, और गाओ।'' लोरी का अंतरा अभी अधर में ही फड़फड़ा रहा था कि वह तृप्त बच्चे की तरह सो गया।

उसके सोते ही अपने दोनों हाथों से मुँह छुपाकर मैंने अपने आँसू बह जाने दिए। पता नहीं यह कब तक चला। बेआवाज आँसू निकालने में बड़ी तकलीफ होती है। आवाज अंदर ही घुटकर फड़फड़ाती रहती है। खारा पानी निकलने के बाद भी कुछ भीतर रह जाता है, जो बादलों में बिजली की तरह मुखर होता रहता है।

अचानक कंधे पर एक हाथ का कसाव मुझे बाहरी दुनिया में ले आया। मैंने अपनी चुनरी से आँसू पोंछे और घूमकर देखा। सिपाही की उम्र का ही एक डॉक्टर सफेद कोट पर झूलता स्टेथेस्कोप हाथ में थामे बड़ी हमदर्दी से मुझे देख रहा था। उस वार्ड में छह बीमार थे। सबके बिस्तर के आगे परदे लगे थे। उनके भीतर युद्ध की भयावहता का नंगा रूप खुला पड़ा था। डॉक्टर ने मुझे पीछे आने का इशारा किया। बाहर कॉरीडोर में आते ही उसने बहुत धीमी आवाज में पूछा, ''आपको कैसे पता चला?''

मैं हैरान सी डॉक्टर को देखने लगी। शायद उसे अपनी गलती का अहसास हुआ। वह सवालिया निगाहों से मुझे देखने लगा। मैंने कहा, "मैं रोज यहाँ मरीजों के पास आकर बैठती हूँ। यह डोगरी बोल रहा था, तो मैं इसके पीछे-पीछे चली गई। यह मेरा हमवतन है। इससे बड़ा कोई रिश्ता नहीं होता। इसे क्या हुआ है डॉक्टर साहब?"

वह वार्ड के अंत में खिड़की से झाँकते समुद्र को देखते हुए बोला, "इसके दिमाग में छर्रे घुस गए हैं। यह बम फटने के स्थान से अपने साथी को उठाकर लाया था। हम कुछ नहीं कर सकते। बस, जब तक है, तब तक इसकी देखभाल कर सकते हैं। इसकी तकलीफ किसी से देखी नहीं जाती। जब यह चिल्लाता है, तब दीवारें भी सहमकर काँपने लगती हैं।"

मैंने पूछा, "इसके घरवालों को तार दे दिया होगा? जम्मू से यहाँ आने में भी दो दिन लगेंगे।"

डॉक्टर चुपचाप सोचने लगा। फिर बोला, "पर आप आती रहिए। मरने से पहले किसी अपने को देखकर इसे यकीनन खुशी होगी।"

मैंने पूछा, "डॉक्टर साहब, इसे कब तक होश आएगा?"

डॉक्टर मायूस होकर बोला, "दर्द पर मुनहसिर है। चार-पाँच घंटे तक आ सकता है।"

चार घंटे बाद जब मैं लौटी तो वह सूप पी रहा था। मैं आकर उसकी चारपाई के पास रखे स्टूल पर बैठ गई। मैंने पूछा, "हुन ठीक ओ न?"

उसने कहा, "हाँ, इस वक्त तो ठीक हूँ।" सूप पीते वक्त मुँह खोलने में उसे तकलीफ हो रही थी, पर अब उसके होंठ पहले से कम सूजे हुए थे। उसने लड़खड़ाती आवाज में पूछा, "इत्थें कीयाँ आइयाँ?"

मैंने कहा, "मैं यहाँ रोज घायल सिपाहियों को देखने आती हूँ। नर्सें बता देती हैं, किसके पास बैठूँ। किसी-किसी की सेवा करने का मौका मिल जाता है। कई लड़कियाँ आती हैं। सिपाहियों से बातें करके लगता है, देश की रक्षा में हमारा भी योगदान है और आपको तो पता ही होगा, हमारे सैकड़ों-हजारों लोकगीत सिपाहियों पर ही रचे गए हैं। मुझे अपने सिपाही बहुत अच्छे लगते हैं।"

उसने खुश होकर कहा, "आपको सिपाहियों के लोकगीत आते हैं?"

मैंने कहा, "हाँ, हर डोगरी औरत को आते हैं।"

वह आग्रह से बोला, "मेरे लिए गाइए न!"

मैंने अपना गला धीरे से साफ किया और ऐसे गुनगुनाने लगी, जिसे सिर्फ वह सुन सके :

"बोल मेरिये जिंदड़िये

दूर सपाई कीयाँ रोहंदे न?''

(मेरी जान, बताओ सिपाही दूर कैसे रहते हैं?)

उसे अपनी भाषा में गीत सुनकर सुकून मिल रहा था, जैसे मादरी जबान उसका दर्द पी रही थी। आसपास मरघट जैसी खामोशी थी। थोड़ी देर बाद मैं चुप हो गई। मैंने धीरे से पूछा, ''आप कहाँ के हैं?''

उसने कहा, ''चनैनी का हूँ। जम्मू से कश्मीर जाते हुए दाईं तरफ सफेद-सफेद महल है न, वहीं एक नदी बहती है। वहीं बिजलीघर भी है। चनैनी के राजा की माँ हमारे ही गाँव की बेटी थी। मैं कई बार राजा के महल में भी गया हूँ।'' राजा की बात करते-करते उसके चेहरे पर बड़प्पन की एक परछाईं उजलाने लगी। मुझे लगा, यह खुद भी राजा है।

मैंने पूछा, ''घर में कौन-कौन हैं?''

उसकी आँखें भर आईं, फिर वह मुसकराकर बोला, ''सब कोई है। मेरी माँ, बापूजी, बड़ी भाभी, भाईजी और उनके बच्चे। वैसे तो गाँव में हर कोई अपना ही होता है।'' फिर वह बोला, ''बोबोजी (बड़ी बहन), आप कहाँ की हैं?''

मैंने कहा, ''पुरमंडल की हूँ। नाम सुना है?''

वह उत्साह से बोला, ''मैं वहाँ शिवरात्रि में गया था। देविका में भी नहाया था। देविका को गुप्तगंगा कहते हैं न?''

मैंने मुसकराकर कहा, ''हाँ।''

फिर वह बोला, ''मैं अपनी भाभी को लिवाने गया था।''

मैंने पूछा, ''तुम्हारी भाभी कौन से मुहल्ले की है?''

उसने रस में डूबकर कहा, ''बोबो, मुहल्ला तो नहीं जानता, पर उसके घर अत्ती है। भाभी की छोटी बहन अत्ती। यह उसका नाम है।''

मैंने पूछा, ''यह क्या नाम हुआ, अत्ती?''

उसने मुसकराकर कहा, ''अति से बना होगा? वह काम अति में ही करती है। पानी भरने जाएगी तो 16 घड़े भर लाएगी। एक बार में दो घड़े उठाती है अत्ती।''

उसका चेहरा मुलायम हो आया। पूरे वजूद पर जैसे अत्ती छा गई।

मैंने उससे बड़े स्नेह से पूछा, ''तुम्हें अत्ती अच्छी लगती है न?''

वह शरमा गया।

मैंने मन के आकाश में सपने का एक गुब्बारा बनाकर छोड़ दिया। ऊपर, बहुत ऊपर। फिर सोचा, अपने गाँव में अत्ती को ढूँढ़ना कोई मुश्किल न होगा। ढूँढ़ ही लूँगी, पर किसके लिए?

वह कह रहा था, ''मेरी माँ रोज सवेरे मुझे किरड़ पिलाती थी। किरड़ जानती हो न?''

मैंने कहा, ''हाँ, जिस दही से मक्खन नहीं निकाला जाता, उस लस्सी को किरड़ कहते हैं।''

हम दोनों ही एक साथ बोलकर हँस पड़े।

मैं उसका हाथ सहला रही थी। वह कह रहा था, ''बोबोजी, मेरे बापू भी फौज में ही थे। लड़ाई में उनकी बाँह पर गोली लगी तो पेंशन पाकर घर आ गए। अब उनकी पेंशन और थोड़ी सी खेती से ही गुजारा होता है।''

मैंने पूछा, ''और तुम्हारा भाई?''

वह कहने लगा, ''भाई तो जम्मू-कश्मीर रूट पर बस चलाता है। कभी जम्मू, कभी कश्मीर। महीने में एक-दो दिन घर भी रहने आता है।''

मैंने कहा, ''फिर तो तुम उसके साथ बस पर खूब घूमते होगे?''

सिपाही का चेहरा और नरम हो गया। कहने लगा, ''कई बार भाई अपने साथ बस में ले जाता था। बटोत में हमारा ननिहाल है न! भापा मुझे वही छोड़ जाता था। आती बार वापस ले आता था। मेरे ननिहाल में मेरे मामा-मामी मुझे बड़ा प्यार करते हैं। उनके दड़ूनियों के बाग हैं। उनसे खट्टा अनारदाना बनता है। हम गरमियों में अनारदाने की चटनी पीसकर खीरे में भरकर खाते हैं।''

हम दोनों हँस पड़े।

मैंने पूछा, ''तुम फौज में कब से हो?''

बोला, ''यही कोई चार साल से। बापू तो चाहते थे, वहीं चनैनी में ही दुकानदारी करूँ। बापू को जब एकमुश्त पैसा मिला तो उनकी यही मरजी थी, पर मैं अड़ गया। मैंने कहा, ''हमारे परिवार से हमेशा कोई-न-कोई फौज में जाता ही है। अब आप आ गए हैं तो मैं जाऊँगा।'' यह कहकर वह मुसकराया, फिर बोला, ''आज या कल कोई घर से भी आ जाना चाहिए; पर आप तब भी आती रहना।''

''क्यों नहीं आऊँगी, जरूर आऊँगी।'' मैंने कहा।

तभी मैंने देखा, उसके चेहरे पर दर्द की लहरें उठने लगी थीं। ज्वारभाटे के इंतजार में उसने दोनों हाथों से चारपाई की पाटी पकड़ ली। तभी डॉक्टर घबराया सा दाखिल हुआ। उसे पता नहीं कैसे मालूम हो गया था। उसके साथ नर्स थी। डॉक्टर मुझे देखकर सुकून व इत्मीनान से बीमार के पास झुका और उससे बोला, ''देखा न, घर से भी कोई-न-कोई आ ही गया। मैंने कहा था न!''

सिपाही मुसकराया, फिर बोला, ''अभी मैं दर्द बरदाश्त कर सकता हूँ। बोबोजी भी यहीं हैं।''

डॉक्टर ने सवालिया निगाह से मुझे देखा। मैंने कहा, "डॉक्टर साहब, डोगरी में बोबो बड़ी बहन को कहते हैं।" फिर सिपाही की ओर मुखातिब होकर उससे कहा, "मैं तुम्हारी चनैनी भी हूँ। चिंता न करो। हमारा गाँव हमेशा हमारे साथ ही रहता है।" पता नहीं यह मैंने कैसे कह दिया। अपने गाँव के नाम से वह तड़पकर मुसकराया। मैंने उसका हाथ अपने हाथ में लेकर कहा—

"चन्न म्हाड़ा चढ़ेया ते लिशके बिच्च थालिया
चमकी चनैन मोइये दिक्ख रात्ती कालिया
मिलना जरूर मेरी जान हो।

(मेरा चाँद थाली में चमक रहा है। देखो, चनैनी कस्बा काली रात में कैसे उज्ज्वल होकर चाँद की तरह निकल आया है। मेरी जान, मिलना जरूर।)

देखो, तुम्हारी चनैनी पर भी लोकगीत बना है।"

वह मुझे अविश्वास से देख रहा था। शायद वह सोच रहा था कि मैं चनैनी हूँ या नहीं। चनैनी उसका खूबसूरत कस्बा, उसका जन्म-स्थान, जहाँ काली रातों में चमकते राजाओं के सफेद महल हैं, जहाँ बहती नदी के पानी से झाँकते गोल-गोल पत्थर तारों की तरह जगमग करते हैं, जहाँ से श्रीनगर जाती बस की घुमावदार चाल को उसका कस्बा टुकुर-टुकुर ताकता रहता है, जैसे नंग-धड़ंग बच्चे हैरानी से बस की रोशनियाँ देखते हैं। डॉक्टर ने सिपाही को इंजेक्शन लगा दिया था। वह धीरे-धीरे नींद की गोद में जा रहा था।

डॉक्टर ने मेरे कंधे पर हाथ रखा। मैं रो रही थी। क्या ये टुकुर-टुकुर ताकती इसकी आँखें सचमुच में निश्चल हो जाएँगी? क्या यह अपनी जन्मभूमि के लिए तड़पनेवाला सिपाही यहाँ बंबई के किसी श्मशान घाट में राख हो जाएगा, या इसके घरवाले इसका शव चनैनी ले जाएँगे, कौन जाने? मैं तो यूँ ही लपेट में आ गई थी। डॉक्टर की आवाज से मैं चैतन्य हुई। मैंने अपने आँसू बह जाने दिए। डॉक्टर ने उन पर कोई ध्यान नहीं दिया। बाहर आकर मिन्नत से बोला, "आप कल भी आएँगी न?"

मैंने कहा, "हाँ।"

डॉक्टर ने कहा, "आप कभी भी आइए, पर सुबह नाश्ते के वक्त यह थोड़ा चैतन्य रहता है।"

घर जाते समय मुझे लग रहा था, मेरा आत्मीय, मेरा अपना, मेरा वतनजाया यहाँ अकेला पड़ा है। मेरी तरह कई वापस जा रहे थे। कोई आशा के साथ, कोई दुविधा के साथ। सिपाही को डॉक्टर ने दो-तीन दिन से ज्यादा न दिए थे।

अगली सुबह मैं पहुँची तो वह नाश्ता कर चुका था। नर्स उसका मुँह पोंछ रही थी। छर्रों से भरे सिर पर सफेद कपड़ा कफन की तरह लिपटा हुआ था। उसने मुसकराकर

मेरी ओर देखा तो वह मुझे किसी दरवेश की तरह लगा। दरवेश, जो अपनी जगह से निकलकर बाहर आ गया हो। नर्स ने आँखों-ही-आँखों में पूछा। मैंने कलाकंद का दोना उसकी तरफ कर दिया। नर्स भी मुसकराने लगी थी। उसने कलाकंद का दोना हाथ में लिया और सिपाही को खिलाने लगी। सिपाही ने काफी कलाकंद खा लिया तो कहा, "सिस्टर, तुम भी खाओ न।" सिस्टर मुसकराती रही। सिपाही ने मुझे कहा, "इस कलाकंद में मुझे उस गुड़ की बर्फी की याद आती है, जो हमारी चनैनी में दुर्गा हलवाई बनाता था।" इस बात पर हम तीनों हँसे तो हँसते ही चले गए। सिपाही के गले में जैसे कुछ फँसा। मैंने उसकी पीठ पर हाथ फेरा और नर्स उसे पानी पिलाने लगी। काफी देर में उसकी साँस सामान्य हुई। वह ठीक होते ही कहने लगा, "बोबोजी, आज बड़ा आनंद आया। मुझे कलाकंद बड़ा प्रिय है।"

मुझे उस पर बड़ा प्यार आया। मैंने प्रसन्न होकर कहा, "तुम कहो तो कल राजमा-चावल ले आऊँ?"

उसकी आँखें चमकने लगीं। वह बोला, "राजमा-चावल खाए सच में बड़े दिन हो गए। क्या राजमा पुंछ के हैं?"

मैंने कहा, "हाँ, पुंछ के ही हैं।" वह बेहद खुश हुआ तो मैंने उसे छेड़ा, "क्या अत्ती को चिट्ठी लिखूँ?"

वह शरमा गया। एक क्षण के लिए जैसे उसकी सारी पीड़ा काफूर बनकर उड़ गई। फिर कनखियों से मुझे देखकर बोला, "कैसी बात करती हो बोबो! भाईजी सुनेंगे तो मार ही डालेंगे।"

वह पता नहीं जानता था या नहीं, मार डालने के लिए उसके सिर में धँसे छर्रे धीरे-धीरे जहर बनकर उसे अपने आगोश में ले रहे हैं। बेहोशी फिर उस पर तारी होने लगी थी। उसका मुँह चमक रहा था। उसके हाथों ने कसकर मेरे दुपट्टे का कोना पकड़ा हुआ था। मैंने सोचा, यह सो जाएगा तो इसकी उँगलियों में फँसा यह दुपट्टा कैसे निकालूँगी? मन के भीतर पहाड़ी बादलों के सीने में चमकती बिजली कड़कने लगी। मैंने उसके माथे पर हाथ फेरते-फेरते कहा, "यहाँ से ठीक होकर तुम चनैनी जाओगे या बटोत?"

उसने यत्न करके जवाब दिया, "पहले यहाँ से तो निकलूँ। इस चारपाई से मैं बड़ा तंग हूँ। लगता है, यह दर्द की रस्सियों से बुनी हुई है और सारी रस्सियाँ मेरे इर्द-गिर्द लिपटी हुई हैं।"

मैं उसकी दार्शनिकता पर मुग्ध हुई। नींद में जाता-जाता वह बोला, "राजमा बहुत गलाना और मिर्चें कम डालना।"

मैंने कहा, "ठीक है, अब तुम सो जाओ। मैं कल सुबह आऊँगी।" उसने आँखें खोलने की कोशिश की। मैंने कहा, "सो जाओ और देखो, सिपाही घबराता नहीं है।

डोगरा सिपाहियों के हौसले सिपाहियों के गीत गानेवालों के सुरों में बुलंद रहते हैं।'' वह मुसकराया। उसकी मुसकराहट रोने से ज्यादा उदास थी। उसने मेरा आँचल पकड़ लिया था। उसकी साँस शिशु की साँस की तरह कोमल और स्निग्ध हो गई थी। मेरा आँचल भी उसके हाथों से छूट रहा था। मैंने धीरे से उसे खींचा और उसकी चारपाई पर हाथ धरे उसकी साँस का आरोह-अवरोह देखने लगी।

नर्स ने आकर कहा, ''अब ये चार-पाँच घंटे सोएगा बाई! तुम जाओ।''

मैंने कहा, ''नर्स, अगर तुम्हारे रहते उसे होश आ गया तो उसे कहना, मैं कल उसके लिए खाना जल्दी ही लेकर आऊँगी।''

अगले दिन खाने से डिब्बा भरकर, राजमा की खुशबू को बंद करके मैं अस्पताल में उसके वार्ड की ओर जा रही थी, तो सोच रही थी, राजमा-चावल खाकर सिपाही कितना खुश होगा। मेरी चाल तेज हो गई। स्त्री को खाना बनाकर खिलाने में अनिर्वचनीय सुख मिलता है। मेरे कदम तेज होते गए। उत्साह दौड़ने लगा। जब मैं उसके वार्ड में पहुँची तो देखा, उसके बेड पर तीन-चार सिर झुके हुए हैं। टाँग में पलस्तर चढ़ा है और सिर पर वह सफेद कफन सा भी नहीं है। वह कराह रहा था। मैं पास जाकर खड़ी हुई। रोटी के गरम डिब्बे पर टपकते अपने आँसुओं की आवाज मैं सुन सकती थी। डॉक्टर उसे देख रहे थे। यह सिपाही कोई दूसरा था। जिसके लिए मैं राजमा-चावल लाई थी, वह कहाँ चला गया? तभी मैंने देखा, कलवाली नर्स एक ट्रे रखकर जा रही थी। मैं उसके पीछे भागी। मैंने कॉरीडोर में उससे पूछा, ''सिस्टर, वह कहाँ है, जिसके लिए मैं राजमा-चावल लाई हूँ?''

सिस्टर बोली, ''उसके बाद तो उसे होश नहीं आया। कल रात ही उसे ले गए थे। यह सोल्जर आधी रात को आया है।''

नर्स के लिए यह रोज की बात थी। मैं कितनी देर वहीं खड़ी रही। फिर जाते-जाते मैंने अस्पताल के फाटक के साथ वह डिब्बा रखा और घर चली आई।

इस बात को कई बरस हो गए हैं। एक बार जम्मू जाने पर सिपाही की बड़ी याद आई तो तड़के ही मैं चनैनी की बस पर सवार हो गई। अगली सीट पर बैठे-बैठे मोड़ों की प्रदक्षिणा से निढाल होकर आँख लगी तो जगह-जगह सिपाही दिखाई देने लगा, जैसे वह मेरे साथ-साथ चनैनी जा रहा हो। पता नहीं उसके माँ-बाप, भाई, भाभी, बच्चे कैसे होंगे? और अत्ती का तो ब्याह हो गया होगा। वह कहाँ जान पाएगी, उससे ब्याह करने की एक ख्वाहिश चिता में भस्म हो चुकी है।

ठंडी पहाड़ी हवा बार-बार आकर मेरे बालों पर हाथ फिरा रही थी। ख्वाब में मुसकराते सिपाही का चेहरा मोड़ों पर झाँकनेवाले सूरज की तरह चमक रहा था। मुझे लगा, वह भी मेरे साथ चनैनी जा रहा है। अभी मैं पूरी-की-पूरी सिपाही के तसव्वुर

में थी कि कंडक्टर की कर्कश आवाज कानों मैं पड़ी, "चलो उतरो, चनैनी, चनैनी की सवारियाँ।"

मैंने उतरकर आसपास देखा, दो लोग गठरियाँ उठाए चल रहे थे। मैं उनके पीछे-पीछे हो ली। पता नहीं क्यों; उनको मैंने सिपाही के घर का पता पूछने के काबिल नहीं समझा। बाजार में चारों तरफ देख-देखकर मैं हलवाई की दुकान ढूँढ़ रही थी। दुर्गा हलवाई की गुड़ की बर्फी का जिक्र उसने किया था। मैं धीरे-धीरे दाएँ-बाएँ देखती जा रही थी। एक गली में खड़ी कुछ औरतें नल पर पानी भर रही थीं। वे सबकी सब मुझे देखने लगीं।

एक ने पूछा, "आप किसके घर जाएँगी?"

मैंने कहा, "मैं दुर्गा हलवाई को ढूँढ़ रही हूँ।"

एक फूहड़ सी औरत हँसती-हँसती बोली, "दुर्गा हलवाई की तो लॉटरी खुल गई लगती है।"

मुझे उसकी बदतमीजी पर क्रोध आ रहा था, पर उसके पहले ही दूसरी लड़की मुझे अपने साथ ले गई। रास्ते में उसने कहा, "यह करमो बड़ी खच्चर है। कुछ मेंटली भी है। इसकी बात कोई नहीं सुनता। अब देखिए, दुर्गा हलवाई की आँखों का ऑपरेशन खराब हो गया। वह दुकान के बाहर ही चारपाई डाले पड़ा रहता है और जो कोई जाता है, उसको कोंच-कोंचकर सभी के बारे में पूछता है—कौन हो, किसके बेटे हो, तेरा बाप कहाँ है, भाई की चिट्ठी आई कि नहीं? आपको भी बड़ा बोर करेगा।"

मैंने सोचा, यह बोर शब्द पहाड़ों पर भी पहुँच गया है। तभी वह एक दुकान के आगे आकर खड़ी हुई। एक हट्टा-कट्टा साँड़ सा लड़का खोया भून रहा था। उस लड़की ने कहा, "ये शहर से आई हैं। चाचू को पूछ रही हैं।"

उसने खोया भूनते-भूनते ही कहा, "आज वह नहीं आएगा। उसे मलेरिया हुआ है। इनको घर ले जाओ।"

ऊबड़-खाबड़ गली के सिरे पर उसका घर था। बाहर धूप में खटोला डाले दुर्गा उकड़ूँ होकर लेटा था। हम उसके करीब जाकर खड़े हो गए। उसने आहट पाकर पूछा, "कौन है?"

लड़की ने कहा, "चाचू, ये तुम्हें मिलाने आई हैं।"

"कौन, प्यारी हो?"

"हाँ चाचू! ये कुछ पूछना चाहती हैं।"

उसने अपना स्थान नहीं बदला, फिर बोला, "क्या पूछना है? जल्दी करो, वरना खाँसी शुरू हो गई तो…"

मैंने जल्दी से कहा, "सिपाही का पता करने आई हूँ। उसका घर कहाँ है?"

हलवाई ने कहा, "कौन, मंगतू? अच्छा, वह सिपाही! वाह मेरे शेर, आपको भी चकमा दे गया।"

मैं हैरान होकर हलवाई को देखने लगी। उसकी बंद आँखें भी सोच में डूबी थीं। वह बोला, "सतरोड़ा था वह। सतरोड़ा जानती हैं। राजाओं की नाजायज औलादें। उसका अपना कोई न था। वह हमेशा अपनी कहानियाँ गढ़ता था। सुना था, पाकिस्तान की जंग में मारा गया। गाँव में पटवारी को तार आया था। मेरी दुकान पर भी कभी-कभी आकर बैठता था। उसे गुड़ की बर्फी बड़ी पसंद थी।" उसे शायद मेरी चुप्पी खल रही थी। कहने लगा, "बुआ, इस तरह के कई मंगतू हैं, जो सपने देखते-देखते उन्हें सच समझने लगते हैं। उसकी माँ कभी की मर गई थी। उसे कौन देखता? महल के बाहर उसे कोई छोड़ गया था। मेरी दुकान के थड़े पर ही पला था। सर्दियों में मेरी भट्ठी के नीचे वह और कालू पड़े रहते थे। फिर कोई उसे कंबल भी दे गया था, पर मरा सिपाही होकर। शाबाश! अब तो मेरे कालू को मरे भी काफी देर हो गई। अपनी बारी देखो कब आती है। कालू कुत्ता था, पर मंगतू उससे ऐसे बातें करता था, जैसे वह भी आदमी का बच्चा हो।" थोड़ी देर वह चुप रहा। फिर जैसे उसे ध्यान आया। कहने लगा, "जाओ-जाओ बुआ, भीतर चलो। बहुएँ तुम्हें चाय-पानी पूछेंगी।"

इतना बोलकर वह हाँफने लगा। मेरी सुनने-बोलने की शक्ति खत्म हो गई थी। यहाँ तक साथ-साथ आता मंगतू बार-बार आँखों के सामने आ रहा था। मैं उस जगह से कदम उठाने का हौसला बुनने लगी, जहाँ मंगतू उसका परिवार, अत्ती और उसके सपने दफन हो गए थे।

□

आकांक्षाओं के दीप

—उषाकिरण खान

हजारीबाग के जंगल के बीचोबीच कभी फैली थी इनकी छोटी सी जमींदारी। आज ये इसी जंगल के ठेकेदार हैं। पुराना, बड़े अहातेवाला बंगला बिलकुल सूना-सा पड़ा है। लोहे का भारी गेट बंद है। एक खिचड़ी बालोंवाला आदिवासी दरबान बैठा है। सूने मकान का भीतरी भाग हलचलों से भरा है। आँगन में चीख-पुकार मची है। कसे हुए जींस पैंट पर चेक की शर्ट पहनकर सहसा प्रवीर सिंह निकला—

"माँ, ओ माँ, कहाँ हो?"—जोर से चिल्लाया। लंबा-तगड़ा प्रवीर, जिसे माँ-बाप प्यार से 'पप्पू' कहते हैं, सजी हुई सूरत का इनसान है। राह चलते लोगों की आँखें ठिठक जाती हैं। हाथ में छोटी सी थाली पकड़े माँ आती है। सिर से नाक तक पीला सिंदूर लगा है। थाली में खीरे का टुकड़ा, अंकुर और रोली रखी है। माँ ने पप्पू का सिर हाथ से झुकाया; टीका लगाकर खीरे का टुकड़ा खिला दिया।

"आज क्या है माँ?"—बेल्ट बाँधते हुए पूछा पप्पू ने। "तुझे जैसे पता ही नहीं! आज मातृनवमी है बेटे। मैंने उपवास तोड़ा है।"

"ओहो, वही चील और सियार के किस्से वाला त्योहार!" माँ को अपने से सटाता है पप्पू।

"ऐसे नहीं बोलते बेटे!"—माँ ने बरजा। "इन्हीं की कृपा से तो तू मुझे फिर से मिला। इन्हीं की कृपा से तुझे सुख मिलेगा बेटे।" पप्पू उदास हो गया। ऐसा कैसे सोचती है माँ! आस्थाओं के महाजाल में उलझी है। मैं किसी हाल में सुखी नहीं हो सकता। पप्पू सहसा उदास हो आया। माँ ने झुकाकर माथा चूम लिया। आँखें बंद कर लीं। बंद आँखों के सामने 11 वर्ष का पप्पू घूम गया।

"बेटी, विश्वास में ही तो बल है। जिस मातृनवमी के दिन मेरा बेटा खोया था, उसी दिन लौटकर आया। मेरे बेटे की कुंडली में एक ही शादी लिखी है। ...मीरा बेटी,

रीता के सिंदूर में जोर होगा तो, इसे इसका पति मिलेगा। ···तेरी भी जिद है कि जब तक भतीजे को गोद न खिलाऊँगी, शादी नहीं करूँगी··· ।

"माँ-माँ, आज रिपोर्ट-कार्ड मिलेगा। मैं टिफिन नहीं ले जाऊँगा।"

"कब तक आ जाएगा?···आज मातृनवमी है। दो बजे के बाद पारण का दिन बनता है। तुझे, खीरे अंकुर खिलाकर ही मैं खाऊँगी। समझा?"—माँ ने तुलसी के चौरे को धोते हुए पूछा था।

"दस बजे तक आ जाऊँगा माँ।"—और पीठ पर झोला लादे पप्पू 'बाइ-बाइ' करता चला गया था। दो बजे के बाद ही पप्पू की ढूँढ़ मच गई थी। लोहे के गेट पर बैठा दरबान पप्पू का बैग थामे हुए था। ठीक दस बजे पप्पू अपने कुछ परिचित, कुछ अपरिचित साथियों के साथ आया था, दरबान से कहा—

"दरबान काका, यह बैग रखो; मैं अभी आता हूँ।"—लौटा नहीं तब से। सभी दोस्तों के घर देख लिया गया। बाबू संकर्षण सिंह (भूतपूर्व जमींदार) के घर का चिराग पप्पू कहीं ढूँढ़े नहीं मिला। माँ ने बड़ी कठिनाई से खीरा, अंकुर बेटे को खिलाए बिना अन्न ग्रहण कर लिया। सारे व्रत-उपवास वैसे ही करती रही। जिठानियाँ, देवरानियाँ, जो बाहर रहतीं, जब कभी आतीं, ताने देतीं, "अरी, क्यों पड़ी हैं व्यर्थ के चोंचलों में, अब? इसी छोटी मीरा का मुँह देखकर सब्र कर और भूल जा दैव को। जिस दैव ने बिना किसी कसूर के तेरा बेटा छीन लिया, उसका सुमिरन क्या?"

"जितिया तो जीजी को कभी न करना चाहिए। हमने तो कभी न करने की ठानी है। मैं तो कहूँ, हमारे खानदान को ही यह व्रत नहीं करना चाहिए। सहता ही नहीं हैं।"—छोटी जड़ देती।

"आप लोग जो कहें, मेरे पूर्वजन्म के किए का फल मिल रहा है। भगवान् को और व्रत को क्यों दोष दूँ? मेरा मन कहता है,मेरा पप्पू लौटकर आएगा। जाने किस दशा में होगा मेरा लाल!"

"तुम्हारी बात ही सच हो बहू!"—जिठानी ने उपालंभ से कहा।

"जीजी को विश्वास है तो फलेगा।"—देवरानी ने जड़ा।

"मैं तो बार-बार पंडित का कहा वचन याद करती हूँ जीजी, जो उन्होंने जन्मपत्री लिखते वक्त कहा था कि पप्पू बहुत बड़ा आदमी बनेगा। अपने बाप-दादों का नाम रौशन करेगा। मेरा पप्पू आएगा, जरूर आएगा।"—आँखें स्वप्नाविष्ट-सी होने लगतीं। देवरानी, जिठानी चली जातीं। घर में बच जाती माँ, दिन-दिन उदास होती और बेटी मीरा, भाई की राह तकती। बाबू संकर्षण सिंह बहुत कम घर आते। आते भी तो चुप्पी-सी छाई रहती। आँगन बहुत कम गुलजार होता। दालान अवश्य गाहे-बगाहे अधिकारियों और नेताओं से भर जाता। चुनाव वगैरह के मौसम में बाबू संकर्षण सिंह की भूमिका

निर्णायक होती। इलाके के सर्वमान्य व्यक्ति जो ठहरे।

सलवार का पायँचा उठाए मीरा स्वयं आँगन धोकर चौक पूर रही थी। माँ नहा-धोकर खीरा, अंकुर थाली में सजा रही थी। बार-बार आँखें आँचल के कोने से सुखा रही थी कि अधेड़ दरबान दौड़ता-हाँफता अंदर आया—

"माँ जी, एक लड़का जबरदस्ती अपनी गाड़ी गेट में घुसा डाला।...आपको खोज रहा है।...बोल रहा है... बात के बीच में ही एक लंबा सा नवयुवक सजीले सूट में अंदर आ गया। नाक तक सिंदूर लगाए, थाली में खीरा, अंकुर डाले माँ की ओर बढ़ा—"माँ, माँ, आज क्या मातृनवमी है?"—और थाल से माँ के हाथ द्वारा खीरा-अंकुर लेकर अपने मुँह में रखता है और लिपट जाता है। आँगन में मीरा चौक पूर चुकी थी। चावल के पिसे घोल सने हाथ लिये जड़ खड़ी रह जाती है। पीली साड़ी पहने पीली पड़ी माँ को वह युवक सीने से लगाए क्यों खड़ा है? ...कौन है?...

माँ के बोल न फूटे। दरबान भी पहचान गया।

"मालिकिन, माँ जी, मैं कहता था न, पप्पू बाबू लौट आएगा! हमारा मालिक लौट आया। नाचने-सा लगा। हम आज महुआ चढ़ायगा जम के। जंगलवाले बाबा के पास जश्न मनाएगा। मुरगी चढ़ाएगा। मीरा बबुनी, देखो, दौड़ो, तुम्हारा भइया। पप्पू है... बाबू पप्पू सिंह!" और दौड़ पड़ी मीरा।

"भइया! ...लिपट जाती है मीरा। सूने-से घर में मानो हजारों घंटियाँ बजने लगती हैं।

किसी ने न पूछा, किसी ने न जानने की कोशिश की कि पप्पू कहाँ गया था, क्यों, कहाँ से आया। लगता जरूर था कि किसी अच्छी जगह पर था, अच्छी शिक्षा पाई थी। गाड़ी इसकी अपनी थी; अफरात पैसे थे; अच्छे कपड़े थे।

बाबू संकर्षण सिंह ने बेटे को गले से लगा लिया। माँ को अकेले में समझाया—"देखो मालिकिन, बेटे से पिछली बात कुछ मत पूछो; आ गया, वही समझो। रंग-ढंग भी अच्छा ही दीख रहा है। कहो तो शादी-ब्याह कर दें।"

"मेरी भी यही राय है; किसी साधारण घर की अच्छी लड़की से शादी कर देनी चाहिए।"

"और नहीं तो क्या किसी बड़े घर का ठाकुर पूछेगा तुम्हारे बेटे को? कहने को तो लोग कहते हैं ठाकुर संकर्षण सिंह कहीं से किसी लड़के को वारिस बनाकर ले आए हैं; कहते हैं कि मेरा बेटा है।"—मूँछों में मुसकराते हैं संकर्षण सिंह।

"उनके आँखें नहीं हैं, जभी कहते हैं। वैसा ही तो है, मेरा पप्पू; जरा भी नहीं बदला। जैसी शकल, वैसी अकल।"

"लोगों को क्या कहोगी? मेरे भाई लोग भी कहते हैं।"—

"अब जल्दी लगन का इंतिजाम कर दो।"—पप्पू की माँ कहती और काम में लग जाती। पप्पू बड़े चाव से पिता की ठेकेदारी में हाथ बँटाने लगा। घर में छोटी बहन मीरा से नोंक-झोंक होने लगी। माँ फूली नहीं समाती।

उन्हीं दिनों छोटी देवरानी आई थी—"जीजी, मेरे परिचित ठाकुर परिवार में एक लड़की है। बड़ी अच्छी और खूबसूरत है। कहिए तो बात चलाएँ।"—कहा उसने।

"हर्ज क्या है बहू! अपने घर में अब रौनक आनी चाहिए।"—पप्पू की माँ ने कहा। आनन-फानन में बात चली और तय हो गई शादी। सचमुच रीता चाँद का टुकड़ा थी। माता-पिता गुजर गए थे। मामा-मामी के पास पली थी। रात-दिन की मेहनत के बाद भी पढ़ाई-लिखाई में जुटी रहती, फिर भी कभी मामी ने दो अच्छे बोल नहीं कहे। रीता अत्यंत सहनशील और साहसी लड़की थी। पहली नजर में ही वह पप्पू की माँ को भा गई। ऐसी ही लड़की तो वह चाहती थी। सुंदर, सुघड़ और साहसी। मीरा को भी भाभी बहुत अच्छी लगी। मात्र उसकी आँखों का सूनापन उसे बेध रहा था। इतनी बड़ी-बड़ी खूबसूरत आँखें इतनी सूनीं ? ऐसा क्यों ? शायद बिना माँ-बाप की अकेली लड़की मामी के पास कष्ट में पल रही है, इसीलिए। ऐसा सोचकर शांत हो गई थी मीरा। मेरे घर आएगी तो बदल जाएगी। बड़ी अच्छी जोड़ी रहेगी भैया की, भाभी के साथ। सोचा और उत्फुल्ल हो उठी।

धूम-धड़ाके के साथ शादी हुई। दोनों खर्चा बाबू संकर्षण सिंह जी ने ही उठाया। इलाके में बहुत दिन बाद ऐसी शादी हुई। खास उदयपुर से आतिशबाजी बुलाई गई। बनारसी बाई जी नाचने आई थीं। कलकत्ते की आरकेस्ट्रा-पार्टी आई थी। रात भर लोग जमकर कार्यक्रम देखते रहे। प्रवीर शर्मीला-सजीला-सा दूल्हा बना बैठा था। सुंदर दुलहन को देख लेता कनखियों से। सारा वातावरण मानो छमा-छम नाच रहा था। दूसरे दिन सुहागरात की साइत पड़ी थी। सजे-सजाए कोहबर में बहू के साथ जाने को तैयार था पप्पू। मीरा रास्ता रोककर खड़ी हो गई—

"नेग लाओ भइया!"··· पप्पू ने हँस दिया।

"क्या लेगी ? ···जल्दी से तुझे दूल्हा दिला दूँगा!"

"ऊँ, वह तो पहले मैं अपने भतीजे को गोद लिये बिना देहरी न लाँघूँगी! नेग लाओ।"—इठलाकर कहा मीरा ने।

अपने गले में पड़े सौ-सौ रुपए के हार को निकालकर बहन के गले में पहना दिया और जेब से एक हीरे का साड़ी-पिन निकालकर टाँक दिया कंधों पर। मीरा ने रास्ता छोड़ दिया। बहू को पकड़कर पलंग पर बैठा दिया मीरा ने और चलती बनी। बाहर औरतें झूमर और कोहबर गा रही थीं। नाच रही थीं घेरे बनाकर। जश्न मन रहा था। भीतर कोहबर में बाबू प्रवीर सिंह पप्पू अपनी बहू रीता का घूँघट उठाने जा रहे थे

कि अचानक रीता पलंग से उठकर खड़ी हो गई।

"पहले आप अपना चरण छू लेने दीजिए, फिर कसम खा लेने दीजिए।" कहा रीता ने और झुककर पैर छू लिया।

"मैं अभागी आपके योग्य हूँ या नहीं, इसका फैसला आप पर छोड़ती हूँ। कैसे पली-बढ़ी हूँ, यह आप जानते हैं। यह भी जान लीजिए—मेरी मामी के भाई ने एक दिन मेरा शीलहरण कर लिया था।"

"क्या?" चौंका पप्पू।

"हाँ, मैं बेईमान नहीं हूँ। मामी से कहा तो उन्होंने उलटे मुझे ही मारा-पीटा। आपके यहाँ शादी की बात चलने पर राहत महसूस हुई। मैं मन से पवित्र हूँ। यदि आप मेरे शरीर की अपवित्रता और थोपे हुए गर्भ को नजर-अंदाज कर दें तो मैं आपकी सेवा में हाजिर हूँ। वरना···।

"बहुत खूब! अच्छा जाल रचा है!" पप्पू तिलमिला उठा। अपने सिर से पगड़ी उतारकर नीचे फेंक दी और बाहर निकल आया! आँगन में जश्न मन रहा था। पप्पू ने सोचा, मेरी माँ कितनी बड़ी अभागिन है! ···किस उमंग से उसने मेरी शादी रचाई और क्या मिला उसे! क्या अभी तुरंत उसकी आशा पर तुषारपात कर दूँ या थम जाऊँ? पप्पू बारजे पर खड़ा-खड़ा सिगरेट पीता रहा।

दूसरे दिन सुबह, सबेरे नहा-धोकर रीता तैयार हो गई और एकांत में सास को जा पकड़ा। सबकुछ बताते हुए पैरों पर गिर पड़ी। पप्पू की माँ के तो काटो तो खून नहीं।

"हा दैव! मैंने तुम्हारा क्या बिगाड़ा था?" सोचा उसने। रीता की क्षमा माँगती भोली सूरत पर दृष्टि गई। इस बेचारी का क्या कसूर? पता नहीं, पिछले जन्म किस गायघर में आग लगाई थी मैंने! ···अबकी कहीं इस गौ का मेरे हाथों वध न हो जाए।

"बेटी, तुझे मैं लेकर आई अपने घर; तू मेरी बहू नहीं बेटी है। मेरे घर में प्रतिष्ठा मिलेगी तुझे। तू फिक्र न कर।" कहा सास ने और चली पप्पू से मिलने। कोहबर में पप्पू पलंग पर लेटा था। सजावट फीकी पड़ गई थी।

"बेटे!" माँ उदास थी।

"माँ!" बेटा लिपट गया।

"बेटे, मुझे सब मालूम है।"

"माँ, उस खूबसूरत जाल को काट डाल। घर से दूर कर, नहीं तो मैं दूर चला जाऊँगा।"

"नहीं बेटे, शुभ-शुभ बोल। तू कहीं नहीं जाएगा। उस लड़की का कोई दोष नहीं है। लेकिन उसे मैं तुझसे दूर कर दूँगी। कहीं कुछ मत बोल बेटे। हँसनेवाले वैसे ही बहुत हैं। कहीं दैव है तो तेरा दिन सुधरेगा।" ···माँ आँखें पोंछती चली गई।

पप्पू अपने काम-काज में लग गया। रीता को विश्वविद्यालय के छात्रावास में रख दिया गया। स्थानीय लेडी डॉक्टर ने रीता के अनचाहे गर्भ की सफाई कर दी। पप्पू की माँ से रीता को अपनी माँ का प्यार मिला, मीरा से बहन का स्नेह-सौहार्द।

दिन बीतते गए। रीता ने एम.ए. कर लिया; अब पी-एच.डी. कर रही थी। साथ ही स्थानीय कॉलेज में पढ़ाती भी थी। सास ने ही एक दिन कहा था, जब मिलने उसके छात्रावास गई थीं—''बेटी रीता, तू जितिया कर। जीमूतवाहन की इच्छा से मुझे मेरा बेटा मिला। बेटी, तुझे भी अपना पति मिलेगा; बेटे की रोजी बनेगी।'' मीरा हँसी थी।

''माँ, तुम हद करती हो! इन बातों पर कैसे विश्वास करती हो?''

''बेटी, विश्वास में ही तो बल है। देखा नहीं, जिस मातृ-नवमी के दिन मेरा बेटा खोया था, उसी दिन लौटकर आया! मेरे बेटे की कुंडली में एक ही शादी लिखी है और उसी से सुख करना लिखा है। ...मीरा बेटी, रीता के सिंदूर में जोर होगा तो इसे इसका पति मिलेगा। तू भी जिद ठाने बैठी है कि जब तक भतीजे को गोद न खिलाऊँगी, शादी कर देहरी नहीं लाँघूँगी।''

''हाँ माँ।'' कहा मीरा ने और कुछ सोचने लगी।

''मीरा, अरी मीरा, तेरे साथ वो छबीली कौन थी री? क्या मुझे मिलवाएगी नहीं?'' पप्पू ने मीरा की नाक ऐंठते हुए कहा।

''कौन, वह नीली ताँत की साड़ीवाली?''

''हाँ वही, जिसके साथ तू डिपार्टमेंटल स्टोर में खड़ी थी!''

''ऐसा न कहो भैया, ...वो मेरी सहेली नहीं है। मेरी टीचर हैं, टीचर। यूनिवर्सिटी में पढ़ाती हैं। बड़ी गंभीर हैं।''

''गंभीर हैं, तो मैं क्या छिछोरा हूँ? मिलवा मुझे। तू मेरे विषय में बड़ी-बड़ी बातें कह उससे, और करा दे दोस्ती।''

''हट! बड़े आए! मैं मिलवा दूँगी। दोस्ती आप जानिए। ...हमें बड़ा डर लगता है उनसे।''

''अच्छा?''

वह महिला और कोई नहीं, रीता ही थी। मीरा के प्रयास से पप्पू और रीता की मुलाकात हुई। मुलाकात प्रेम में बदली और प्रेम प्रगाढ़ हुआ। तब एक दिन रीता ने कहा पप्पू से कि—''मैं तुमसे अधिक नहीं मिलना चाहती। मेरी-तुम्हारी दोस्ती चलेगी नहीं।''

''क्यों? मैं अनपढ़ जाहिल हूँ इसलिए?'' कहा पप्पू ने।

''नहीं, मैं अपवित्र लड़की हूँ। तुमसे मिलने के पहले मैं धोखा खा चुकी हूँ। तुम्हारे द्वारा प्रतिदिन भेजे गुलाब मैं सहेज कर रखूँ, यही बहुत है। आगे न बढ़ना।''

''रीता, तुम्हारे अतीत से मुझे कोई मतलब नहीं। तुमने मुझसे मेरे अतीत के संबंध

में कुछ पूछा क्या ? मैं भी बेदाग नहीं हूँ। मैंने भी चोटें खाई हैं। सच कहता हूँ, तुम्हारे बिना मैं जी नहीं सकता। मैं किसी कीमत पर तुम्हें पाना चाहता हूँ।'' ···विह्वल हो गया पप्पू।

''सच ?'' कहा रीता ने और विभोर हो गई।

साँझ झुकने को आ रही थी। पप्पू को माँ के पास पहुँचना था—मातृ-नवमी जो थी। मीरा चौक पूर कर बैठी थी।

''माँ, माँ ओ माँ, देर हो गई न! माफ करो।'' माँ के पास सिर ढँककर एक और महिला बैठी है। नाक पर सिंदूर का निशान और अंकुर-खीरे की थाली। बनारसी आँचल से ढका सिर, दमकता चेहरा। पप्पू चुप-सा हो गया।

माँ ने खीरा खिलाया, अंकुर दिया। रीता ने टीका लगाया।

''बेटे, देर हो गई तो क्या, अँधेरा नहीं हुआ।'' मीरा दौड़कर आई, पप्पू के हाथ में रीता का हाथ दिया और कहा—''छोड़ना नहीं भइया!'' दोनों ने एक-दूसरे को देखा। पप्पू ने रीता का हाथ कसकर धर लिया।

''आँगन में चौक पर चल बेटे! मीरा, आसनी ला; बैठा बेटे को; चुमावन करूँ मैं। जीमूतवाहन महाराज ने मेरे घर में सुख की वर्षा की। तभी मुँह जुठाऊँगी, जब चुमावन कर लूँ।'' मीरा दौड़कर आसनी बिछा आई। रीता और पप्पू जा बैठे। अकेली पप्पू की माँ ने दूब-अक्षत से चुमावन करना और गाना शुरू ही किया था कि बाबू संकर्षण सिंह पधार गए—

''क्या हो रहा है मालिकिन? अकेले-अकेले? लाओ अक्षत!'' हाथ में दूब-अक्षत लेकर बेटे पर छिड़का और दही का टीका लगा दिया। मंगल-ध्वनियाँ होने लगीं, अनायास मानो स्वयं जीमूतवाहन का आशीष बरस रहा हो इस घर पर। आकांक्षाओं के दीप जल उठे!!

□

बिरथा जन्म हमारो

—सुनीता जैन

साथवाले वकील साहब की आज शादी है। मेरा अभी विवाह नहीं हुआ और शादी-ब्याह के मामले में बहुत सेंसिटिव हूँ।

वकील साहब का बँगला हमारे बँगले से इस तरह सटा हुआ है कि अपने बगीचे में बैठी मैं दीवार के टूटे हिस्से में से बहुत कुछ देख सकती हूँ। बहुत साल हुए, बरसात में बीच की यह दीवार गिर गई थी, फिर उठाई नहीं गई। हम लोगों में स्नेह इतना है कि आने-जाने का मार्ग सहल हो जाने से हम सब प्रसन्न ही हैं।

देखती हूँ कि पूरा आयोजन हो चुका है। बरात का समय हो चला है। लाल बजरी के ग्रेवल पर दो मशकची पानी छिड़क रहे हैं और नाते-रिश्तेदारों की खासी भीड़ हो गई है। जी में आता है, वकील साहब से लड़ पड़ूँ। शादी में तो मैं जाने की नहीं। माँ बिगड़े, चाहे जो हो। भला कोई बात है कि वकीलनी आंटी के मरते ही दो महीने में वकील साहब दूसरा ब्याह रचा लें।

जैसा अनुमान था, माँ मुझे बगीचे में बैठी देख प्रसन्न नहीं हुई। आकर बोली, ‘‘अरे, शादी में चलना है कि नहीं। बैंडवाले आ गए। घोड़ी तैयार है और तू किताब ही लिये बैठी है। कैसी लड़की है?''

‘‘मुझे नहीं जाना माँ। तुम जाती हो तो जाओ।''

‘‘आखिर कोई बात भी तो होगी न जाने की? पड़ोस का मामला है, वे लोग क्या कहेंगे? हमेशा की नाराजगी हो जाएगी।''

‘‘तुम कह देना तबीयत ठीक नहीं है।''

‘‘पर तू चलती क्यों नहीं? सब तो जा रहे हैं। फिर मैंने खाना भी नहीं बनाया है! भूखी रहेगी क्या?''

‘‘मुझे तो आज भूख ही नहीं है। तुम भी कैसी हो माँ? वकीलनी आंटी से तो

इतना प्यार था तुम्हें और उनके मरने पर वकील साहब के दूसरे ब्याह में जा रही हो?''

''बेटा, भाग्य पर क्या वश किसी का। कमला तो मुझे सगी बहन से भी ज्यादा थी,'' कहते हुए माँ बराबर की कुरसी पर बैठ गई।

''लेकिन वकील साहब से तो ऐसी उम्मीद नहीं थी मुझे कि इतनी जल्दी दूसरा ब्याह रचा लेंगे।''

''उस बेचारे को क्यों दोष देती हो? उसको क्या सुख होता होगा। देखा नहीं, बीमारी में कितनी सेवा की थी कमला की। ब्याह तो बच्चों की खातिर कर रहा है, न कि अपने लिये।''

''यह तो सब बहाना है, माँ। कभी सौतेली माँ से सुख होता है बच्चों को, इतना पैसा है, आया क्यों नहीं रख लेते?''

''कैसी बातें करती है। माँ, माँ ही रहेगी, नौकर, नौकर और सौतेली होने से ही क्या वह प्यार नहीं करेंगी। सब एक से नहीं होते। तू तो गुस्से में है। अब बता वकील बेचारा घर को देखे कि काम पर जाए? ब्याह हो जाएगा तो घर की चिंता से मुक्त रहेगा। अगर बुरी भी आ जाती है तो बच्चों का भाग्य। इतने ही भाग्यवान होते, तो अपनी माँ क्यों मरती बेचारों की। जब मेरा ब्याह हुआ था तो ब्याहली की गोद में, तेरे बड़े भैया को बिठा दिया था, तेरी दादी ने। बेचारा डेढ़ वर्ष का था कुल और पूछ ले जो एक दिन भी उसे दुःख दिया हो। उलटे तुम सबसे ज्यादा मुझे उसी की मुहब्बत है।''

माँ से मैं जिरह में सदा हारी हूँ। माँ चली गई है और बरात भी चल पड़ी है। एक मैं ही अभी भी लॉन में बैठी हूँ। लाउडस्पीकर के गानों के मारे सिर फटा जा रहा है। सुना है, दिल्ली में तो अब शादी में लाउडस्पीकर लगने बंद हो गए हैं, पर अपना मेरठ अभी इतना 'मॉडर्न' नहीं हुआ। सो 'भें-भें' की आवाज करते घिसे-पीटे गाने बज ही रहे हैं। पता नहीं, दूसरों का चैन छीन लेनेवालों पर म्युनिस्पैलिटी टैक्स क्यों नहीं लगाती।

नई वकीलनी आज दोपहर ही आ गई। नवजात शिशु और वधू दो चीजें देखने का लोभ मैं कभी संवरण नहीं कर सकती। अपनी नाराजगी को ताक पर रखकर भी बहू देखने गई। अधिकतर नई बहू को घेर-घारकर सारा कुनबा बैठा रहता है, पर वकीलनी एक तरफ लाल धोती में सिकुड़ी सी बैठी थी। माथे पर नाक तक का घूँघट था। मैंने उठाकर देखा तो देखती ही रह गई। कठिनता से सत्रह-अठारह बरस की होगी। रो-रोकर आँखें सूजी थीं, पर चेहरा बड़ा स्वस्थ, भरा-भरा था। वह सिर झुकाए बैठी ही रही। देखा कि घर में बहू के प्रति विशेष कौतूहल नहीं है। थोड़ी चुहल है। एक तो बेचारी दूसरी थी, तिस पर गरीब गाँव-घर की। दहेज के नाम

पर कुछ एक सूती धोतियाँ वगैरह ही लाई थी। वहाँ भी किसी को कुछ आशा नहीं थी। सो सब खाने-पीने में मगन थीं। थोड़ा-बहुत कौतूहल यदि किसी को था तो बच्चों को, वकील साहब के छह बच्चों को। बारी-बारी से आकर वे अपनी नई माँ को देखते और चले जाते। उसे देखने में आशा से अधिक भय था, जो 'सौतेली' शब्द से उपजा होगा।

मैं जितने गुस्से में गई थी, वकीलनी को देखकर उससे कहीं अधिक आक्रोश में भरी लौटी। आते ही माँ से उलझ पड़ी। "देख लिया न माँ, वकील साहब को। तुम तो कहती थी बड़े बेचारे हैं। क्या हक था उन्हें ऐसी बहू लाने का?"

"क्यों, क्या हुआ?"

"हुआ क्या, आप तो कब्र में पैर लटकाए बैठे हैं और बहू लाए हैं सोलह बरस की। मुझसे भी छोटी।"

"शर्म कर। क्या अशुभ बोलती है? चालीस का ही तो है।"

"दुगुने से ज्यादा का हुआ कि नहीं? तिस पर छह बच्चे भी उसे पालने होंगे। वह तो खुद बच्ची सी है। राजेश की माँ नहीं, बहन जँचती है। मुझे तो ऐसा क्रोध आ रहा है कि क्या बताऊँ, सच कहो माँ, विधुर से ब्याह होने में बुरा नहीं लगता?" माँ कुछ बोली नहीं। जब आँख का पानी आटे में गिरने से रोकने को उसने पल्ला उठाया, तो मैं चेती। छिह! भला माँ से ऐसी बात की जाती है। होंठ चबाती मैं वहाँ से उठ गई।

वकील साहब और हमारे घर के बीच एक ट्रांसमीटर लगा हुआ है, जिससे दोनों घरों की मिनट-मिनट की स्थिति रनिंग कमेंट्री की तरह हमें मिलती रहती है! नहीं समझे आप। वह हमारी महरी है न जुगनी, वही हमारा जीता-जागता ट्रांसमीटर है। सबसे पहली खबर आई, विस्फोट! नई बहू एकदम छोटे घराने की निर्लज्ज आचार-विचारों की। बेहया इतनी कि ब्याह के अगले दिन ही घूँघट को तिलांजलि दे, पल्ला पीठ में खोंसे, मर्दानी बनी घूम रही है और एक-एक कर, महीनों से ठहरी, चाची, बुआ, मौसियों को बिदा दे रही है। सुनकर आश्चर्य हुआ। आश्चर्य ने घी का काम किया। जुगनी भभकी, "अरे बिटिया, हैरत क्या। उसे क्या पता बड़े घर की बहू-बेटियों का सहूर-कायदा। गाँव में धंधा पेला, दो जून का खा लिया। सो यहाँ भी यही करने लगी। देख लेना, दो दिन में ही मिस्सर (रसोइए) को भी छुट्टी दे देगी। अब गए पहली वकीलनी के दिन। अब बच्चों का भगवान् ही मालिक है।" मुझे भी चिंता बच्चों की ही थी। खासकर सबसे छोटी पिंटू में तो मैंने अपनी जान बसा छोड़ी थी। अगर वकीलनी ने उसे मारा तो? तो मैं क्या कर सकूँगी। वह तो माँ है उसकी। चले थे न दूसरा ब्याह करने, अब लें मजे।

दोपहर को फिर कमेंट्री हुई। वकील साहब तो सिटपिटाए से कोर्ट चले गए हैं। रिश्तेदार भी सब जा रहे हैं और 'मल्लो रानी' सारा घर साफ करवाने में लगी है।

शाम को बिन्नो उधर से निकला। मैंने पकड़कर पूछा, "अरे बिन्नू, माँ कैसी हैं?"

"पता नहीं।" वह भाग गया। मैं असमंजस में ही रह गई।

जरा दिन चढ़े सोकर मैं उठती हूँ। अगले दिन उठ घर की दरार में झाँका तो धक्का सा लगा। वकील साहब के यहाँ बड़ी शांति थी। बच्चों का कोलाहल सुनाई नहीं देता था। रोज तो लॉन में लड़ते-झगड़ते खेलते रहते थे सब।

दसेक बजे फिर उधर निगाह गई। देखा पाँचों लड़के नहाए-धोए बरामदे में कतार बाँधे बस्ता-पट्टी लिये बैठे हैं और गिरधर शास्त्री स्टूल पर बैठे उनका काम जाँच रहे हैं। बच्चे कोई विशेष प्रसन्न नजर नहीं आते, गरमियों की छुट्टियों में विद्यारंभ देखकर कुछ सोचूँ कि इसके पहले ही 'खबरें' आने लगीं।

जुगनी ने आकर बताया, "जो कहा था, वही हुआ न आखिर। मिस्सर की छुट्टी। चौका-चक्की खुद सँभाले बैठी है और मिस्सर के बदले शास्त्रीजी बुलाए गए हैं। बच्चे बेकार झंझट में फँसा दिए गए हैं अभी से। बेचारे!"

दोपहर कोई दो बजे राजेश माँ से सिलाई की मशीन माँगने आया। माँ ने आश्चर्य पूछा, "क्यों रे, क्या करेगा मशीन का?"

"वह, वह जो माँ है न। उन्होंने मँगाई है, ताई। मुन्नी की और गुड्डू की बनियान-जाँघिया सिएँगी।"

"इतनी धूप में? बला की तो गरमी है। भला यह क्या टाइम है कपड़े सीने का, सुबह से क्या कर रही थी?"

"सुबह खाना बना रही थी। मिस्सरजी तो चले गए न!"

"अरे हाँ, मैं तो भूल गई थी। रज्जो बेटा, भला यह मिस्सर को क्यों निकाला उसने? कब से तो था, पड़ा रहता।"

"पता नहीं, ताई।"

राजेश मशीन ले गया। माँ बड़बड़ाई, "मुझे तो रंग-ढंग ठीक नजर नहीं आते। ऐसा तो न कभी देखा, न सुना। जब देखो, काम में ही लगी रहती है यह लड़की।" उसके कोई दो दिन बाद पिंटू मेरी गोद में बैठी थी। मैं पत्रिका देख रही थी। माँ ने पूछा, "ए पिंटी, तेरी माँ क्या कर रही है?"

"पूजा कर रही है भगवान् की। ताई, माँ ने बड़ा अच्छा मंदिर बनाया है। कृष्ण भगवान् रखे हैं। रोज पूजा करती है। वह रात में भी वहीं सोती है। कल से तो मैं भी वहीं सोऊँगी। मंदिर में सोने से रात को डर नहीं लगता।"

माँ कुछ देर चुप बैठी रही और फिर एकाएक चप्पल पहनकर वकील साहब

की ओर चल दी। माँ तो अकसर वहाँ जाती ही रहती थी।

मैं पत्रिका पढ़ती रही और बोर होकर पिंटू मेरी गोद में ही सो गई। मैं कंधे उसे लगाकर उसके घर ले चली। पिंटू को चारपाई पर लिटाकर मुझे कुछ देर उसे थपकाना भी पड़ा, क्योंकि वह जाग गई थी और मेरा आँचल छोड़ती ही नहीं थी।

कुछ ही क्षण बीते होंगे कि दोपहर के सन्नाटे में बराबर के कमरे की खुली खिड़की से माँ की आवाज आई, "बहू अपना कुछ खयाल रखाकर, गरमी बहुत है, बीमार पड़ जाएगी।"

"नहीं अम्माँ, मैं तो ठीक हूँ।" यह अम्माँ-बेटी कब से हो गई दोनों? माँ पता नहीं, कैसे सबसे रिश्ता जोड़ लेती है।

"ठीक कहाँ? मुझे तो ठीक नहीं लगती। मिस्सर को क्यों निकाल दिया। गरमी में खुद खटती रहती है।"

"अम्माँ, स्त्री के रहते खाना और कोई बनाए, यह तो अच्छा नहीं न! खाली बैठी मैं ही क्या करूँगी। मास्टरजी भी तो आने लगे हैं…।"

"अभी तो स्कूल भी नहीं खुले, मास्टर क्यों लगा लिया?"

"क्या करूँ। घर की सफाई कराई तो एक का भी तख्ती-बस्ता साबुत नहीं मिला। लगता है, महीनों से इन सबने कुछ पढ़ा ही नहीं। अभी कचाई निकल जाएगी तो अच्छा है।"

"बहू यह मंदिर कब बना लिया तूने? और यह अपनी क्या हालत बना रखी है, न तन पर ढंग का कपड़ा, न हार, न झुमका।"

"यह तो जीवन के साथ है अम्माँ, सिंगार करके क्या करना है?"

"और तू सोती भी यहीं है?" माँ ने हौले से पूछा। मानो कठिनता से इतनी देर रह सकी थी।

"…।"

"वकील साहब कहाँ सोते हैं?"

"अपने कमरे में।"

"बैठक में?"

"जी।"

"यह क्या बात हुई? तू बच्चों को लेकर अलग पड़ी रहती है और तेरे ब्याह को दिन ही कितने हुए हैं। लड़ाई हो गई क्या, अभी नहीं खाए-पहनेगी तो फिर कब? झगड़ा हो गया हो तो मुझे बता?"

…!

"देख, कोई बात हो तो मुझे बता। तेरी माँ के बराबर हूँ…तेरे से पहले जो थी,

वह भी बहुत मानती थी। बचपने में आकर कुछ न कर बैठना…।"

उधर से धीरे-धीरे सिसकने का स्वर आने लगा। पिंटू को थपकाता मेरा हाथ एक बारगी थम गया। माँ उसे सहलाकर सांत्वना में कुछ कह रही थी। क्या बात हुई, समझ नहीं आई। फिर सिसकियों में नई बहू की आवाज उभरी, "ब्याह की रात कहने लगे-मेरे बच्चों का खयाल रखियो। यही तेरे भी बच्चे हैं। ईश्वर के दिए पहले से ही छह हैं। इसलिए इंतजाम कर आया हूँ। परसों ही ऑपरेशन करवा लिया है अपना।"

"क्या, वकील साहब ने ऑपरेशन करवा लिया, शादी से पहले ही?"

"हाँ, माँजी, लेकिन एक बात का उनका उपकार है कि पहले ही बता दिया। नहीं तो गल-गल कर मैं मरती। अब तो बच गई। यह शरीर भगवान् को सौंप दिया है। उन्हें चढ़ा दिया है। नहीं तो यह देह कलंकित हो जाती, झूठी हो जाती माँ।"

"कैसी बात कहती है बहू?"

"ठीक कहती हूँ माँजी। ज्यादा पढ़ी-लिखी मैं नहीं हूँ। शास्त्र कुछ पढ़े हैं। उनमें लिखा है, स्त्री और पुरुष में शरीर का कर्म संतान की इच्छा से ही होना चाहिए, अन्यथा यह दुष्कर्म होगा, व्यभिचार होगा। जब संतान होनी ही नहीं, फिर यह कर्म कैसा? नहीं माँ, वह तो अधर्म है, घोर पाप। मैंने उन्हें कह दिया है कि जिंदगी भर तुम्हारी सेवा करूँगी, तुम्हारे बच्चों को भी माँ की तरह पालूँगी, पर शरीर मेरा मत छूना कभी भी। वह तो मैं अर्पण कर चुकी हूँ कृष्ण महाराज को।"

इसके बाद एक हृदय-विदारक सिसकी सुनाई दी। फिर आवाज आई बड़ी कटी सी, थकी सी, जो आवाज से अधिक आह थी।

"उन मेरी जीजी को छह लाल इन्होंने दिए माँ—एक मुझे भी दे देते तो जीवन सफल न हो जाता। बिरथा तो न जाता।"

उस रुलाई को सुनने की शक्ति मुझमें नहीं थी। मैं वैसी-की-वैसी बनी बैठी रह गई, समझ न पाई, भाग जाऊँ या सुनती रहूँ।

□

युद्ध विराम

—विद्या विंदु सिंह

उसका नाम शांतनु था। नगरपालिका में पिता बाबू थे। एक बड़ी बहन थी, जिसका विवाह इसी वर्ष हो गया था। माँ गृहिणी थीं।

शांतनु के व्यवहार से, उसके रहन-सहन, तौर-तरीके से सारा परिवार परेशान था।

एक विवाह समारोह में उसकी माँ मिली और बेटे की उद्दंडता की निंदा उसी के सामने करने लगी।

मैंने ध्यान से शांतनु की ओर देखा, वह मोबाइल से लगातार फोटो खींचे जा रहा था। आँखों से देखे बिना कि वह क्या चित्र ले रहा है। कभी उसका मोबाइल दाएँ घूमता, कभी बाएँ, कभी अपने सामने तो कभी पीछे। फ्लैश की लाइट इधर-उधर कौंध रहीथी।

वह लगभग बीस वर्ष का युवक था, सुदर्शन स्वस्थ। मैंने देखा कि माँ के मुख से अपनी निंदा सुनकर वह बुरा नहीं मान रहा था, बल्कि अपने बारे में हो रही चर्चा से स्वयं को विशिष्ट मानने का भाव उसे संतोष दे रहा था। मैंने चाय पीने का आमंत्रण दिया और कोने में रखी मेज पर चलकर बैठने के लिए कहा।

यह विवाह-समारोह मेरी मित्र के घर में था और वहाँ मैं पारिवारिक सदस्य की हैसियत रखती थी।

उसे चाय-नाश्ता देकर मैंने कहा, "आपका मोबाइल बहुत अच्छा है, आज तो आपने बहुत तसवीरें खींची हैं, मुझे दिखाइएगा?"

मेरे मुख से आदरसूचक आप संबोधन सुनकर वह संकुचित होता सा लगा, लेकिन उसके चेहरे पर वही स्वयं को विशिष्ट मानने का दर्प दिपदिपा उठा। जाने क्यों मुझे लगा कि उसकी माँ की नासमझी से ही यह युवक उद्दंड हुआ है। मेरे मन में उसकी प्रतिभा को नई दिशा देने की एक ललक सी जगी और मैं उसकी किसी तरह मदद करने के लिए उत्सुक हो उठी।

बचपन से ही लोगों के मन को उनके व्यवहार से समझने की कोशिश करने में मेरी रुचि थी।

शांतनु से मैंने अंतरंगता से बात करना प्रारंभ किया। वह बड़ी शालीनता से मेरे प्रश्नों का उत्तर देता रहा। लग ही नहीं रहा था कि वह कोई उद्दंड युवक है।

मैंने शांतनु से उसके नाम का अर्थ पूछा।

वह बोला, "मेरा नाम महाराज शांतनु का नाम है, जो मेरे बाबाजी ने रखा था। मेरे बाबा बहुत विद्वान् थे। हर समय पढ़ते-लिखते रहते थे, मुझे बहुत प्यार करते थे, पर मेरी माँ उनसे चिढ़ती रहती थी कि अपनी तरह वे मुझे भी कलम घिस्सू लेखक बना देंगे।"

मेरी माँ का कहना है कि तेरे बाप को तेरे बाबा ने ठीक से पढ़ाया होता तो वे आज डॉक्टर या इंजीनियर होते। लेकिन उन्हें तो अपने ही लिखने-पढ़ने से फुरसत नहीं थी। तेरे बाप राम के भरोसे पढ़ते रहे और ऑफिस के बाबू बनकर रह गए।

मैंने पूछा, "तुम्हारी आजी कैसी हैं ?"

वह बोला, "आजी भी बहुत प्यार करनेवाली हैं, पर वे गाँव में रहती हैं। उनका यहाँ शहर में मन नहीं लगता। कभी-कभी आती हैं, पर माँ की किचकिच से ऊबकर जल्दी वापस चली जाती हैं। मेरा मन करता है कि आजी के पास रहूँ, पर वहाँ गाँव में अच्छे स्कूल नहीं हैं। दूसरी बात यह कि माँ का कहना है कि आजी के लाड़-दुलार में मैं और बिगड़ जाऊँगा।" कहते-कहते उसकी आँखों में एक क्रूर सा भाव चमक आया, "देखूँ, कैसे सुधारती हैं मेरी माँ मुझे? उन्हें तो मेरी दीदी को ही स्पेशल बनाना है और सबसे उसी की तारीफ करती रहती हैं।"

उसके व्यवहार की गुत्थी मेरी समझ में आ गई।

मैंने उसे फिर कुरेदा—"ऐसा क्यों कहते हो? माँ के लिए तो उसका हर बच्चा स्पेशल होता है, प्यारा होता है।"

वह सिर हिलाकर जोर से लगभग चिल्लाकर बोल उठा—"नहीं! यह झूठ है।"

मैंने देखा, उसकी आवाज सुनकर लोग हमारी तरफ देखने लगे हैं। वह कुछ शर्मिंदा सा होते हुए बोल उठा—"सॉरी।"

मैंने अपना मैत्री का हाथ बढ़ाते हुए कहा, "शांतनु! सॉरी बोलने की कोई जरूरत नहीं है। आप मुझसे अपनी हर बात कह सकते हैं। आपको क्या परेशानी है ? मुझसे शेयर कर सकते हैं। मुझे अपनी दोस्त मानेंगे तो मुझे अच्छा लगेगा।"

उसने मेरा हाथ अपने हाथों में लेकर कहा, "क्या सचमुच आप मुझे अपना दोस्त बनाएँगी ? लेकिन मेरी दोस्ती ज्यादा दिन टिकती नहीं है। जल्दी ही मुझसे और मेरे व्यवहार से ऊबकर लोग मेरी दोस्ती से कुट्टी कर लेते हैं।"

मैंने उसके हाथों को दबाकर कहा, "नहीं, अबकी ऐसा नहीं होगा। मैं तुम्हारी

अच्छी दोस्त बनी रहूँगी।''

उसने पूछा, ''मैं आपको क्या कहकर पुकारूँ? आप लड़की हैं, दोस्त कहूँगा तो आपको शर्म आएगी। आप ही बताइए न कि मैं आपको क्या कहूँ?''

''देखो शांतनु! मैं तुमसे उम्र में बहुत बड़ी हूँ। आप मुझे दीदी, बुआ, माँ, चाची कुछ भी कह सकते हैं, लेकिन मैं आपको किसी रिश्ते में नहीं बाँधूँगी, दोस्त ही बनाऊँगी। दोस्ती से बड़ा कोई रिश्ता सगा नहीं होता। आपके दोस्त कहने पर मुझे शर्म नहीं आएगी, अच्छा लगेगा।''

उसका चेहरा खुशी से खिल उठा था।

चाय समाप्त हो गई थी। मुझे किसी काम से बुलाया जा रहा था। मैं चलने लगी तो वह बोला, ''मुझे आपसे बहुत सी बातें करनी हैं। अब फिर कब मिलेंगी?''

मैंने कहा, ''मैं खाली हो जाऊँगी तो तुम्हें ढूँढ़कर बुला लूँगी।''

वह खुश होकर बाहर चला गया।

मुझे बुलाया गया था कि आरती का थाल सजवा दूँ। लड़कियाँ बड़े तन्मय भाव से थाल सजा रही थीं, उन्हें थोड़ा सा सुझाव और दिया तो बहुत सुंदर थाल सज गया।

मैंने शांतनु की माँ से कहा, ''शांतनु को बुलाकर कहिए कि इस आरती के थाल की फोटो खींच ले।''

वह आह भरकर बोलीं, ''दीदी! वह मेरी सुनता कहाँ है? मैं जो कहूँगी, वह उसका उल्टा ही करेगा।''

मैं उन्हें लेकर एकांत में चली गई और पूछा, ''ऐसा क्यों करता है वह, आपने कभी जानने की कोशिश की?''

वह रोने लगी—''दीदी! मेरी बेटी मेरे पूरे कहने में है। जैसा मैंने चाहा, उसने कर दिखाया। वह बहुत मेहनती, लगनशील है। वह ससुराल चली गई है, नहीं तो आपसे मिलवाती उसे। वह सर्वगुण संपन्न है। मुझे उस पर गर्व है। लेकिन यह बेटा… इसने मुझे बहुत निराश किया है। इसका न पढ़ने में जी लगता है और न किसी काम में। बचपन से ही यह जो कहा जाता है, उसका उल्टा ही करता आया है। बहन तो इसे फूटी आँख भी नहीं सुहाती। जब से वह गई है, यह और आजाद हो गया है। वह थोड़ा इस पर कंट्रोल करती थी।''

मैंने पूछा, ''दोनों बच्चों में उम्र का कितना अंतर है?''

वह बोली, ''पाँच वर्ष का।''

''आपने बेटी को कहाँ तक पढ़ाया?''

पायल बोली, ''दीदी! मैंने अपना पूरा जोर लगा दिया उसकी पढ़ाई में। मैं तीन भाइयों की अकेली बहन थी। पर भाइयों को हमारे माता-पिता ने बाहर भेजकर खूब

पढ़ाया-लिखाया और मुझे गाँव-कस्बे के स्कूल में पढ़ाया। मैं दिनभर घर का काम करती थी। हमारा संयुक्त परिवार था। रोज कोई-न-कोई मेहमान बना रहता था। चाचा, ताऊ के लड़के भी कुछ खेती में काम करते थे, कुछ व्यापार का। इतने सारे लोगों के लिए भोजन बनता था। सारे कामों में मुझे जुटना पड़ता था, बीच में समय निकालकर पढ़ना बड़ा मुश्किल था। मैं रात में सबके सो जाने पर पढ़ती थी और सबके साथ ही मुझे जग जाना पड़ता था। सबका कहना था कि लड़कियों को घर-गृहस्थी का काम आना चाहिए। पढ़-लिखकर नौकरी थोड़े करनी है। दीदी! मैं अपने अभाव की पूर्ति अपनी बेटी से करना चाहती थी, इसीलिए मैंने उसे पूरा मौका दिया।''

''लेकिन आपने बेटे की ओर उतना ध्यान क्यों नहीं दिया?''

''ध्यान तो दिया, पर बेटा मेरे कहने में शुरू से ही नहीं रहा। हमारे पुरुष-प्रधान समाज की मानसिकता शुरू से ही लड़कों को अधिक महत्त्व देती आई है। मैं उस परंपरा को तोड़ना चाहती थी।''

''लेकिन पायल! उसने इस परंपरा को तोड़ने की कोशिश में अपने बेटे के भविष्य की चिंता क्यों नहीं की? यदि मैं कहूँ कि इसके उद्दंड होने के पीछे तेरा अपने दोनों बच्चों के प्रति अलग-अलग व्यवहार जिम्मेदार है तो बुरा मत मानिएगा। क्योंकि अभी भी समय है कि आप अपनी भूल का सुधार कर लें। तुम अपने बेटे को विश्वास दिलाओ कि उसकी प्रशंसक हो, शुभचिंतक हो और उसकी बहन से कम उसका महत्त्व नहीं है।''

पायल एकटक मेरी ओर देखने लगी। फिर बोली, ''दीदी! ऐसा तो मैंने कभी सोचा भी नहीं था। क्या आपकी बात सच हो सकती है? क्या मेरा बेटा मेरे कहने में आ सकता है? क्या उसे मैं एक सभ्य, सुशील और सफल आदमी बना सकती हूँ?''

मैंने कहा, ''हाँ पायल! ऐसा ही होगा। किंतु जैसा मैं कह रही हूँ, वैसा ही व्यवहार शांतनु के प्रति करना होगा। तुम्हें उसका विश्वास जीतना होगा। उसे यह लगना चाहिए बहन से कम उसका महत्त्व नहीं है। तुम्हारी बेटी को भी अपने भाई की शुभचिंतक होने का विश्वास दिलाना होगा। इसके लिए किसी तरह के अलग प्रयत्न की जरूरत नहीं है, बस केवल बातचीत और व्यवहार से सबकुछ ठीक हो सकता है। तुम्हें उसे यह एहसास दिलाना होगा कि अब वह बड़ा हो गया है, जिम्मेदारी उठाने लायक हो गया है, अब परिवार की जिम्मेदारी उसकी है। मैं अपनी ओर से भी उसे आप लोगों के प्रति अविश्वास के स्थान पर विश्वास जमाने का प्रयास करूँगी।''

मुझे लगा कि बात पायल की समझ में आ गई है।

मेरे दोबारा याद दिलाने पर कि शांतनु को आरती के थाल की फोटो खींचने के लिए बुलाना है, वह शांतनु को ढूँढ़ने के लिए उठ गई। तब तक देखा कि शांतनु इसी ओर आ रहा है।

पायल ने पुकारा—"शांतनु बेटा! तुम्हारी दोस्त ने कहा है कि तुम आरती के थाल की फोटो खींच लो।"

शांतनु के चेहरे पर एक नया भाव दिखाई दिया और वह उत्साहित होकर आरती के थाल का फोटो खींचकर मुझे दिखाने के लिए ले आया।

मैंने उसकी प्रशंसा में कहा, "फोटो का थाल वास्तविक थाल से अधिक सुंदर दिखाई दे रहा है।" मैंने और लोगों को वह चित्र दिखाया, पायल को भी। पायल के मुँह से अनायास निकला—"अरे! मेरा बेटा इतना अच्छा फोटोग्राफर है, मुझे पता ही नहीं था।"

माँ के मुख से प्रशंसा सुनकर शांतनु का चेहरा निर्विकार रहा। और लोगों की प्रशंसा से उसका चेहरा खिल उठा था।

विवाह-उत्सव की गहमागहमी के दो दिन बीत गए। शांतनु से ज्यादा बात करने का मुझे समय नहीं मिला और सबके वापस लौटने की तैयारी हो गई।

मुझे लग रहा था कि शांतनु मुझसे बात करने के लिए उत्सुक और बेचैन है। मैंने चलते समय शांतनु के सामने ही उसकी माँ से कहा, "पायल! अभी तो छुट्टियाँ बची हैं, तुम शांतनु को लेकर इलाहाबाद आइए, मैं तुम लोगों को संगम स्नान कराऊँगी और शांतनु को इलाहाबाद विश्वविद्यालय, वहाँ का म्यूजियम और अन्य स्थान दिखाऊँगी। अभी मेरी भी छुट्टियाँ हैं।"

पायल ने हामी भरते हुए कहा, "हाँ दीदी! मैंने कभी संगम स्नान नहीं किया है, आने का बहुत मन है। शांतनु के पिताजी को भी साथ लाऊँगी। हम जल्दी ही आपके मेहमान बनेंगे।"

"आप मेहमान बनकर नहीं, अपने घर आएँगी, शांतनु के दोस्त के घर। शांतनु से मेरी दोस्ती पक्की हो गई है। क्यों शांतनु?"

शांतनु हकबकाकर माँ की ओर देखने लगा था।

माँ ने मुसकराते हुए कहा, "हाँ दीदी! हम अपने बेटे के दोस्त के घर आएँगे और खूब घूमेंगे, मस्ती करेंगे।"

□

मैं इलाहाबाद पहुँची, उसके चौथे दिन ही शांतनु का परिवार हमारे घर आ गया।

शांतनु के पिता बहुत सरल स्वभाव के विनम्र व्यक्ति थे। मुझे लगा कि वे पत्नी से बहुत दबे-दबे से रहते हैं। पायल जब भी अपने भाइयों की बड़ी नौकरी, बड़ी हैसियत और उनके ऐशो-आराम की चर्चा करने लगती तो शांतनु और उसके पिता दोनों के चेहरे बुझे-बुझे से लगते। ऐसा लगता कि उन्हें यह महसूस हो रहा हो कि पायल हमें छोटा दिखाने के लिए ही अपने भाइयों के रुतबे को बढ़ा-चढ़ाकर बता रही है।

मैंने रसोई में मदद करने के लिए आ गई पायल से कहा, "पायल! क्या तुम्हें नहीं लगता कि जब तुम अपने मायके और भाइयों के वैभव का बखान करती हैं तो तुम्हारे पति

अपनी हीनता का अनुभव करके उदास होने लगते हैं और पिता की उदासी से शांतनु भी व्यथित होता है, ऐसा मैंने अनुभव किया है।''

पायल का मुँह खुला रह गया।

फिर उसकी आवाज फूटी—''दीदी! आप कैसे यह सब समझ लेती हैं? मैंने तो कभी सोचा भी नहीं था कि ऐसा हो सकता है। उल्टे तो मैं यह सोचती थी कि उनसे तुलना करने पर इनके मन में भी और अधिक उन्नति करने, परिश्रम करने और सफलता पाने की चाह पैदा होगी। जितना मिला है, उसी में संतोष करके बैठ जाने से तो काम चलने वाला नहीं है। आगे भी खर्चे बढ़ेंगे। उनकी प्रशंसा से इनको दुःख पहुँचेगा, यह तो मैंने कभी कल्पना भी नहीं की थी। आखिर वे भी तो अपने ही परिवार के लोग हैं। हमारे लिए बराबर कुछ-न-कुछ करते ही रहते हैं। मेरी बेटी तो अपने मामा लोगों के गुण गाते थकती नहीं। उसकी पढ़ाई-लिखाई में उसके लिए महँगी-महँगी किताबें, कंप्यूटर आदि मेरे भाइयों ने ही लाकर दिया था।''

मैंने देखा कि शांतनु हमारे पीछे रसोई के दरवाजे पर खड़ा है।

माँ की बातें सुनकर शांतनु के चेहरे का तनाव बढ़ता जा रहा था, ऐसा मैंने भाँप लिया था, इसलिए मैंने धीरे से पायल का हाथ दबा दिया। पायल ने मेरी आँखें पीछे खड़े शांतनु के चेहरे पर गड़ी देखकर उधर देखा और मेरा आशय समझ गई।

उसने शांतनु से ही प्रश्न किया—''कुछ चाहिए क्या, शांतनु?''

वह बिना उत्तर दिए मुड़ गया और बाहर जाकर लॉन में बैठ गया।

पायल को अपनी गलती का एहसास हो गया था। उसने मेरा हाथ थामकर अपनी आँखों से लगा लिया। उसकी आँखें आँसुओं से तर हो गई थीं। मैंने उसकी पीठ पर सांत्वना का हाथ फेरते हुए कहा, ''सब ठीक हो जाएगा धीरे-धीरे, आप चिंता न करें।''

पायल ने स्वयं कहा, ''दीदी! मैं रसोई सँभालती हूँ, आप शांतनु के पास हो आइए। लगता है कि वह आपसे कुछ बात करने आया था।'' मैंने हलवे की प्लेट और पानी ट्रे में रखा और शांतनु के पास बाहर लॉन में चली गई।

देखा, शांतनु एकटक आकाश की ओर देखता हुआ बैठा था। मैंने उसे हलवे की प्लेट थमा दी और उसी के पास बैठ गई। उसने धीरे-धीरे हलवा खाना शुरू किया और पूछा, ''आपने खाया? बहुत अच्छा बना है।''

आपकी माँ ने बनाया है। कह रही थीं कि शांतनु को हलवा बहुत पसंद है। शांतनु के चेहरे पर उपेक्षा का भाव उभर आया और उसने हलवे की प्लेट नीचे रख दी।

मैंने पूछा, ''क्यों? अभी तो तुम्हें हलवा पसंद आ रहा था।''

''हाँ, लेकिन मैं समझा था कि आपने बनाया है।''

''तो इससे क्या, हलवा तो वही है, किसी ने भी बनाया हो?''

''नहीं! वही है, लेकिन फर्क पड़ता है बनाने वाले की भावना से। माँ जिस प्यार

के साथ दीदी के लिए बनाती थी, मेरे लिए नहीं बना सकती। पहले दीदी को खिलाती थी, फिर मुझे। आज भी दीदी यहाँ होती तो पहले उसी को खिलाती। आप नहीं जानतीं, मैंने कोई चीज पहले लेने की जब भी जिद की तो मेरी पिटाई हुई। कभी माँ ने पीटा तो कभी दीदी ने। मैं दीदी को या उसकी किसी चीज को छू भी दूँ तो दीदी तुरंत माँ से मेरी शिकायत करती थी और मुझे डाँट पड़ती थी। अभी जिन मामा लोगों की तारीफ माँ कर रही थी, वे भी पहले दीदी को गिफ्ट देते हैं, तब मुझे। क्योंकि वे जानते हैं कि माँ को यही पसंद है।''

अपनी बात पूरी करते-करते शांतनु का गला भर आया था, आँखों से आँसू निकलने लगे थे। मैंने रुमाल से उसका मुँह पोंछते हुए उसकी पीठ पर हाथ फेरा और उसे चुप कराने लगी। इस समय उसे समझाना या कुछ कहना व्यर्थ था। इसका उल्टा असर भी पड़ सकता था। मैंने उसे अपने हाथ से पूरा हलवा खिला दिया और उसे वहीं छोड़कर बरतन उठाकर वापस लौट आई। देखा तो पायल मेरी राह देखती खड़ी थी, उसकी आँखों में प्रश्न थे।

मैंने पायल का हाथ पकड़कर भीतर बुलाया और उसे संक्षेप में शांतनु के मन की कड़वाहट और दर्द की बात बता दी।

पायल रो पड़ी, ''दीदी! मेरा ही बच्चा मेरे इतना खिलाफ हो गया है। उसके मन में मेरे लिए इतना जहर भर गया है, मैं नहीं जानती थी। क्या यह कड़वाहट मिट सकती है?''

मैंने उसे विश्वास दिलाते हुए कहा, ''तुम्हें मेहनत करनी पड़ेगी। साथ ही उसकी बहन को और तुम्हारे रिश्तेदारों को भी उसके मन में विश्वास जगाना पड़ेगा। लेकिन यह भी ध्यान में रखना होगा कि कहीं उसे ऐसा न लगे कि मेरी बहन के घर से जाने के बाद मेरी इज्जत और महत्त्व बढ़ गया है। बल्कि यह लगे कि बहन अब बड़ी हो गई है, जिम्मेदार हो गई है और भाई भी समझदार हो गया है, इसलिए उसे महत्त्व दिया जा रहा है। तुम्हें भी उसके मन में यह विश्वास पैदा करना होगा कि तुम उसके बचपने के कारण उसे डाँटती थी और उसे अच्छा और सफल व्यक्ति बनाने के लिए कठोर अनुशासन में रखती थी। अब वह अच्छा आदमी बन गया है और अपनी जिम्मेदारी समझने लायक बन गया है, इसलिए उसे महत्त्व दे रही हो। साथ ही उसे जिम्मेदारी के काम देना शुरू करना होगा। इससे उसका आत्मविश्वास बढ़ेगा और परिवार के प्रति भी विश्वास जगेगा। उसे कहीं से भी यह नहीं लगना चाहिए कि उसे उपदेश दिया जा रहा है या उसे सुधारने की कोशिश की जा रही है। ऐसा आभास यदि उसे हुआ तो वह विद्रोह कर सकता है।''

पायल बहुत गंभीरता के साथ सारी बातें सुनती रही और बोली, ''दीदी! मैं आपका उपकार कभी नहीं भूलूँगी, आपने मुझे राह दिखाई। मैं चाहती हूँ कि आप मेरी बेटी को भी समझा दें कि उसे अपने भाई के साथ किस तरह का व्यवहार करना चाहिए, जिससे उसके प्रति भी उसका मन साफ हो जाए। मैं शिखा को आपसे मिलने इलाहाबाद आने को कहूँगी।''

पायल सपरिवार वापस लौटी। शांतनु ने चलते समय मुझसे आग्रह किया कि मैं उसके घर आऊँ। कहकर उसने अपनी माँ की ओर देखा जैसे कि कहना चाह रहा हो कि माँ! आप भी इन्हें आमंत्रित कीजिए। माँ के प्रति विश्वास की ओर बढ़ा उसका यह संकेत मुझे अच्छा लगा।

पायल ने भी मेरा हाथ पकड़कर कहा, ''दीदी! मेरे लिए भी और अपने दोस्त के लिए भी आपको जल्दी ही आना पड़ेगा। हम लोग प्रतीक्षा करेंगे।''

शांतनु के पिता के चेहरे पर भी तटस्थ भाव हटकर एक आत्मीय भाव झलक आया था। अभी तक वह घर में ऐसे थे कि उनका अपना कोई अस्तित्व नहीं है। उन्होंने भी हाथ जोड़कर कहा, ''मैं भी आपकी प्रतीक्षा करूँगा, आप आएँगी न ?''

दूसरे दिन शांतनु और पायल का फोन अपनी सकुशल पहुँच तथा मेरे आतिथ्य के प्रति धन्यवाद देने के लिए आया।

थोड़ी ही देर बाद शिखा का फोन आया—''हैलो आंटी! मैं शिखा बोल रही हूँ, माँ ने कहा है कि मैं आपसे फोन पर बात करके आपकी सुविधानुसार अपना इलाहाबाद आने का कार्यक्रम बनाऊँ। माँ शांतनु को लेकर बहुत चिंतित हैं।''

मैंने उसे अगले रविवार को आने के लिए कहा। साथ ही मैंने उससे कहा कि वह शांतनु से बात करके उसे भी अपने साथ यहाँ आने के लिए कहे।

दूसरे दिन शांतनु का चहकता हुआ स्वर फोन पर सुनाई दिया। मैं फिर आपके पास आ रहा हूँ। लेकिन उसके स्वर में एक संदेह की ध्वनि भी बाद में सुनाई दी—''शिखा दीदी का हुक्म है कि मैं उन्हें लेकर आपके पास आऊँ। कहीं और जाना होता तो मैं मना कर देता, लेकिन आपके पास आना है, इसलिए मना नहीं किया।''

शांतनु शिखा के साथ आया तो यहाँ पर उसका बदला व्यवहार देखकर शिखा भी हैरान थी। शिखा ने रसोई में मेरी मदद करने के बहाने आकर मुझसे पूछा, ''आंटी! आपने तो लगता है, जादू की छड़ी से मेरे भाई को बदल दिया है। आगे आपका क्या कार्यक्रम है ? आप हमारे गाँव कब चल रही हैं ?''

मैंने शिखा से कहा कि पहले तुम अपने भाई को प्रेम से जलपान कराओ और खुद भी उसके साथ करो। यह सामान ले चलो, मैं भी आती हूँ।

शांतनु ने देखा कि शिखा उसके लिए जलपान ला रही है और मनुहार करके परोसकर खिला रही है। उसे आश्चर्य हो रहा था कि ससुराल जाते ही शिखा इतनी बदल गई है। वह बहन की ओर ध्यान से देख रहा था। मेरे आते ही नजरें चुरा लीं। ऐसा लगा कि जैसे मैंने उसकी कोई कमजोरी पकड़ ली हो। वह सावधान होकर बैठ गया। सबने नाश्ता किया और आज आराम करके कल कहीं घूमने चलने का कार्यक्रम तय हुआ। परसों सुबह मुझे उन दोनों के साथ उनके गाँव जाना था।

शांतनु अलग कमरे में लेटा था और शिखा मेरे पास। मैंने शिखा को समझाया, किस

प्रकार छोटी-छोटी गलतफहमियों के कारण शांतनु के मन में कुछ गुत्थियाँ बन गई हैं। किंतु ये गुत्थियाँ इतनी जटिल नहीं हैं कि सुलझाई न जा सकें। इन्हें आपसी विश्वास और प्रेम से आसानी से सुलझाया जा सकता है। और इस प्रयास में तुम्हारी सबसे बड़ी भूमिका हो सकती है। क्योंकि तुम्हें ही यह सिद्ध करना होगा कि तुम उसकी प्रतिद्वंद्वी नहीं, सबसे बड़ी शुभचिंतक हो। तुम्हें भाई के सामने यदि झुकना भी पड़े तो अपनी जिद और व्यवहार की गलतियाँ स्वीकार करके झुक जाना चाहिए, तभी तुम्हारा अड़ियल छोटा भाई अपने व्यक्तित्व को सही दिशा में विकसित कर पाएगा। उसके भीतर स्वाभिमान के नाम पर उगे दंभ को तुम्हारी विनम्रता ही हटा सकती है। तुम्हें बहुत सावधानीपूर्वक अपना व्यवहार सुनिश्चित करना होगा। उसे कहीं से भी यह नहीं लगना चाहिए कि तुम उसे सुधारने के लिए कोई कोशिश कर रही हो। बस उसे यही लगना चाहिए कि तुम्हारा अपने भाई के प्रति असीम प्यार ससुराल जाकर, उससे दूर होते ही उसका महत्त्व समझकर उमड़ पड़ा है। तुम्हें अपनी बातचीत में भी यह भाव प्रकट करना होगा कि भाई के बिना वहाँ तुम कितनी अकेली हो गई हो।

सोकर उठते ही शांतनु हमारी ओर आता दिखा। मैं चाहती थी कि वह मेरी और शिखा की बातचीत सुने। इसलिए मैं शिखा से बात करने लगी और संकेत से उसे बता दिया कि शांतनु सुन रहा है। शांतनु को यह आभास नहीं था कि हमारी यह बातचीत उसे सुनाने के लिए ही हो रही है।

शिखा कह रही थी—"आंटी! ससुराल जाने के बाद मुझे लगा कि मैं अपने भाई को कितना प्यार करती हूँ। उसके बिना मेरा वहाँ मन ही नहीं लगता। मैं इससे कितना लड़ती थी, अपना सारा काम इसी से कराती थी, वहाँ मुझे सारा काम खुद करना पड़ता है। मैं बीमार रहूँ तो भी स्वयं ही उठकर पानी लेकर पीना पड़ता है। मेरा भाई भी मुझे बहुत चाहता है। माँ कह रही थी कि मेरे जाने के बाद वह बहुत उदास रहता है। सचमुच आंटी! भाई-बहन के प्रेम से बढ़कर और कोई प्रेम नहीं है।"

हम दोनों महसूस कर रहे थे कि शांतनु पीछे खड़ा होकर हमारी बातें सुन रहा है। मैंने शिखा को टोकते हुए कहा, "शिखा! तुम मुझे आंटी मत कहो, तुम मुझे मासी कह सकती हो या शांतनु की तरह अपना दोस्त कह सकती हो, लेकिन नहीं-नहीं, दोस्त तो केवल शांतनु ही है, मेरा इकलौता प्यारा दोस्त, तुम मुझे मासी ही कहो।"

मेरी बात पूरी होते-होते शांतनु हमारे पीछे से आकर सामने बैठ गया। हम दोनों ने ऐसा चौंकने का अभिनय किया कि जैसे हमारी चोरी पकड़ ली गई हो। मैंने पूछा, "शांतनु! तुम कब जग गए? पहले चाय पियोगे कि खाना लगाया जाए?"

शांतनु ने उत्तर दिया—"जैसा आप लोग चाहें, वही मेरे लिए भी ठीक है।"

शांतनु का यह उत्तर युद्धविराम कर शांति का संदेश दे रहा था। हम दोनों ही प्रसन्न हुए। □

लेखिकाओं के परिचय

मन्नू भंडारी

जन्म : 3 अप्रैल, 1931।

दिल्ली विश्वविद्यालय के मिरांडा हाउस में हिंदी प्राध्यापिका के रूप में कार्य किया। विक्रम विश्वविद्यालय, उज्जैन में प्रेमचंद सृजनपीठ की अध्यक्षा रहीं।

चर्चित कृतियाँ : उपन्यास : 'महाभोज', 'आपका बंटी', 'स्वामी', 'एक इंच मुसकान' (श्री राजेंद्र यादव के साथ), 'कलवा'। पाँच कहानी-संग्रह। नाटक : 'बिना दीवारों के घर'। पटकथा : 'कथा-पटकथा', आत्मकथा : 'एक कहानी यह भी'।

सम्मान एवं अलंकरण : व्यास सम्मान, दिल्ली हिंदी अकादमी के शलाका सम्मान समेत देश के अनेक प्रतिष्ठित सम्मानों से अलंकृत।

मालती जोशी

जन्म : 4 जून, 1934।

उपन्यास, कहानी, लेख आदि की अनेक चर्चित पुस्तकें प्रकाशित। भारतीय तथा विदेशी भाषाओं में अनुवाद प्रकाशित। दो दर्जन से भी अधिक नाटकों का रेडियो एवं टेलीविजन नाट्य रूपांतर।

पुरस्कार-सम्मान : 'साहित्य शिखर सम्मान', 'भवभूति', 'अहिंदी भाषी' लेखिका के रूप में सम्मान, 'अक्षर आदित्य सम्मान', 'कला मंदिर सम्मान', 'गुरुवंदना सम्मान', 'महिला वर्ष सम्मान'। इनके साहित्य पर विश्वविद्यालयों में एम.फिल. एवं पी-एच.डी. के लिए कई शोध हुए हैं।

चित्रा मुद्गल

जन्म : 10 दिसंबर, 1944, मद्रास।

सौ से अधिक कहानियाँ, तेरह कहानी-संकलन प्रकाशित। प्रथम उपन्यास 'एक जमीन अपनी'। बहुचर्चित उपन्यास 'गिलिगडु' उर्दू, पंजाबी और इटालियन तथा अंग्रेजी में भी अनूदित। कहानियाँ अनेक विश्वभाषाओं में अनूदित।

सम्मान-पुरस्कार : प्रथम कहानी 'सफेद सेनारा' 'नवभारत टाइम्स' की कहानी प्रतियोगिता में पुरस्कृत। उपन्यास 'आवाँ' के लिए 'व्यास सम्मान' से समादृत, कृति अनेक भारतीय भाषाओं में अनूदित। सहस्राब्दि का पहला अंतरराष्ट्रीय 'इंदु शर्मा कथा सम्मान'। स्वतंत्र लेखन और सामाजिक कार्यों से जुड़ी हैं।

मृदुला सिन्हा

जन्म : 27 नवंबर, 1942 (छपरा, मुजफ्फरपुर, बिहार)

कृतित्व : गाँव की पगडंडी से चलकर शहर-महानगर और राजभवन तक पहुँचने तक की यात्रा में मृदुला सिन्हा की लेखनी लोक, स्त्री और परिवार बोध के साथ भारत बोध के स्वर को प्रबल करती है। आठ कहानी-संग्रह, सात उपन्यास, ग्यारह लेख-निबंध संग्रहों के अतिरिक्त छह पुस्तकें प्रकाशित।

सम्मान : पद्मश्री, साहित्य भूषण सम्मान, दीनदयाल उपाध्याय सम्मान, कल्पतरु पुरस्कार, इंदिरा गांधी प्रियदर्शिनी सम्मान, लाइफटाइम अचीवमेंट पुरस्कार, बिहार गौरव सम्मान।

स्मृतिशेष : 18 नवंबर, 2020।

मृदुला गर्ग

रचना-संसार : सात उपन्यास, संपूर्ण कहानियाँ 'संगति-विसंगति' नाम से दो खंडों में प्रकाशित। चार नाटक, दो निबंध-संग्रह के अतिरिक्त दस पुस्तकें प्रकाशित।

पुरस्कार-सम्मान : 'कठगुलाब' उपन्यास को 'व्यास सम्मान' और 'मिलजुल मन' को 'साहित्य अकादेमी सम्मान'। अनेक देशों के सांस्कृतिक संस्थानों व विश्वविद्यालायों में रचना-पाठ किया।

सूर्यबाला

जन्म : 25 अक्तूबर, 1943।

रचना-संसार : पाँच उपन्यास, पंद्रह कथा-संग्रह, चार व्यंग्य-संग्रह तथा स्मृति-कथा 'अलविदा अन्ना' के साथ बच्चों पर लिखा बाल हास्य उपन्यास 'झगड़ा निपटारक दफ्तर' भी अत्यंत प्रशंसित रहा।

सम्मान-पुरस्कार : 'सजायाफ्ता' कहानी पर बनी टेलीफिल्म को वर्ष 2007 का 'सर्वश्रेष्ठ टेलीफिल्म पुरस्कार'। 'प्रियदर्शनी पुरस्कार', 'घनश्यामदास सर्राफ पुरस्कार', 'व्यंग्य श्री पुरस्कार', 'रत्नीदेवी गोइनका वाग्देवी पुरस्कार', 'राजस्थान लेखिका मंच का वाग्मणि सम्मान', 'हरिशंकर परसाई स्मृति सम्मान', 'भारती गौरव पुरस्कार', 'महाराष्ट्र साहित्य अकादमी पुरस्कार' एवं अन्य पुरस्कारों से सम्मानित।

ऋता शुक्ल

जन्म : 14 नवंबर, 1949।

आठ उपन्यास, तीन उपन्यासिकाएँ तथा दस कहानी-संग्रह प्रकाशित।

सम्मान-पुरस्कार : 'क्रौंचवध तथा अन्य कहानियाँ', को 'भारतीय ज्ञानपीठ युवा कथा सम्मान', 'लोकभूषण सम्मान', 'थाईलैंड पत्रकार दीर्घा सम्मान', 'राधाकृष्ण सम्मान', 'नई धारा रचना सम्मान', 'प्रसार भारती हिंदी-सेवा सम्मान', 'हिंदुस्तानी प्रचार सभा सम्मान', 'हिंदी-सेवा सम्मान' एवं अन्य सम्मान।

राजी सेठ

जन्म : 1935।

दो उपन्यास, दस कहानी-संग्रह तथा देशीय-विदेशीय लेखकों के हिंदी अनुवाद के अतिरिक्त रिल्के के 100 पत्रों का अनुवाद।

पुरस्कार-सम्मान : 'हिंदी अकादमी शिखर सम्मान', 'भारतीय भाषा परिषद् पुरस्कार', 'अनंत गोपाल शेवड़े हिंदी पुरस्कार', 'हिंदीतर भाषी लेखक पुरस्कार', 'संसद् साहित्य परिषद् सम्मान', 'वाग्मणि सम्मान', 'अंतरराष्ट्रीय प्रथम टैगोर लिटरेचर अवार्ड', फैलो भारतीय उच्च अध्ययन संस्थान, शिमला।

मेहरुन्निसा परवेज

जानी-मानी कथाकार एवं 'समर लोक' साहित्यिक त्रैमासिक पत्रिका की संपादक।

रचना-संसार : 'आँखों की देहलीज', 'उसका घर', 'कोरजा', 'अकेला पलाश', 'समरांगण', 'पासंग' (सात उपन्यास); पंद्रह कहानी-संग्रह व पाँच अन्य पुस्तकें प्रकाशित। देश के विश्वविद्यालयों में इनके साहित्य पर अनेक पी-एच.डी. हो चुकी हैं। अनेक रचनाएँ भारत की आठ भाषाओं में अनूदित।

पुरस्कार-सम्मान : 'पद्मश्री', 'अखिल भारतीय महाराज वीरसिंह जूदेव', 'सुभद्राकुमारी चौहान', 'साहित्यभूषण सम्मान', 'भारतभूषण सम्मान' एवं 'रामेश्वर गुरु पुरस्कार' से सम्मानित।

चंद्रकांता

जन्म : 3 सितंबर, 1938 को श्रीनगर, कश्मीर में।

रचना-संसार : चौदह कहानी-संग्रह, सात कथा-संकलन, प्रमुख उपन्यास—'कथा सतीसर', 'ऐलान गली जिंदा है', 'अपने-अपने कोणार्क', 'यहाँ वितस्ता बहती है' के अलावा 5 पुस्तकें प्रकाशित।

सम्मान-पुरस्कार : प्रतिष्ठित 'व्यास सम्मान', 'महात्मा गांधी सम्मान', 'बाबू बाल मुकुंद गुप्त सम्मान', 'हिंदी अकादमी सम्मान', 'हरियाणा साहित्य अकादमी सम्मान', 'रामचंद्र शुक्ल संस्थान सम्मान' एवं 'वाग्देवी पुरस्कार' आदि। 50 से अधिक शोधकार्य संपन्न; दूरदर्शन तथा आकाशवाणी से अनेक धारावाहिक एवं कहानियों का प्रसारण। कई कृतियों का विभिन्न भाषाओं में अनुवाद।

ज्योत्स्ना मिलन

जन्म : 19 जुलाई, 1941, मुंबई।

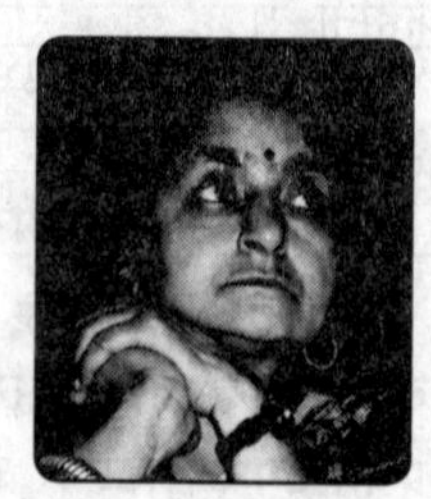

रचना-संसार : तीन उपन्यास, छह कहानी-संग्रह, दो कविता-संग्रह व तीन अन्य पुस्तकें प्रकाशित। स्त्रियों के संगठन 'सेवा' के मासिक मुखपत्र 'अनसूया' का छब्बीस वर्ष संपादन; गुजराती के अनेक साहित्यकारों की रचनाओं का हिंदी अनुवाद। वर्ष 1985-86 के लिए म.प्र. सरकार की मुक्तिबोध फेलोशिप।

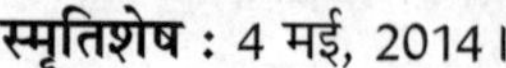

स्मृतिशेष : 4 मई, 2014।

पद्मा सचदेव

जन्म : 17 अप्रैल, 1940, जम्मू।

पद्माजी ने कविता डोगरी में लिखी और गद्य हिंदी में। डोगरी की पहली कवयित्री, जिन्हें पहली पुस्तक पर ही 'साहित्य अकादेमी सम्मान' मिला। कई प्रतिष्ठित पुरस्कारों के अतिरिक्त 'कबीर सम्मान' और 'सरस्वती सम्मान' भी मिला। प्राय: सभी विधाओं में साठ से अधिक पुस्तकें प्रकाशित होकर बहुचर्चित हुईं।

स्मृतिशेष : 4 अगस्त, 2021।

उषा किरण खान

जन्म : 24 अक्तूबर, 1945।

दस कहानी-संग्रह, छह उपन्यास, दो नाटक, चार बाल-नाटक के अतिरिक्त हिंदी में पाँच व मैथिली में लगभग पंद्रह पुस्तकें प्रकाशित।

पुरस्कार-सम्मान : 'पद्मश्री', 'साहित्य अकादेमी सम्मान', 'हिंदी-सेवी सम्मान', 'महादेवी वर्मा सम्मान', 'दिनकर राष्ट्रीय पुरस्कार', 'पं. विद्यानिवास सम्मान', 'कुसुमांजलि सम्मान' एवं अन्य सम्मान।

सुनीता जैन

जन्म : 13 जुलाई, 1941।

लंबे समय तक आई.आई.टी., दिल्ली में अंग्रेजी की प्रोफेसर व मानविकी विभाग की अध्यक्ष रहीं।

हिंदी में पाँच उपन्यास, पाँच कहानी-संग्रह, तिरपन कविता-संग्रह, चौदह खंडों में समग्र, प्रचुर मात्रा में बाल-साहित्य की पुस्तकें, अंग्रेजी में भी नौ कविता-संग्रह, एक उपन्यास, दो कहानी-संग्रह बाल-साहित्य इत्यादि।

सम्मान : 'पद्मश्री' के अतिरिक्त 'हरियाणा गौरव', 'साहित्य भूषण', 'साहित्यकार सम्मान', 'महादेवी वर्मा' व 'निराला' सम्मान से सम्मानित। 8वें विश्व हिंदी सम्मेलन में 'विश्व हिंदी सम्मान, 'व्यास सम्मान 2015'।

स्मृतिशेष : 11 दिसंबर, 2017।

विद्या विंदु सिंह

कृतित्व : 9 उपन्यास, 10 कहानी-संग्रह, 10 कविता-संग्रह, 25 लोक-साहित्य की पुस्तकें, 6 नाटक, 8 निबंध-संग्रह, 20 नवसाक्षर एवं बाल-साहित्य, 17 संपादित। अन्य अनेक पुस्तकों और पत्रिकाओं का संपादन। आकाशवाणी व दूरदर्शन के विभिन्न केंद्रों से निरंतर प्रसारण। साहित्यिक आयोजनों में देश-विदेश में सक्रिय भागीदारी। देश-विदेश की 90 संस्थाओं द्वारा सम्मान एवं पुरस्कार।

□□□